Geld anlegen – gut und sicher

Wie Sie Ihr Geld
sicher anlegen.
Was Sie über
Chancen und Risiken
an den Börsen
wissen müssen.
Und wie Sie teure
Fehler vermeiden.

K-Tipp RATGEBER

1. Auflage, Dezember 2009

Autoren: Fredy Hämmerli, Patrick Herger, Jeannette Schläpfer,
Zoltán Tamássy (Swisscontent)
Redaktion und Produktion: Ernst Meierhofer
Layout: Beat Fessler, Monika Amann
Korrektorat: Esther Mattille
Druck: Druckerei Flawil AG, 9230 Flawil

Bestelladresse:
K-Tipp-Ratgeber
Postfach 431
8024 Zürich
ratgeber@ktipp.ch
www.ktipp.ch

ISBN 978-3-906774-32-9

Vorwort

Kaufen Sie nur, was Sie verstehen!

Böse Zungen pflegen zu scherzen: Gewisse Finanzinstrumente hat man erst dann wirklich verstanden, wenn man mit ihnen Geld verloren hat.

Der sarkastische Spruch hat einen ernsten Hintergrund: Die Finanzindustrie wirft ständig neue Produkte auf den Markt, um an das Geld der Anlegerinnen und Anleger zu kommen. Doch viele Neuerungen sind nur für die Banken ein Gewinn.

Dieser Ratgeber soll Sie vor unliebsamen Erfahrungen schützen. Er zeigt, dass viele neue Anlageinstrumente dem konservativen Sparer selten etwas bringen. Und er hilft Ihnen, den tückischen Renditeverlockungen der Finanzberater zu widerstehen.

Das A und O des Erfolgs ist eine persönliche Anlagestrategie. In diesem Ratgeber steht, wie Sie Chancen und Risiken gegeneinander abwägen, wie Sie langfristig planen, wie Sie teure Fehler vermeiden. Und wie wichtig es ist, sich bei Geldentscheiden nicht von Angst oder Gier leiten zu lassen.

Einen Schwerpunkt des Buches bildet die Sicherheit. Sie erfahren, welche Anlagen sicher sind und welche weniger, und wie Sie das Risiko minimieren. Und dass hohe Renditen nur zu erzielen sind, wenn man hohe Risiken eingeht. Attraktive Gewinne gibt es nur um den Preis einer besonders grossen Wahrscheinlichkeit, dass der ganze Einsatz verlorengeht.

In der Regel empfehlen die Banken diejenigen Produkte, an denen sie am meisten verdienen. Wenn Sie diesen Ratgeber gelesen haben, können Sie Ihrem Kundenberater informiert und emanzipiert gegenübertreten – und Sie werden nicht über den Tisch gezogen.

Das Allerwichtigste ist aber: Kaufen Sie nur Produkte, deren tieferen Mechanismus Sie verstehen – und deren Risikohinweise genügend klar sind. Ein Finanzfachmann sagt: «Wenn Anleger nur erwerben würden, was sie auch verstehen, wäre es vielleicht nicht zur Blasenbildung und zum weltweiten Börseneinbruch von 2008 gekommen.»

Verlag und Autoren
Zürich, Dezember 2009

Inhalt

Die richtige Anlagestrategie
Der Zielkonflikt zwischen Sicherheit und Risik

Die Anlagestrategie ist das A und O für den Anlageerfolg. Investoren und Investorinnen sollten deshalb ihre Anlageziele genau kennen. Dann gilt es, das Risiko zu dosieren, genügend Sicherheit einzubauen und auf ausreichende Liquidität zu achten. In diesem Kapitel steht, welche Überlegungen Sie dazu machen sollten. Wichtig ist auch, Fehler zu vermeiden und Fallen zu umgehen.

Eines ist klar: Die schwerwiegende Banken- und Wirtschaftskrise, die im September 2008 begann, hat vielen Anlegerinnen und Anlegern die Lust genommen, sich überhaupt noch mit dem Thema Anlegen und Börse zu beschäftigen. Zu hoch waren die Verluste in den Depots, zu unsicher scheinen vielen Sparern die Aussichten für die Zukunft.

Das Resultat: Investoren mit Aktien und Obligationen, die jetzt im Minus sind, sitzen die Krise aus und warten auf bessere Zeiten – falls sie nicht in Panik alles verkauft haben.

Wichtig für eine erfolgreiche Anlagestrategie…

Andere sitzen auf grossen Mengen Bargeld und wissen nicht, wohin damit. Einigermassen sichere Anlagen wie zum Beispiel Festgeld sind wegen der tiefen Zinsen so unattraktiv, dass vielen sogar das Sparbuch noch als bessere Variante erscheint.

Aber das Leben geht weiter. Mit guten Gründen kann man annehmen, dass sich die Märkte wieder erholen werden – und spätestens dann wird es Zeit, sich um die Anlagestrategie zu kümmern und ein paar wichtige Weichenstellungen vorzunehmen: Welches sind meine Zielsetzungen? Wie viel Risiko will ich eingehen? Wie ist mein Zeithorizont? Und welcher Anlagenmix passt zu mir?

…ist die richtige Aufteilung auf die diversen Anlageklassen

Die richtige Anlagestrategie ist einer der wichtigsten Faktoren für Erfolg oder Misserfolg beim Vermögensaufbau – vor allem bei einem längerfristigen Anlagehorizont. Das wird auch in Zukunft so sein. Weniger entscheidend sind hingegen der Zeitpunkt des Einstiegs und die Wahl bestimmter Titel.

Im Klartext: Es ist weniger wichtig, ob man diesen oder jenen Fonds oder dieses oder jenes Wertpapier kauft. Viel wichtiger ist, dass man sein Vermögen richtig auf die verschiedenen Anlageklassen verteilt.

In der klassischen Vermögensaufteilung gibt es drei Anlageklassen: Aktien, Obligationen und Bargeld. Studien haben ergeben, dass die einzelnen Aktien- und Obligationentitel die Rendite der gesamten Investition langfristig sehr wenig beeinflussen.

Vielmehr gilt: Der Grossteil der langfristigen Rendite hängt allein von der richtigen Aufteilung auf die Anlageklassen ab.

Im Prinzip scheint die Vermögensaufteilung demnach einfach:

Der Anleger investiert sein ganzes Vermögen in jene Anlageform, welche die höchste Rendite verspricht – also in Aktien.

Wer aber als Investor tatsächlich sein gesamtes Geld in Aktien steckt, ist schlecht beraten. Aktien führen nämlich nur auf sehr lange Sicht zu einer Mehrrendite gegenüber anderen Anlagen.

Es braucht also bei Aktien einen langen Anlagehorizont. Nach der Krise von 2008 muss man gar sagen: Es braucht einen sehr langen Anlagehorizont.

Voraussetzung für ein Aktienengagement ist also, dass der Anleger das Geld nicht sofort für seinen Lebensunterhalt braucht. Sonst besteht das Risiko, dass er Aktien genau dann verkaufen muss, wenn die Aktienkurse wieder mal tief sind – und er verliert unter Umständen viel Geld.

Aktienanleger brauchen viel Zeit und starke Nerven

Der Anleger muss Aktien sieben, zehn oder noch mehr Jahre halten können. Und er muss vorübergehend starke Rückschläge verkraften und aussitzen können. Nach jedem Boom folgt ein Absturz. Wer gleich in Panik gerät, wenn die Börsen ins Minus fallen, sollte keine Aktien kaufen.

Manche Anleger haben genau wegen dieser möglichen Rückschläge einen grossen – oft sogar allzu grossen – Respekt vor Aktienanlagen. Als Folge davon investieren sie das ganze Vermögen oder grosse Teile davon in Obligationen.

IN DIESEM KAPITEL

Oder sie investieren allenfalls gemäss der immer noch recht häufig gehörten Faustregel «100 minus Alter» in Aktien. Ein 55-Jähriger dürfte demnach noch 45 Prozent des Vermögens in Aktien halten.

Das ist aber problematisch. Wer auf diese Weise investiert, holt aus seinen Anlagen vielfach keine angemessene Rendite heraus. Denn die Höhe des Aktienanteils hängt nicht vom Alter des Investors ab, sondern von seiner individuellen finanziellen Situation, seiner Risikobereitschaft und seiner Risikofähigkeit.

Soll man überhaupt noch in Aktien investieren?

Nach der schweren Finanzkrise von 2008 fragen sich viele verunsicherte Anlegerinnen und Anleger ganz grundsätzlich: Soll ich überhaupt noch Aktien kaufen?

Die Skepsis ist verständlich und entspricht der menschlichen Natur: Wer sich einmal an einer heissen Herdplatte die Finger verbrannt hat, wird künftig bestimmt besser aufpassen, um solche Schmerzen zu vermeiden.

Dennoch gehen die meisten Experten davon aus, dass man auch künftig mit Aktien Geld verdienen kann. Eine vorsichtige Langfrist-Prognose besagt, dass der durchschnittliche Wertzuwachs für einen Weltaktienkorb nominal auf lange Sicht zirka 6,5 Prozent pro Jahr betragen wird; nach Abzug der Teuerung von durchschnittlich 3,5 Prozent verbleibt noch ein realer Wertzuwachs von 3 Prozent pro Jahr.

Den Vermögenszuwachs mit Aktien «erleiden»

Der bekannte Finanzexperte Erwin W. Heri sagt auch nach dem Crash von 2008 noch: «Ein risikofähiger Anleger wird über eine lange Periode von zehn Jahren und mehr wegen seiner aggressiveren Strategie mit beispielsweise mehr Aktien einen höheren Vermögenszuwachs haben als ein konservativer Anleger. Er muss dies aber im wahrsten Sinne der Wortes erleiden, weil sein Vermögen höheren Schwankungen unterliegt.»

Viele Schweizer Pensionskassen setzen ebenfalls weiterhin auf Aktien – wie etwa die Sammelstiftung Profond, deren Chef Herbert Brändli sagt: «Wir lassen uns nicht von der Hoffnung leiten, sondern von der Erfahrung: Seit es Statistiken gibt, haben Aktien die grösste Wertsteigerung unter allen Anlageklassen erfahren. Wir halten deshalb an unserem strategischen Aktienanteil von 50 Prozent fest.» (Quelle: www.profond.ch)

Aber: Märkte neigen zu Übertreibungen und Blasenbildungen – und übertriebene Spekulationsblasen platzen früher oder später. Will heissen: Rückschläge an den Börsen wird es immer geben.

Der deutsche Wirtschaftstheoretiker Michael C. Burda schreibt: «Finanzblasen und die daraus resultierenden Krisen sind stets ein kollektiver Verlust der Vernunft und eine Anhäufung von Übermut bei ansonsten vernünftigen Menschen.»

Was man in diesem Zusammenhang auch nicht vergessen darf: Die ganze Finanzindustrie hat ein sehr direktes materielles Interesse daran, die Zukunft rosig aussehen zu lassen. Würden Banken, Finanzberater und Vermögensverwalter dies nicht tun, würden viele Leute keine Finanzprodukte mehr kaufen – und die ganze Finanzindustrie hätten deutlich weniger Einnahmen.

So legen Sie Ihre Anlagestrategie fest

Als Erstes sollten Sie sich mit Ihren finanziellen Zielsetzungen beschäftigen. Geht es um kurz- oder langfristige Erträge? Sollen Rücklagen für eine teure Ausbildung für das eigene berufliche Fortkommen oder für die Kinder geschaffen werden? Steht in den nächsten Jahren ein Hauskauf an? Oder sind Reserven im Hinblick auf eine vorzeitige Pensionierung erforderlich?

Diese Zielsetzungen geben Anhaltspunkte über die Art, wie die Aufteilung des Geldes auf verschiedene Anlageklassen aussehen soll.

Grundsätzlich gilt: Je länger der Anlagehorizont ist, desto weniger fallen grössere Wertschwankungen ins Gewicht.

Die wichtigste Frage: Wie viel Risiko darf es denn sein?

Neben dem Anlagehorizont spielt auch das Risiko eine wichtige Rolle. Zentrale Faktoren sind hier Risikofähigkeit und Risikobereitschaft.

- Die **Risikofähigkeit** sagt aus, bis zu welchem Grad aufgrund der Ziele und finanziellen Situation Wertschwankungen in Kauf genommen werden können. Wer sich beispielsweise überlegt, in drei Jahren ein Haus zu kaufen, sollte nicht seine gesamten Ersparnisse in Aktien halten. Denn wenn die Aktienkurse im Investitionsmoment im Keller sein sollten, würde weniger Geld für den Hauskauf zur Verfügung stehen als geplant. Die Risikofähigkeit ist in diesem Fall also eingeschränkt.
- Die **Risikobereitschaft** sagt aus, in welchem Mass jemand psychologisch bereit ist, Wertschwankungen zu akzeptieren. Wer beispielsweise den grössten Teil seines Geldes in Aktien anlegt, muss mit Wertschwanken von 10 Prozent oder noch mehr rechnen.

Bei dieser Anlageform sind zwischenzeitliche Werteinbussen also nicht nur wahrscheinlich, sondern der Normalfall. Falls Sie wegen dem Auf und Ab an der Börse schlecht schlafen, sind Anlagen mit grossem Aktienanteil für Sie nicht die richtige Wahl.

Die Komponenten der richtigen Anlagestrategie

Eine Theorie besagt: Im Prinzip sollte jeder so viel Geld wie möglich in Aktien investieren. Dahinter steckt die Erwartung, dass Aktien spätestens nach fünf oder zehn Jahren eine deutlich höhere Rendite abwerfen als eine Investition in weniger riskante Anlagen.

In der Vergangenheit war dies meist auch effektiv der Fall. Denn Rückschläge an den Aktienbörsen dauerten in der Regel kaum länger als fünf Jahre.

Der Basler Finanzmarktprofessor Heinz Zimmermann hat für die

Fortsetzung auf Seite 11

Liquidität, Rendite und Risiko im Spannungsdreieck

Die elementaren Eckwerte einer Anlagestrategie sind **1.** Liquidität, **2.** Risiko und **3.** Rendite:

- **1.** Liquidität ist das, was man jederzeit für Anschaffungen ohne Verlust flüssig machen kann.
- **2.** Risiko bedeutet, dass das Vermögen in seiner Höhe schwanken kann, also zunehmen – aber auch abnehmen. Die Kernfrage lautet dabei: Wie viel Risiko will ich eingehen? Ziel ist die Erhaltung bzw. Vermehrung der Substanz.
- **3.** Rendite meint den Vermögenszuwachs, den man beispielsweise an der Börse erzielen kann – und zwar mit Geld, dessen Teilverlust man notfalls verschmerzen kann.

Wichtig: Hohe Rendite bei kleinem Risiko – das gibt es nicht

Das Idealziel jedes Anlegers ist natürlich höchste Rendite bei geringstem Risiko und maximaler Liquidität – doch das gibt es leider nicht. Eine hohe Rendite ist mit kleinem Risiko nicht zu erreichen.

Oder: Eine schnelle Verfügbarkeit (Liquidität) geht im Normalfall nicht mit einer attraktiven Rendite einher.

Im Spannungsdreieck Liquidität – Risiko – Rendite gilt es also, stets ein ausgewogenes Verhältnis einzuhalten, das den persönlichen Zielen und Neigungen am besten entspricht.

Eine ausgewogene Aufteilung sollte sich an den folgenden Grundsätzen orientieren:

- Ein erster Vermögensteil sichert die Liquidität. Dieses Geld liegt oft auf einem Privat- oder Sparkonto und ist jederzeit verfügbar. Diese Flexibilität (beispielsweise für unerwartete Zahnarztrechnungen oder für grössere Anschaffungen) ist zwar fast ohne Risiko, bringt dafür aber nur eine magere Rendite ein.
- Ein zweiter Vermögensteil dient der langfristigen Substanzerhaltung und -vermehrung des Vermögens. Hier gilt es, eine Rendite-Erwartung zu formulieren und das entsprechende Risiko einzukalkulieren. Dieses Geld könnte man also – je nach persönlicher Präferenz – beispielsweise in Obligationenfonds stecken.
- Ein dritter Teil des Vermögens soll die Rendite optimieren, also in Anlagen stecken, die bei hohem Risiko auch am meisten Wertzuwachs versprechen. Dieses Geld steht als Liquiditätsreserve nicht mehr zur Verfügung. Die vielversprechendste Anlageform für diesen Teil des Vermögens sind Aktien oder reine Aktienfonds.

Fortsetzung von Seite 9

Schweiz untersucht, wie lange schwere Börseneinbrüche gedauert haben. Von 1970 bis 2005 gab es 13 Rückschläge von mehr als 10 Prozent innerhalb eines Monats. In 12 Fällen dauerte es nicht einmal 2 Jahre, bis die Kurse wieder mindestens ihr ursprüngliches Niveau erreicht hatten.

Nur einmal, in der durch die Ölkrise ausgelösten Rezession von 1973, dauerte es 5 Jahre, bis sich die Aktienkurse wieder vollständig erholt hatten.

Wie diese Untersuchung aussieht, wenn sie auch das «Katastrophenjahr» 2008 berücksichtigt, ist derzeit noch offen.

Ein ähnliches Bild zeigt sich, wenn man Zehnjahresperioden anschaut (siehe Kapitel 4 auf Seite 82): Seit 1970 erzielten Aktien in fast jeder Zehnjahresperiode einen kleinen oder grossen Gewinn. Nur in wenigen Perioden gab es unter dem Strich ein Minus.

Tatsache ist aber, dass sich viele Anleger unwohl fühlen, wenn sie zwischenzeitlich mit grösseren Verlusten rechnen müssen.

Viele Fragen – die Antworten weisen den Weg

Mit der Beantwortung der folgenden Fragen erarbeiten Sie sich die Vorgaben für Ihre Strategie:

- Vermögen und Einkommen: Wie viel Vermögen besitze ich und wie ist es aufgeteilt? Wie viel Einkommen habe ich heute und wie viel vermutlich in Zukunft? Wie viel kann ich pro Jahr sparen?
- Anlageziel: Was möchte ich mit meinem Vermögen erreichen? Will ich langfristig einen möglichst hohen Wertzuwachs erzielen? Oder muss ich heute bereits von den laufenden Erträgen leben können? Oder will ich beide Ziele anvisieren?
- Risikotoleranz: Welches Risiko bin ich bereit, bei meinen Anlagen einzugehen? Will ich, dass mein Portfolio höchstens um 5 Prozent an Wert verliert? Oder kann ich auch mit 15 Prozent Verlust leben?
- Zeithorizont: Wann will ich meine finanziellen Ziele erreichen? Sind grössere Mittelzuflüsse oder -abflüsse zu erwarten?
- Flüssige Mittel: Wie viel Geld muss kurzfristig verfügbar sein?

Die Beantwortung dieser Fragen vermittelt Klarheit über Anlagehorizont und Risikotoleranz. Diese beiden Grössen wiederum führen zur Anlagestrategie, wie sie beispielhaft in der Tabelle auf Seite 13 dargestellt ist. Das sind die Elemente dieser Tabelle:

Anlagedauer: Je kurzfristiger man das Geld benötigt, etwa für den Kauf eines neuen Autos oder eine Zahnarztrechnung, desto sicherer sollte man es anlegen. Hohe Sicherheit heisst aber weniger Rendite.

Dabei gilt natürlich auch das Umgekehrte: Vermögen, das erst in ein paar Jahren wieder benötigt wird, darf mit höherem Risiko angelegt werden.

Die Tabelle unterscheidet drei Risikoklassen von Anlagen:

- **Risikoklasse 1:** In dieser Risikoklasse sind die sichersten Anlagen, beispielsweise Geldmarktanlagen und Obligationen in Schweizer Franken (entweder als Einzeltitel oder in Anlagefonds).

  Aber auch die kurzfristig benötigte Reserve auf Privat- und Sparkonten gehört dazu, genauso wie das Vermögen der staatlichen, beruflichen und privaten Vorsorge.
- **Risikoklasse 2:** Festverzinsliche Anlagen in Fremdwährungen.
- **Risikoklasse 3:** Aktien oder Aktienfonds und andere Anlagen, die hohen Kursschwankungen unterliegen.

Das Wichtigste dabei: Das Vermögen sollte meistens auf zwei, bei langem Anlagehorizont auf alle drei Risikoklassen verteilt werden.

Risikobereitschaft und Verteilung auf die Risikoklassen
Die Tabelle rechts zeigt, welchen Teil des Vermögens ein Anleger mit hoher oder tiefer Risikobereitschaft in welchen Risikoklassen anlegen sollte.

Wer sein Geld möglichst sicher und konservativ anlegen möchte, wer also nur über eine geringe Risikobereitschaft verfügt, will Wertschwankungen von höchstens plus/minus 5 Prozent akzeptieren. Wer so agiert, kann davon ausgehen, dass der maximale Wertverlust seiner Anlage im Prinzip auf 5 Prozent pro Jahr beschränkt ist.

Lesebeispiel: Selbst bei einem Anlagehorizont von 6 bis 10 Jahren sind bei einer tiefen persönlichen Risikobereitschaft noch keine Investments in Aktien angesagt.

Anleger mit einer tiefen Risikobereitschaft müssen aber auch damit leben, dass ihr Anlagevermögen langfristig nach Abzug der Teuerung lediglich um 2 bis 3 Prozent pro Jahr wächst. Und: Sind die Zinsen in der Schweiz tief, ist selbst diese Zielsetzung mit Obligationen in Schweizer Franken nicht erreichbar.

Wer hingegen auch bei grösseren Kursausschlägen von 18 und mehr Prozent noch ruhig schläft, kann zumindest bei einem sehr langen Anlagehorizont Anlagen der Risikoklasse 3 übergewichten.

Ein Hinweis dazu: Bei den in der Tabelle rechts angegebenen Schwankungsbreiten handelt es sich um Richtwerte. Im Börsenjahr 2008 beispielsweise haben viele Anleger schmerzhaft erfahren, dass diese Kursausschläge auch deutlich grösser sein können.

Über einen längeren Zeitraum betrachtet kann man aber davon ausgehen, dass sich mindestens zwei Drittel der jährlichen Kursschwankungen in diesem Rahmen halten. Wobei auch hier der Grundsatz gilt: Die Realität hält sich nicht immer an die Faustregeln.

Herleitung einer persönlichen Strategie

Sobald die Strategie bzw. die Verteilung auf die Anlageklassen definiert ist, geht es an die Umsetzung. Auch hier, also bei der konkreten Anlage, lautet die Regel

Nummer 1: Risiko streuen beziehungsweise verteilen.

Populär ausgedrückt: Legen Sie nicht alle Eier in den gleichen Korb (siehe Kasten auf Seite 15).

Zumindest der Aktienteil von kleineren Vermögen bis etwa eine halbe Million Franken sollte nicht aus Einzeltiteln bestehen. Mit Anteilen von Anlagefonds setzt man auf eine ganze Palette von Titeln, was einer Risikoverteilung gleichkommt (siehe Kapitel 5).

Wer länderübergreifende Fonds im Portfolio hat, verteilt das Risiko auch geografisch. Für zusätzliche Sicherheit sorgt die Wahl von Titeln aus grossen, stabilen Märkten, Branchen und Firmen. Je exotischer eine Anlage, desto risikoreicher ist sie.

Übrigens: Gemäss einer Erhebung des Instituts für schweizerisches Bankwesen der Uni Zürich aus dem Jahr 2008 sind Schweizer Aktienbesitzer schlecht diversifiziert: Fast die Hälfte aller Aktionäre besitzt nur Schweizer Aktien, und im Schnitt besitzt der Schweizer Aktienbesitzer Aktien

Verteilung auf die drei Anlageklassen: Entscheidend sind Anlagedauer und Risikobereitschaft

So können Sie Ihre Anlage nach den drei Risikoklassen gewichten – abgestimmt auf Ihre persönliche Risikobereitschaft und die voraussichtliche Anlagedauer.

Risikoklasse 1
Geldmarktanlagen und Obligationen in einheimischer Währung

Risikoklasse 2
Geldmarktanlagen und Obligationen in Fremdwährungen

Risikoklasse 3
Aktien

	Persönliche Risikobereitschaft								
Anlagedauer	**tief ± 5 %**			**mittel ± 10 %**			**hoch ± 18 %**		
1 bis 2 Jahre	100	–	–	70	30	–	60	40	–
3 bis 5 Jahre	80	20	–	60	40	–	50	50	–
6 bis 10 Jahre	60	40	–	40	60	–	20	80	–
über 10 Jahre	40	30	30	20	20	60	–	–	100

Lesebeispiel: Wer seine persönliche Risikobereitschaft als tief einschätzt (also Jahresverluste von nur 5 Prozent in Kauf nehmen will) und einen Anlagehorizont von 3 bis 5 Jahren hat, sollte seine Anlagen so aufteilen: in die Risikoklasse 1 mit 80 Prozent, in die Risikoklasse 2 mit 20 Prozent, in die Risikoklasse 3 nichts.

Ein anderes Lesebeispiel: Ein Anleger mit mittlerer Risikotoleranz und einem Anlagehorizont von über 10 Jahren kann 20 Prozent des Vermögens in der Risikoklasse 1, 20 Prozent in der Risikoklasse 2 und 60 Prozent in der Risikoklasse 3 investieren.

Die Schwankungsbreite (zum Beispiel plus/minus 5 Prozent) ist nur ein Richtwert. Er wird statistisch ermittelt und besagt, dass er in der Vergangenheit in zwei von drei Fällen zutraf. Es bleibt also immer noch das Restrisiko, dass der Ausschlag stärker ausfällt – auch nach unten, wie das beispielsweise 2008 der Fall war.

Die Theorie besagt aber: Nach der Wahrscheinlichkeitsrechnung werden sich zwei Drittel aller künftigen Jahresausschläge im Rahmen von z. B. plus/minus 5 Prozent um die erwartete Durchschnittsrendite herum bewegen.

QUELLE: VZ VERMÖGENSZENTRUM

von nur gerade drei verschiedenen Unternehmen.

Nachdem die persönliche Anlagestrategie feststeht, geht es um die Umsetzung. Da steht zunächst die Wahl (oder der Wechsel) der Bank an. Dann stellt sich die entscheidende Frage: Soll ich meine Geldangelegenheiten völlig allein regeln? Oder soll ich Beratung bei der Bank holen? Oder alles einem Vermögensverwalter anvertrauen?

Worauf Sie achten müssen, damit Sie gut beraten werden, steht in Kapitel 9.

Vermeiden Sie Anlagefehler

Wer seine Strategie einmal umgesetzt hat, sollte sich auch bei längeren und heftigen Tauchern an den Märkten nicht zu Panikreaktionen hinreissen lassen. Eine Abkehr von der einmal getroffenen Anlagestrategie ist nur bei geänderten Zielen – etwa Hauskauf oder Frühpensionierung – oder bei veränderter Risikotoleranz angesagt.

Das bedeutet: Kein Strategiewechsel, bloss weil sich die wirtschaftliche Grosswetterlage an den Märkten ändert!

Auch oder gerade bei veränderten äusseren Bedingungen wie etwa einem Börsencrash oder einem sich abzeichnenden Zinsanstieg sollte man nicht von seiner Strategie abweichen.

In solchen Fällen raten einige Börsenprofis zu gezielten, taktischen Umschichtungen. So empfehlen Banken häufig eine vorübergehende Untergewichtung des Aktienanteils oder eine Verschiebung der festverzinslichen Anlagen von längeren hin zu kürzeren Laufzeiten.

Aber nicht immer dienen solche Ratschläge tatsächlich den Kundeninteressen. Denn jede Umschichtung spült den Kreditinstituten Geld in Form von Gebühren in die Kasse. Anders ausgedrückt: Wer sein Portfolio zu häufig umschichtet, erreicht nichts ausser hohen Spesen.

Zudem ist die Gefahr gross, dass man eine Umschichtung erst dann vornimmt, wenn die Finanzmärkte schon seit einiger Zeit schlecht laufen und man schon einige Verluste hinnehmen musste. Meist steigt man anschliessend zu spät wieder in Aktien ein und verpasst damit die Aufwärtsbewegung. Das hat auch viel mit Börsenpsychologie zu tun (siehe Kasten auf Seite 18).

Halten Sie also auch in schwierigen Zeiten an Ihrer Anlagestrategie fest. Das ist keine leichte Sache, denn es ist normal, dass man sich als Anleger Sorgen macht, wenn an den Börsen derartige Turbulenzen herrschen wie zum Beispiel im Jahr 2008.

Wer aber gelassen bleibt und seiner Strategie treu bleibt, wird auf lange Sicht mit grosser Wahrscheinlichkeit zu den Gewinnern gehören.

Eine Zusammenstellung der häufigsten Anlagefehler finden Sie im Kasten auf Seite 16.

Fortsetzung auf Seite 16

TIPP

Diversifizieren – eine der wichtigsten Grundregeln

Wer seine Anlagen diversifiziert, also das Risiko breit streut, befolgt eine wichtige Grundregel, die im Volksmund lautet: Lege nicht alle Eier in den gleichen Korb. So vermeidet man Klumpenrisiken.

Die Verteilung der Anlagesumme auf die **drei Risikoklassen**, die im Kasten auf Seite 13 beschrieben ist, ist der erste Schritt der Diversifikation.

Die Streuung auf **mehrere Einzeltitel** der jeweiligen Anlagekategorie ist der nächste Schritt der Diversifikation. Man kauft also Obligationen von verschiedenen Schuldnern oder Aktien von diversen Firmen.

Auch die **internationale Streuung** gehört zur Diversifikation. Oft entwickeln sich die nationalen oder regionalen Märkte nicht parallel, sondern gehen in gegenläufige Richtungen. Wer Aktien von Firmen aus mehreren Ländern kauft, kann einen negativen Verlauf in einem Land durch die positive Gesamtentwicklung in einem anderen Land wettmachen.

Ein hoher Diversifikationseffekt stellt sich also dann ein, wenn man in Anlagen investiert, deren Kurse sich möglichst unabhängig voneinander bzw. **gegenläufig entwickeln**.

Schliesslich kann mit den gleichen Überlegungen auch eine **Diversifikation nach Branchen** angezeigt sein. Wer beispielsweise Aktien einer Goldmine kauft, dazu Obligationen eines Goldförderunternehmens hält und seine Reserven als Goldbarren bei einer Bank liegen hat, hat zwar verschiedene Anlagekategorien gemischt, von einem diversifizierten Portfolio kann man aber dennoch nicht sprechen.

Mit anderen Worten: Nicht so sehr die Anzahl Anlagekategorien ist entscheidend, sondern dass diese möglichst unabhängig voneinander laufen und unterschiedliche Risikofaktoren repräsentieren.

Klumpenrisiken vermeiden – das ist auch künftig wichtig. Die Schwierigkeit dieser Strategie liegt auf der Hand: Wer weiss schon, welche Märkte sich künftig wie entwickeln? Und welche Branchen sich als dauerhaft zukunftsträchtig erweisen? Auch Profis haben da ihre Mühe.

Die Banken- und Finanzkrise von 2008 hat zudem gezeigt, dass etliche Märkte, die sich vorher in verschiedene Richtungen entwickelt hatten, plötzlich fast synchron «bachab» gingen. Was früher in der Theorie als gegenläufig galt und Risiken im Portefeuille minimieren sollte, bescherte im Abwärtsstrudel gleichermassen massive Verluste.

Trotzdem bleibt das Prinzip der Diversifikation auch in Zukunft eine sehr solide Basis für die Geldanlage. Und manch ein Anleger wird sich damit trösten, dass dieses Prinzip in der letzten Finanzkrise wenigstens noch Schlimmeres verhindert hat.

Bei Anlagefonds ist die Risikostreuung inbegriffen. Eine mögliche Variante zur Risikostreuung bieten **Anlagefonds**, die von einer Fondsleitung verwaltet werden. Mit Anteilen an verschiedenen Anlagefonds – es gibt sie für unzählige Kategorien – können Kleinanleger das Risiko sehr breit abstützen. Mehr dazu im Kapitel 5.

Noch zwei Ergänzungen zum Thema Diversifizieren:

- Die Finanzkrise hat insbesondere das Emittentenrisiko aufs Tapet gebracht, also die Gefahr, dass Herausgeber von gewissen Finanzprodukten (für die es keinen Einlegerschutz gibt) Konkurs gehen können. Es gilt demnach, Papiere von verschiedenen Emittenten auszuwählen, um auch dieses Klumpenrisiko zu vermeiden (siehe Kasten auf Seite 140).
- Auch Banken können im Prinzip in Konkurs gehen. Die UBS geriet im Finanzstrudel 2008 in arge Bedrängnis und musste Staatshilfe in Anspruch nehmen. Diversifizieren heisst also auch, sein Spargeld auf verschiedene Banken zu verteilen.

Fortsetzung von Seite 14

Was Banken «konservativ» nennen, ist schon ziemlich riskant

Zur richtigen Anlagestrategie gehört auch, die Sprache der Banken und Finanzberater zu kennen. Wenn nämlich Banker von «konservativ», «ausgewogen» oder «wachstumsorientiert» sprechen, verstehen Normalmenschen darunter oft etwas völlig anderes.

Wie zum Beispiel der Sparer, der kein Risiko eingehen wollte und deshalb mit der Bank einen Vermögensverwaltungsvertrag mit

Die häufigsten Anlagefehler

Fehler 1: Mangelhafte Planung und unrealistische Erwartungen
Jede erfolgversprechende Anlagestrategie basiert auf drei grundlegenden Fragen: Wie viel Risiko kann ich mir finanziell leisten? Zu welchem Risiko bin ich emotional bereit? Was will ich mit der Investition erreichen? Allzu oft träumen Anleger von unrealistischen Renditen. Ein jährlicher Vermögenszuwachs von mehr als zehn Prozent ergibt sich höchstens dank viel Glück, aber nicht als Folge überlegter Anlageentscheide.

Fehler 2: Selbstüberschätzung und Kontroll-Illusion
Anleger überschätzen sich häufig, wie verschiedene Studien belegen; und sie glauben fälschlicherweise, sie hätten die Risiken total unter Kontrolle. Sie kaufen zu risikoreiche Titel und streuen die Anlagerisiken zu wenig breit. Es gilt vor allem auf Vielfalt zu achten. Ein Aktiendepot sollte Wertpapiere aus verschiedenen Branchen, Sektoren und Regionen enthalten.

Fehler 3: Hektisches Kaufen und Verkaufen
Den idealen Zeitpunkt zum Kauf und Verkauf von Wertpapieren gibt es nicht. Daher ist es falsch, Aktien bei Kurseinbrüchen überhastet abzustossen und damit von der gewählten Strategie abzurücken. Häufiges Kaufen und Verkaufen kostet zudem Gebühren und schmälert die Rendite zusätzlich. Vermeiden Sie also kurzfristiges Handeln.

Fehler 4: Fehlkäufe aussitzen
Wer gibt schon gerne zu, eine Niete gekauft zu haben? Daher sitzen viele Anleger Verluste lieber aus. Besser fährt, wer schlecht laufende Wertpapiere nach reiflicher Überlegung abstösst und neue Anlagechancen nutzt. Ganz schlecht ist es, Einbussen mit Zukäufen desselben Titels auszugleichen oder andere hohe Risiken einzugehen, um dadurch seine Verluste zu begrenzen.

Fehler 5: Vertrauen in den schönen Schein
Viele Anleger kaufen Aktien bekannter Firmen. So kaufen Schweizer am liebsten Aktien von Schweizer Grossunternehmen. Zudem hören viele lieber auf Kollegen und Werbesprüche als auf den Rat von Profis. Grundsätzlich gilt: Mehr auf Fakten, Zahlen und Firmenperspektiven achten.

Fehler 6: Mangel an Geduld
Aktienanlagen gleichen einem Marathon und nicht einem Sprint. Wer hälftig auf Aktien und Obligationen setzt, sollte Schnauf für mindestens fünf Jahre haben.

Fehler 7: Kein regelmässiger Depotcheck
Was gestern richtig war, kann heute überholt sein. Anlagen sollten darum laufend überprüft werden, mindestens aber dann, wenn Veränderungen der Lebenssituation anstehen. So etwa vor der Pensionierung oder vor der Scheidung, vor einer grösseren Erbschaft oder vor einem Immobilienkauf.

dem Anlageprofil «konservativ» abschloss. Sein Depot schrumpfte 2008 um 17,5 Prozent

Was der Sparer nicht beachtet hatte: Was als Strategie für Anleger angepriesen wurde, die auf «reale Erhaltung ihres Kapitals» mit «möglichst kleinen Vermögensschwankungen» setzen, enthielt einen Aktienanteil von bis zu 35 Prozent.

«Für einen Anleger, der das Geld bald wieder braucht und nicht darauf verzichten kann, ist ein Aktienanteil von 25 Prozent überhaupt nicht ‹konservativ›», meinte Professor Manuel Ammann, Direktor des Schweizerischen Instituts für Banken und Finanzen der Universität St. Gallen, in der Zeitschrift K-Geld.

Sein Zürcher Kollege Thorsten Hens, Direktor des Bankeninstituts der Universität Zürich, dazu: «Eine Anlagestrategie mit einem Drittel Aktien muss bei einem Kleinanleger als risikoreich bezeichnet werden.»

Das Beispiel zeigt in aller Deutlichkeit: Verschiedene Banken führen Anlagestrategien für Kunden mit einem Viertel Aktien und mehr noch unter dem Begriff «konservativ».

Mit der normalen Wahrnehmung hat dies jedoch wenig zu tun: Der Duden definiert «konservativ» als «vorsichtig, zurückhaltend».

Misstrauen Sie dem Marketing-Schwindel

Ein anderes Beispiel für missverständliche Marketing-Begriffe der Banken: das «Vermögensverwaltungsmandat klassisch» in der Kategorie «ausgewogen» der Zürcher Kantonalbank.

Was der Laie als ausgewogenes Verhältnis zwischen Chancen und Risiken interpretiert, ist in Tat und Wahrheit eine risikoreiche Anlagestrategie mit rund 50 Prozent Aktienanteil. Das Vermögen eines Kunden schrumpfte so im Crash-Jahr 2008 um 27 Prozent.

Oder: «Einkommensorientiert» heisst bei der Credit Suisse ein Anteil an Aktien und alternativen Anlagen (Rohstoffe, Hedge-Fonds, Derivate usw.) von über 40 Pro-

Fortsetzung auf Seite 19

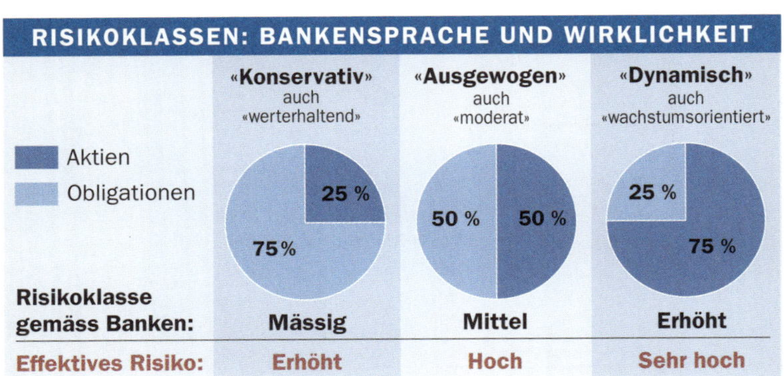

Panik, Unvernunft und Herdentrieb: Warum der emotionale Anleger di

An den Märkten und Börsen herrschen zwar gewisse Gesetzmässigkeiten – aber eine ebenso entscheidende Kraft ist das Wirken der Anlegerinnen und Anleger. Und die handeln nicht immer rational oder «wirtschaftlich», sondern lassen sich sehr oft und zu stark von Emotionen leiten. Sie werden dann von der Euphorie oder von einem Boom angesteckt oder verfallen in Panik, wenn eine Spekulationsblase platzt. Das verstärkt die jeweilige Auf- oder Abwärtsbewegung noch zusätzlich.

Das führt dazu, dass emotionale Anleger unüberlegte Verkäufe tätigen, die erst noch zu spät erfolgen, und dafür wieder einsteigen, wenn es wiederum zu spät ist, weil der Zug längst abgefahren ist. Das zeigt diese Darstellung; sie beruht auf den Erkenntnissen der Börsenpsychologie (Behavioural Finance); diese wendet die Erkenntnis der Verhaltenswissenschaften auf den Finanzb reich an.

Der Tipp daraus ist klar: Machen Sie es bess als der typische emotionale Investor. Legen Sie f sich – wie in diesem Kapitel geschildert – eine lan fristige Anlagestrategie aufgrund Ihres Risikopr fils fest und bleiben Sie dieser treu.

Die Darstellung illustriert drei wichtige Erkenn nisse der Behavioural Finance:

Angst vor Verlusten: Das allzu lange Zögern bei Verkaufen hat viel mit Angst zu tun – weil Verlus mehr schmerzen, als Gewinne erfreuen. Eine Faus regel besagt, dass ein Verlust von beispielsweis 25 Prozent mehr als doppelt so stark schmerzt, w ein Gewinn von 25 Prozent freut.

typischen Fehler macht

Das führt dazu, dass der emotionale Anleger ;o lange mit Verkaufen wartet, bis der Ge- luldsfaden endgültig reisst – und das ge- ;chieht dann oft mit maximalem Verlust.

Selbstüberschätzung ist ebenfalls prägend ür den emotionalen Investor. Viele Anleger ;lauben, sie seien in Investment-Fragen bes- ;er informiert als alle anderen, und neigen des- ıalb zu verstärktem Aktivismus. Dies verleitet viederum zu Fehlentscheiden.

Das Gleiche gilt für den **Herdentrieb**. Wer ;ich stark von den Empfehlungen anderer ıbhängig macht und immer nur auf angeblich ;ute Tipps von Freunden und Bekannten hört die sich vielfach auch selbst überschätzen), ıeigt ebenfalls zu Fehlern.

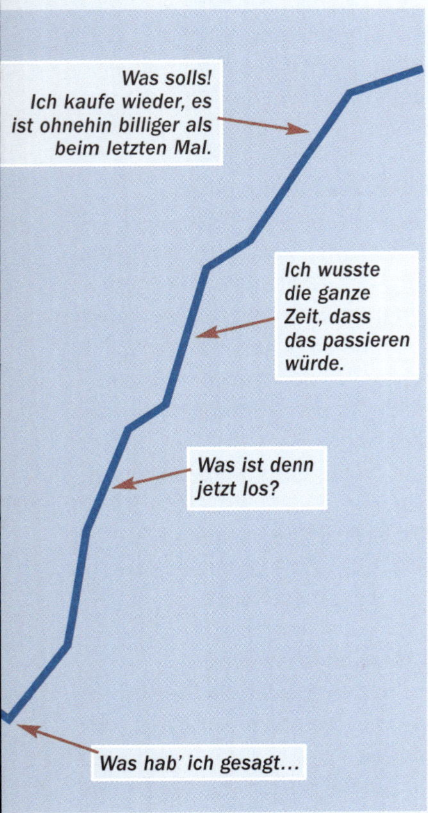

QUELLE: BEHAVIOURAL FINANCE SOLUTIONS GMBH, ZÜRICH

Fortsetzung von Seite 17

zent. Vermögensverlust 2008 bei einer Kundin: 19 Prozent.

Tipp: Misstrauen Sie dem Marketing-Schwindel der Banken. Wer höhere Erträge wünscht, als das Sparkonto hergibt, geht Risiken ein. Vermeintlich «moderate» Anlageziele von 4 bis 6 Prozent jährlich bergen bereits ein grosses Verlustrisiko. Nicht nur im Katastrophenjahr 2008, sondern auch in künftigen Jahren.

Ein weiteres Beispiel für die blumige und tückische Marketing-Sprache der Banken sehen Sie im Kasten auf Seite 21).

Im Alter muss sich die Anlagestrategie ändern

Bei Erreichen des Pensionierungsalters fällt der Lohn weg. Dass aber über 65-Jährige auch dann noch über ein genügendes Einkommen verfügen – dafür sorgen primär die AHV und die Pensionskasse.

Beide Sozialversicherungen sollen zusammen mindestens 60 Prozent des zuletzt bezogenen Jahreslohnes sichern.

Wer während des Erwerbslebens zusätzlich noch sparen kann, hat mit der 3. Säule ein empfehlenswertes und steuerbegünstigtes Sparinstrument zur Verfügung (siehe Kasten auf Seite 29).

Wer noch mehr Geld zur Verfügung hat und dieses auch anlegen will (statt es auf dem Sparkonto zu lassen), muss seine Anlagestrategie anpassen, wenn die Pensionierung näher rückt. Denn jetzt wird der Anlagehorizont laufend kürzer – und die Anlagen sollten weniger risikoreich sein.

Das heisst: Den Aktienanteil reduzieren, den Obligationen- und Bargeldanteil erhöhen.

Wichtig ist also, sich mit fortschreitendem Alter allmählich von Anlagen zu trennen, für die es einen langen oder sehr langen Anlagehorizont braucht.

Achtung: Viele Seniorinnen und Senioren haben viel Geld, und das macht sie attraktiv für Banken, die ihnen ihre Produkte verkaufen wollen. Viele dieser Angebote haben aber einen zu hohen Aktienanteil und sind deshalb für Senioren zu riskant. Ein Beispiel dafür sehen Sie im Kasten auf der Seite rechts.

Der ehemalige Wirtschaftsprofessor Walter Wittmann schreibt: «Senioren dürfen ruhig altmodisch auf das bewährte Sparheft und festverzinsliche Anlagen (erstklassige Obligationen, möglichst in der Heimwährung) setzen.»

Planen im Hinblick auf das Rentenalter

Die Anpassung der Anlagestrategie ist nicht alles, was es im Alter zu tun gibt. Wenn es um Finanzen geht, müssen angehende Seniorinnen und Senioren noch weitere wichtige Weichen stellen und Entscheide treffen (die hier allerdings nur kurz erwähnt werden):

■ **Überprüfen der Vorsorgesituation.**
Kann ich künftig mit der vollen AHV rechnen? Wie hoch wird meine Pensionskassenrente mutmasslich sein? Wie sieht mein Budget für die Zeit nach der Pensionierung aus? Reichen meine Einkünfte zur Deckung dieses Budgets? Habe ich meine Ehefrau oder den Partner finanziell gut abgesichert für den Fall, dass mir etwas passiert? Soll ich die Hypothek schrittweise zurückzahlen?

Alle wichtigen Hinweise zu dieser Thematik finden Sie im K-Tipp-Ratgeber «Pensionierung richtig planen». Sie können das 152-seitige Buch über Tel. 044 253 90 70 bestellen oder im Internet auf www.ktipp.ch.

Ein Merkblatt zur «Sicherung des Einkommens nach der Pensionierung» steht auf www.ktipp.ch zum gratis Herunterladen zur Verfügung.

■ **Flexibles Rentenalter.**
Kann ich mir eine Frühpensionierung mit der entsprechenden Kürzung der Rente leisten? Welche weiteren finanziellen Konsequenzen hätte das? Kann ich mich noch bei der Pensionskasse einkaufen?

Alle Tipps zu diesem Themenkreis finden Sie im Saldo-Ratgeber «Gut vorsorgen: Pensionskasse, AHV und 3. Säule». Sie können das 218-seitige Buch über Telefon 044 253 90 70 bestellen oder im Internet auf www.saldo.ch.

■ **Pensionskassengeld bar beziehen oder als Rente?**
Ist das Rentenalter erreicht, können die Pensionsgelder entweder als Kapitalauszahlung auf einmal bezogen oder als regelmässige

Mit dem «Pension Portfolio» Geld verloren – trotz «Kapitalerhalt»

Ein Ehepaar vertraute einer Raiffeisenbank 203 100 Franken an. Auf dem Höhepunkt der Börsenkrise von 2008 verlor das Paar die Nerven, verkaufte die Anlage wieder und erhielt nur noch 170 800 Franken. So kam es zu einem Verlust von rund 32 000 Franken.

Gemäss Werbeunterlagen und Verkaufsprospekten hätte ein solcher Verlust gar nicht eintreten dürfen. Denn das Ehepaar kaufte ein «Pension Portfolio», das sich vor allem an Rentnerinnen und Rentner richtet. Und so funktioniert es: Die Bank nimmt das Geld entgegen, legt es an und zahlt dem Anleger regelmässig eine bestimmte Summe aus – bis das Geld komplett aufgebraucht ist.

In der Mitgliederzeitung von Raiffeisen wurde das Produkt in den höchsten Tönen gelobt. Da war von «attraktiven Renditechancen» die Rede, und das Portfolio biete ein «hohes Mass an Sicherheit».

Zudem komme bei diesem Produkt die «Multi-Asset-Class»-Anlagestrategie zur Anwendung, die «auch in schwierigen Marktphasen den Erhalt des Kapitals und positive Renditen ermöglichen» solle.

In ihrem Kundenmagazin erweckte Raiffeisen auch den Eindruck, der Ertrag aus dem Portfolio sei ähnlich stabil wie die garantierte und feste Auszahlung der Pensionskassen-Rente.

Es kam anders. Nach der Lancierung im Juli 2007 verlor das Portfolio wegen der Finanzkrise rund 20 Prozent an Wert. Der Grund lag vor allem darin, dass die Anlagestrategie nicht so auf Sicherheit angelegt war, wie es die Beteuerungen von Raiffeisen nahelegen würden. Denn 15 Prozent des Geldes steckten in Aktien, weitere 20 in einem hochriskanten Dach-Hedge-Fonds mit hohen Gebühren für den Anleger.

Dazu kamen hohe Kosten. Gleich zu Beginn gingen auf einen Schlag 3000 Franken für Gebühren, Fonds- und Abwicklungskosten weg. Dazu verlangte Raiffeisen eine jährliche Gebühr von 1 Prozent auf die gesamte Anlagesumme.

Hat also Raiffeisen einem risikoscheuen älteren Paar auf aggressive Weise ein ungeeignetes und riskantes Produkt ohne genügende Risikoaufklärung verkauft? Diesen Vorwurf weist Raiffeisen zurück. Die Aussagen in den Verkaufsunterlagen und Produktbeschreibungen dürften «nicht fokussiert» betrachtet werden. Zudem sei dort auch von Wertschwankungsreserven die Rede. Es hätten intensive Kundengespräche stattgefunden. Man habe den Kunden die langfristige Funktionsweise der Anlage aufgezeigt und sie «umfassend und bedürfnisgerecht» aufgeklärt. Das Geschäft sei korrekt abgewickelt worden, die Kundenberaterin habe sich viel Zeit genommen.

Eine schriftliche und klare Risikoaufklärung findet sich erst am Schluss des dreiseitigen Auftragsformulars, das die Kunden unterschrieben haben. Dort steht: «Kurse können sowohl steigen als auch fallen.» Und: «Das Risiko von Wertschwankungen der getätigten Anlage liegt vollumfänglich beim Auftraggeber.»

Rente beansprucht werden. Beide Möglichkeiten haben ihre Vor- und Nachteile.

Die Auszahlung des Kapitals bedingt, dass das Geld gewinnbringend angelegt und mit Disziplin ausgegeben wird. Mit dem Kapitalbezug verfallen alle weiteren Pensionskassenansprüche unwiderruflich.

Eine ausführliche Gegenüberstellung der beiden Varianten mit ihren Vorzügen und Mängeln finden Sie im Internet auf www.ktipp.ch unter → Service → Merkblätter zum Herunterladen.

Sparen mit der Versicherung? Nein danke

Wenn es um die Vorsorge und ums Anlegen von Geldern geht, treten auch die Versicherungsgesellschaften gerne mit ihren Angeboten auf den Plan. Hier ist Skepsis angebracht, denn diese Produkte sind für den Versicherten teuer. Und sie sind unflexibel, weil sie in der Regel mit einer festen, langen Vertragsdauer und Zahlungsverpflichtung verbunden sind – was sich bei veränderten Lebensumständen als sehr nachteilige Fessel erweisen kann.

Einziger echter Vorteil ist die Prämienbefreiung bei Erwerbsunfähigkeit (Details siehe Seite 26).

Diese Versicherungsprodukte werden recht aggressiv verkauft – vor allem von freien Maklern, die beim Verkauf solcher Produkte hohe Verkaufsprovisionen kassieren. Diese Provisionen zahlt letzten Endes der Kunde. Ob das Produkt einem Kundenbedürfnis entspricht, ist den Verkäufern egal.

Um diese Produkte geht es im Einzelnen:

■ **Kapitalbildende Lebensversicherung.**
Die kapitalbildende Lebensversicherung verbindet den Sparprozess mit der finanziellen Absicherung der Risiken Tod und (manchmal) Invalidität. Sie wird oft auch Vorsorgepolice, Sparversicherung oder gemischte Versicherung genannt.

Der grössere Teil der fest abgemachten Prämie geht in den Spartopf, ein happiger Teil der Prämie geht aber für die Kosten weg.

Die Gelder im Spartopf ergeben – falls der Kunde regelmässig einzahlt – das sogenannte Erlebensfallkapital, das dann ausbezahlt wird, wenn der Versicherungsnehmer den Ablauf des Vertrages «erlebt».

Das Erlebensfallkapital setzt sich einerseits zusammen aus einem garantierten Teil, der auf einer festen Verzinsung beruht (oder bei der Fondspolice an den Börsen investiert wird). Dazu kommen noch Überschüsse, die beim Abschluss grosszügig in Aussicht gestellt werden, aber nicht garantiert sind.

Stirbt der Versicherungsnehmer vor Ablauf der Vertragsdauer, erhalten die Begünstigten ein im Voraus bestimmtes Todesfallkapital ausbezahlt. Viele Versicherte haben damit eine Versicherungskomponente, die oft gar nicht nötig ist.

Nebst einem Todesfallrisiko-Schutz können Interessierte in die gemischte Lebensversicherung auch eine Erwerbsunfähigkeits-Rente einbauen. Diese sichert dann auch ein vereinbartes Ersatzeinkommen bei Invalidität.

Ein Viertel der Prämie geht für die Kosten weg

In der Regel mitversichert ist bei der klassischen gemischten Lebensversicherung die Prämienbefreiung bei Erwerbsunfähigkeit: Wird der Versicherungsnehmer invalid, zahlt die Gesellschaft die Prämien weiter (Details später).

TIPP

Umgang mit Bankberatern: Die wichtigsten Tipps

Die Krise von 2008 hat ein grosses Manko in Anlageberatung und Vermögensverwaltung an den Tag gebracht: In den guten Zeiten davor haben die Banken zu vielen risikoscheuen Anlegern viel zu oft allzu riskante Anlagen verkauft. Häufig passen die Investitionsvorschläge nicht zum Risikoprofil des Kunden.

Dabei haben die Berater regelmässig die Verdienstchancen gross herausgestrichen, das Risiko aber heruntergespielt. Viele Sparer sind auf das falsche und wundersame Versprechen «nach oben immer dabei, ohne nach unten etwas zu riskieren», hereingefallen.

So haben auch Leute Geld verloren, die sich mit Börsengeschäften nicht auskennen, bei denen die Sicherheit der Anlage an oberster Stelle steht und die auf keinen Fall Kapitalverluste erleiden wollen.

Nur allzu oft haben die Berater Sparern, die eine Kassenobligation kaufen wollten, riskante Fonds angedreht. Oder Produkte mit «Kapitalschutz» von ausländischen Emittenten, die mit einem Totalverlust endeten.

Das hängt mit der Entlöhnung der Bankangestellten zusammen. Wenn sie Festgeld verkaufen, erhalten sie keine Provisionen. Für Fonds und riskante Produkte gibt es mehr. Je risikoreicher die Anlage, desto mehr profitiert der Bankberater bei diesem Anreizsystem.

Wichtig ist deshalb:

- Glauben Sie nicht alles, was der Bankberater sagt. Für viele konservative und risikoscheue Sparer könnte die erfolgreichste Anlagestrategie gar lauten: Kaufen Sie auf keinen Fall das, was Ihnen die Bank vorschlägt.
- Wenn der Bankberater immer wieder anruft und sagt: «Sie haben da relativ viel Geld auf Ihrem Sparkonto, damit könnte man doch etwas Ertragreiches machen», müssen Sie besonders skeptisch sein.
- Das Gleiche gilt, wenn Sie Bargeld abheben und der Schalterangestellte feststellt, Sie hätten zu viel Bargeld, und gleich einen Anlageberater holt.
- Misstrauen Sie den schönen Worten, mit denen Banken ihre Finanzprodukte anpreisen. Wer höhere Erträge wünscht, als das Sparkonto hergibt, geht Risiken ein.
- Seien Sie auch vorsichtig, wenn Ihr Bankberater eine angeblich «innovative Anlagestrategie» aus dem Hut zaubert.
- Verlangen Sie allfällige Anlagevorschläge immer schriftlich und lesen Sie alles genau durch – auch die Risikohinweise. Aus den schriftlichen Unterlagen gehen die Risiken jeweils viel deutlicher hervor als aus den mündlichen Ausführungen des Bankberaters.
- Lassen Sie sich nicht dazu überreden, auf Kredit zu spekulieren (zum Beispiel durch Erhöhung der Hypothek).
- Spekulieren Sie nicht mit Pensionskassengeld.
- Kaufen Sie nur Produkte, die Sie verstehen. «Wenn Anleger nur erwerben würden, was sie auch verstehen, wäre es vielleicht nicht zur Blasenbildung und zum weltweiten Börseneinbruch von 2008 gekommen.» Das schreibt gemäss «Neuer Zürcher Zeitung» der englische Buchautor John Kay in einem neueren Buch zu den Grundregeln der Geldanlage.
- Mehr Infos zur Beratung: Seite 180 ff.

Das ist zwar ein echter Vorteil – aber die Nachteile von solchen Policen überwiegen dennoch.

Zur Deckung dieser Risiken zieht die Gesellschaft einen Teil der einbezahlten Prämie ab. Es geht also nicht die gesamte einbezahlte Prämie in den Sparteil.

Auch happige Abzüge für die Kosten muss der Sparer tragen.

Fortsetzung auf Seite 26

DIE ZEHN GOLDENEN REGELN FÜR DEN PRIVATEN ANLEGER

Diese Regeln stammen vom ehemaligen Wirtschaftsprofessor Walter Wittmann. Sie sind Teil seines Buches «Wie man erfolgreich investiert».

1. Informiere dich objektiv

Erste Priorität: Skepsis. Das ist wichtig in Bezug auf Versprechen und Urteile seitens der Finanzberater – sie verfolgen oft nur ihre eigenen Interessen. Man braucht also zuverlässige und unabhängige Informationsquellen. Doch diese sind rar und vor allem nicht kostenlos.

Gut fährt man mit seriösen Börsen- oder Wirtschaftsbriefen. Vor allem dann, wenn die Herausgeber selber keine Anlagen tätigen und keine Vermögensverwaltung betreiben. Sonst ist die Versuchung für den Autor gross, Anlagen zu empfehlen, die er selber im Depot hat.

So oder so gilt: Anleger müssen alles dransetzen, eine objektive Sichtweise zu erhalten.

Auf Wittmanns Empfehlungsliste für seriöse (kostenpflichtige) Informationsquellen stehen etwa die Fachzeitschrift «Die Aktien-Analyse» sowie die Börsenbriefe «Actien-Börse» (www.bernecker.info), «Börsenkurier» (www.boersenkurier.ch) oder «Der Platow-Brief» (www.platow.de).

2. Spekuliere nicht

Setzen Sie nur Geld ein, das verlorengehen kann, ohne dass Sie finanziell ins Trudeln kommen. Viele Investoren hoffen, an der Börse den Coup ihres Lebens zu landen. Sie sind durch nichts zu bremsen und wollen unbedingt zocken.

Sollten diese Anleger tatsächlich einmal Glück haben, fordern sie es erneut heraus. Dies kann nur in einem Desaster enden. Dies gilt vor allem für jene «Spieler», die Kredite aufnehmen oder die Hypotheken ihres Eigenheims erhöhen, um mit diesen Mitteln auf Pump Aktien zu kaufen.

3. Lass nicht zu, dass die Zeit gegen dich arbeitet

Wer die Zeit gegen sich hat, steht unter Druck. Das Ergebnis: Verluste. Dies zeigt sich bei Anlegern, die zum Beispiel mit Optionen spekulieren. Zwar kann man Optionen, sofern sie regelmässig und in liquiden Märkten gehandelt werden, jederzeit vor Verfall verkaufen, doch die Neigung privater Anleger ist gross, bis zum Schluss auszuharren, um potenzielle Verluste aufzuholen oder um noch mehr Gewinn zu realisieren.

Doch die Erfahrung zeigt, dass die erdrückende Mehrheit von Anlegern mit Optionen Totalverluste erleidet.

Es gibt eine Reihe weiterer Anlagen, wie etwa Hedge- und Immobilien-Fonds, die entweder mit Kündigungsfristen versehen sind oder bei denen man erst am Ende der Laufzeit aussteigen kann. Man ist dann Gefangener einer Entwicklung, auf die man keinen Einfluss hat.

4. Kaufe nur das, was du verstehst

Kennen darf man nie mit verstehen verwechseln. Es ist unabdingbar, das Geschäftsmodell eines Unternehmens zu kennen, zu wissen, was es produziert und in welchen Absatzmärkten es sich betätigt. Entscheidend ist eine sehr starke Marktposition. Weiter braucht es die Kenntnis über die langfristige Entwicklung von Umsatz und Gewinn sowie über die Zukunftsaussichten der Firma.

Also nicht blind einem Unternehmen aus der Region vertrauen. Das gilt auch für Firmen im eigenen Land, für solche mit bekannten Namen wie Coca-Cola oder Nestlé und für die Hausbank.

Der Tipp, nur das zu kaufen, was man versteht, gilt auch für die Finanzprodukte der Banken.

5. Diversifiziere deine Anlagen

Die grosse Gefahr ist das Klumpenrisiko. Das heisst: Bei Aktien setzt man auf wenige, vertraute Aktien – etwa auf Schweizer Grossfirmen. Zwar sind das bewährte Werte, aber sie reichen nicht aus, um genug diversifiziert zu sein. Auch solche Aktien können bei einem Crash oder einer anhaltenden Baisse Verluste bringen.

Abzuraten ist auch davon, einzig seine Lieblingsbranche, etwa Hightech-Aktien, zu berücksichtigen. Ebenso unklug ist es, bloss auf Energie-, Metall- oder Goldaktien zu setzen.

Auch wer Anlagen nur in einem einzigen Land tätigt, sollte nicht übersehen, dass man dadurch ein Klumpenrisiko eingehen kann. Dabei spielen auch die Grösse und die Leistungsfähigkeit eines Landes eine grosse Rolle. Riskant sind kleine, wenig dynamische Volkswirtschaften.

Man sollte sich auch nicht ausschliesslich auf Immobilien konzentrieren. Oft kaufen Anleger gleich mehrere an einem Ort. Liegt dieser Ort fernab eines städtischen Einzugsgebiets, gibt es keinen liquiden funktionierenden Markt. Im schlimmsten Fall findet sich in einer Notlage kein Käufer für solche Immobilien. Sinnvoll ist sicher eine Diversifikation in die alten EU-Länder, in Kanada, Australien und in die Schweiz.

6. Investiere nur in liquide Märkte

Man muss unbedingt darauf achten, wie es um die Handelbarkeit der Anlagen steht. Denn leider kann man sie bei Geldbedarf nicht immer verkaufen. Für eine Reihe von Anlagen gibt es faktisch keinen oder nur einen ineffizienten Markt.

Das gilt etwa für die unzähligen Derivate (Futures, Optionen usw.). Der Anleger muss oft bis zum Verfall warten, bis er Bares erhält, unabhängig davon, wie sich die Finanzmärkte entwickeln. Sich hier zu engagieren, ist ein zu hohes Risiko.

Selbst wer in Obligationen investiert, sollte daran denken, dass auch hier sehr enge Märkte existieren, wo man nicht jederzeit verkaufen kann.

7. Achte auf das Timing

Typisch für Privatanleger: Sie investieren, wenn sie vom grassierenden Optimismus angesteckt werden, kaufen so zu spät und zu teuer. Selbst nach Kursgewinnen wird nicht verkauft, sondern gewartet, ob es noch weiter nach oben geht.

Drehen einzelne Aktien oder Märkte nach unten, wird ebenso wenig verkauft, weil man auf die nächste Erholung wartet. Gehts weiter bergab, verlieren die Anleger den Kopf und verkaufen meist in der Nähe des untersten Wendepunktes.

Um den richtigen Zeitpunkt nicht zu verpassen, kann man auf unabhängige Börsenbriefe setzen – und sich allenfalls an deren Ratschlägen orientieren.

8. Veranstalte keine Aufholjagd

Viele Investoren kaufen bei sinkenden Kursen Aktien nach. Sie sind nicht bereit, Nieten durch Verkäufe zu eliminieren.

Nachgekauft wird auch oft, weil man sich Jahresziele für die Höhe der Rendite setzt. Dies ist weder sinnvoll noch Erfolg versprechend. Aufholjäger schaffen es selten, Gewinne zu realisieren. Entweder wegen unrealistisch hoher Ziele oder weil sie Angst haben, die Kurse könnten nach dem Verkauf steigen. Das führt dazu, dass man auf Gewinnmitnahmen verzichtet und von Kursstürzen nach unten überrascht wird.

9. Arbeite mit Stop Loss

Das Stop-Loss-Limit ist eine Handelsoption für eine Verkaufsorder im Wertpapierhandel und bezeichnet eine Kursuntergrenze. Sobald der angegebene Kurs unterschritten wird, wird ein Verkauf ausgeführt. Diese Absicherung ist die einzige Medizin gegen Fehleinschätzungen. Am besten gibt man bereits mit dem Kauf einer Wertschrift ein Stop Loss in Auftrag.

Enge Limits von zum Beispiel zehn Prozent machen nur bei grosskapitalisierten Aktien Sinn. Bei Mid-Caps und Small-Caps (kleinere und mittlere Firmen) gibts nicht selten Tagesschwankungen von mehr als zehn Prozent.

Anleger sollten sich deshalb auf Standardwerte konzentrieren. Bei steigenden Kursen muss man die Stop-Loss-Marken auch immer wieder nach oben anpassen.

10. Bleibe stets handlungsfähig

Zur vollen Handlungsfähigkeit gehört etwas, worüber kaum gesprochen oder geschrieben wird: physisch und psychisch fit zu sein. Viele Senioren beginnen aus purer Langeweile, an den Finanzmärkten zu zocken. Ähnlich präsentiert sich die Lage für jene, die zwar im Berufsleben stehen, aber wegen Dauerstress kaum Zeit haben, sich seriös mit ihren Anlagen zu beschäftigen.

Beruflich Hyperaktive und Senioren sollten ihr Geld deshalb in festverzinsliche Anlagen investieren.

Fortsetzung von Seite 23

Im Schnitt geht bei einer klassischen Sparversicherung ein Viertel der Prämie zur Deckung von Risiko und Kosten weg.

Die gemischte Versicherung hat einen gravierenden Nachteil: Der Kunde lässt sich auf einen langjährigen Vertrag mit Zahlungsverpflichtung ein. Wer frühzeitig aus einem solchen Vertrag aussteigt (aus welchen Gründen auch immer), verliert in den ersten Jahren die ganze oder einen grossen Teil der einbezahlten Prämiensumme – und das können Tausende von Franken sein.

Auch ein späterer Ausstieg ist meist mit Verlust verbunden. In keiner anderen Versicherungsart wirken sich Fehler so gravierend für den Versicherten aus.

Dies gilt auch, wenn man die Versicherung in die prämienfreie Variante umwandelt.

Die Prämienbefreiung bei Erwerbsunfähigkeit

Die Sparversicherung mit Jahresprämien hat einen attraktiven Vorteil: die Prämienbefreiung bei Erwerbsunfähigkeit, die in den Verträgen meist inbegriffen ist.

Prämienbefreiung heisst: Sollte die versicherte Person wegen Krankheit oder Unfall erwerbsunfähig werden und nichts mehr verdienen können, muss sie für die Sparversicherung (nach einer gewissen Wartefrist, in der Regel drei Monate) auch keine Prämien mehr zahlen. Die versprochene Geldsumme (Erlebensfallkapital) erhält die versicherte Person aber bei Vertragsablauf trotzdem, weil nun die Versicherungsgesellschaft die Prämienzahlung übernimmt.

Das Sparziel ist also garantiert, ebenso die Auszahlung der Todesfallsumme bei vorzeitigem Tod (vor Erreichen des Vertragsendes).

Tipp: Wenn schon eine Sparversicherung, dann nur *mit* Prämienbefreiung bei Erwerbsunfähigkeit. Sonst ist die Sparversicherung fragwürdig, weil das Sparziel bei Invalidität ja nicht garantiert ist.

Auch wichtig: Wer bei der Bank spart und dazu separat eine Todesfallrisiko-Versicherung mit abnehmendem Kapital sowie eine Invalidenrente als «Ersatz» für die Prämienbefreiung abschliesst, erzielt den gleichen Effekt – und fährt so erst noch günstiger.

Fazit: Der bessere Weg ist das getrennte Vorgehen: sparen bei der Bank, sich versichern bei der Versicherung.

■ **Fondsgebundene Lebensversicherung (Fondspolice).** Die Fondspolice funktioniert im Prinzip gleich wie die kapitalbildende Lebensversicherung. Einziger wichtiger Unterschied: Das Spargeld wird nicht mit einem festen Satz verzinst, sondern an der Börse investiert. Für den Anleger kommt also ein Börsenrisiko dazu, und es ist sehr wohl möglich, dass der am Schluss ausbezahlte Betrag kleiner ist als die Summe der Einzahlungen.

Wichtig: Verkäufer preisen Fondspolicen oft als reines Sparprodukt an. Doch das ist falsch:

Depotanalyse: Die häufigsten Fehler in Schweizer Anlagedepots

Das VZ Vermögenszentrum hat 2009 über 500 Anlagedepots von Schweizerinnen und Schweizern untersucht und die nachfolgend aufgezählten Anleger-Fehler festgestellt. Bemerkenswert war dabei, dass typische Mängel häufig erst dann zu Tage traten, als die Experten *alle* Depots der Kunden, die bei verschiedenen Banken lagen, im Überblick betrachteten.

Im Grundsatz ist es zwar richtig, höhere Vermögen auf mehrere Banken zu verteilen. Dabei gilt es aber, im Gesamtüberblick darauf zu achten, dass die wichtigsten Anlage-Grundsätze auch «konsolidiert» gewahrt werden.

- **Zu hohe Risiken.** Angesichts geringer persönlicher Risikofähigkeit und zu kurzer Anlagedauer ist der Anteil von Aktien und alternativen Anlagen (siehe Kapitel 7) in vielen Depots zu hoch.

- **Klumpenrisiken.** Einige der untersuchten Depots bestanden zu 20 Prozent aus einem einzigen Titel, meistens einer Schweizer Grossfirma (Blue Chip). Die wichtigsten Tipps zum Diversizifieren stehen im Kasten auf Seite 15.

- **Hauseigene Produkte.** Allzuoft empfehlen Bankberater nur die hauseigenen Produkte. Damit verdienen sie mehr als mit Fremdprodukten. Tipp: Wählen Sie einen Anlageberater oder Vermögensverwalter, der Ihr Portfolio unvoreingenommen und ohne «Hausbindung» zusammenstellt.

- **Kleinstpositionen.** Eine Vielzahl von kleinen Positionen erschwert die Übersicht und verursacht unnötige Gebühren.

- **Strukturierte Produkte.** Ihr Anteil ist in vielen Depots zu hoch. Im Jahr 2009 überwogen Kapitalschutzprodukte (siehe Kapitel 6), bei denen zwar das investierte Kapital bei Verfall geschützt ist, bei denen aber die Rendite wegen des ungünstigen Umfelds oft bei null Prozent lag.

- **Obligationen.** Auch hier: mangelnde Diversifikation. Viele Anleger investieren in wenige Einzeltitel, die dazu noch alle aus der gleichen Branche stammen – wie zum Beispiel Banken. Oft sind die Obligationen auch zeitlich schlecht gestaffelt und verfallen alle fast gleichzeitig.

- **Gebühren.** Viele Anleger achten nicht auf die Kosten, weil ihnen die Gebührenstruktur der Depotbank unbekannt ist. Ein Wechsel der Depotbank kann da viel bringen.

Eine Fondspolice ist eine Lebensversicherung – mit allen geschilderten Nachteilen.

Fondspolicen werden wegen der hohen Verkaufsprovisionen gerne von Mitarbeitern schneeballähnlich organisierter Strukturvertriebe verkauft. Diese Mitarbeiter sind in der Regel nicht oder nur ungenügend ausgebildet, bieten oft keine Beratung und haben nur ein einziges Produkt im Angebot. Und sie verkaufen vor allem im Freundes- und Bekanntenkreis. Zudem versuchen sie aus Eigennutz, ihre Opfer ebenfalls zum Verkaufen zu animieren, indem sie ihnen unrealistische Verdienstchancen in Aussicht stellen.

In der Vergangenheit hat sich auch gezeigt, dass die Verkäufer die Renditechancen der Fondspolicen häufig zu optimistisch geschildert und die Risiken von Börsenverlusten eher verschwiegen haben.

Tipp: Wer regelmässig Geld auf die Seite legen und auch von allfälligen Kurssteigerungen der Börsen profitieren möchte, sollte bei einer Bank einen Fondssparplan abschliessen (siehe Seite 125 ff.).

■ **Konventionelle Einmaleinlage.** Im Prinzip gehört auch die Einmaleinlage zu den Sparversicherungen. Bei dieser Form zahlt der Kunde die Prämie nicht jährlich, sondern vollständig im Voraus ein.

Der Versicherungsteil der Einmaleinlage besteht darin, dass die Erben ein garantiertes Todesfallkapital erhalten, falls der Versicherte vor Vertragsablauf stirbt.

TIPP

Steuern sparen? Das allein rechtfertigt noch keinen Abschluss!

Vor allem Versicherungsberater empfehlen Einmaleinlage-Policen und Leibrenten oft vor allem deshalb als Anlageinstrument, weil sich damit kräftig Steuern sparen lasse.

Doch Vorsicht ist am Platz: Leibrenten-Auszahlungen sind zwar tatsächlich «nur» zu 40 Prozent steuerpflichtig. Das ist aber viel mehr, als es den Eindruck macht. Denn die Prämien stammen normalerweise aus dem eigenen Vermögen und wurden früher bereits einmal als Einkommen versteuert. Einen Steuerabzug gab es dafür nicht. Solche Leibrenten führen faktisch also oft zu einer doppelten Besteuerung statt zu einer Steuereinsparung.

Und auch Kapitalversicherungen aus Einmaleinlagen sind nur unter eng definierten Bedingungen steuerfrei: Der Kapitalbezug erfolgt frühestens mit Alter 60, die Police hatte eine Laufzeit von mindestens fünf Jahren, und der Versicherungsabschluss erfolgte vor Alter 66.

Fazit: Insbesondere in Tiefzinsphasen ist die Rendite so schlecht, dass sich diese Vorsorgeform trotz ihrer Steuervorteile kaum lohnt.

Die Höhe des Todesfallkapitals entspricht gleichzeitig dem, was der Prämienzahler nach Ablauf der Versicherung garantiert ausbezahlt erhalten würde (falls die Gesellschaft ihre Überschüsse komplett streichen würde).

Die Renditen von Einmaleinlagen sind bescheiden. Laufend aktualisierte Vergleiche der Offerten für Einmalprämien finden Sie beispielsweise auf www.vermoegenszentrum.ch.

Werden Spargelder bei Versicherungsgesellschaften angelegt, so ist dieses Geld relativ sicher (siehe Kasten auf Seite 51).

Achtung: Es gibt immer wieder skrupellose Versicherungsvermittler und -agenten, die ihren Kunden raten, für den Kauf einer Einmaleinlage einen Kredit aufzunehmen. Machen Sie das auf keinen Fall!

Schliessen Sie auch keine Lebensversicherungen in Fremdwährungen ab. Und lassen Sie die Hände von sogenannten Secondhand-Policen.

■ **Fondsgebundene Einmaleinlage.** Nebst der klassischen Einmaleinlage mit konventioneller Verzinsung gibt es auch fondsgebundene Varianten. Hier haben schon viele Sparer eine böse Überraschung erlebt, weil die effektiv realisierten Gewinne in keiner Art und Weise dem entsprachen, was man ihnen beim Abschluss vorgegaukelt hatte.

Fortsetzung auf Seite 30

TIPP

Die 3. Säule: Bauen Sie ein solides Fundament für das Alter

Unter Finanzratgebern gelten Einzahlungen in die 3. Säule als gutes Investment – aus drei Gründen:

- Sparerinnen und Sparer erhalten einen Vorzugszins.
- Die 3. Säule spart Steuern, weil man den einbezahlten Betrag in der Steuererklärung vom Einkommen abziehen kann.
- Die 3. Säule (auch Säule 3a genannt) ist ein langfristiges Sparinstrument; das Geld ist «gebunden», steht also dem Sparer im Prinzip frühestens fünf Jahre vor Erreichen des AHV-Alters zur Verfügung. So kommt der Zinseszinseffekt voll zum Tragen.

In die steuerlich begünstigte Säule 3a können Sparfreudige wie folgt einzahlen:

- Für Selbständigerwerbende, die keiner Pensionskasse angeschlossen sind, liegt das Maximum bei 20 Prozent des Erwerbseinkommens (aber höchstens 32 832 Franken, Stand 2009/2010).
- Erwerbstätige *mit* Pensionskasse dürfen maximal 6566 Franken einzahlen (Stand 2009/2010).
- Der Betrag von 6566 Franken gilt auch für Teilzeitlerinnen und Teilzeitler, falls sie einer Pensionskasse angeschlossen sind.
- Teilzeitler *ohne* Pensionskasse können bis 20 Prozent ihres Erwerbseinkommens in die Säule 3a einzahlen.

Voraussetzung für die Einzahlungen in die Säule 3a ist stets eine Erwerbstätigkeit. Den Nichterwerbstätigen hingegen steht die 3. Säule demnach nicht offen. Das betrifft insbesondere Hausfrauen und Hausmänner sowie Invalide.

Ein paar Tipps zum Einzahlen:

- Äufnen Sie die 3. Säule bei der Bank und nicht bei der Versicherung (siehe Ausführungen auf der Seite 22 ff.).
- Zahlen Sie nach Möglichkeit früh im Jahr ein; so profitieren Sie länger vom Vorzugszins.
- Neben dem reinen Kontosparen mit konventioneller Verzinsung gibt es für Risikofreudige auch die Variante Wertschriftensparen. Hier ist das 3a-Geld dem Auf und Ab der Börsen ausgesetzt. Beim Wertschriftensparen gibt es also keine Zinsgarantie. Floppt die Börse, droht sogar ein Minus in der Wertentwicklung.

Jüngere Leute, die ihr 3a-Geld in absehbarer Zeit für den Kauf von Wohneigentum einsetzen möchten, sollten also nicht in Fonds investieren: Das Gleiche gilt für ältere Sparer ab rund 55 Jahren.

- Die Einzahlungen in die 3. Säule sind freiwillig. Niemand ist verpflichtet, der Bank immer den gleichen Betrag zu zahlen. Wer zwischendurch ein oder auch mehrere Jahre aussetzt, erleidet dadurch – anders als bei der Versicherungslösung – keine besonderen Nachteile.

Die Auszahlung der 3. Säule. Ein Vorbezug vor Erreichen des AHV-Alters ist nur in Ausnahmefällen möglich – etwa für den Kauf von Wohneigentum oder für den Schritt in die Selbständigkeit. Oder wenn der Sparer die Schweiz definitiv verlässt.

Bei der Auszahlung der 3. Säule (Sparsumme inkl. Zinsen bzw. Kapitalgewinne) ist eine vergleichsweise milde, von Kanton zu Kanton unterschiedlich hohe, progressive Besteuerung zum Sondertarif (getrennt vom übrigen Einkommen) fällig – egal, aus welchem Grund der Bezug beziehungsweise die Auszahlung erfolgt.

Diese Steuer frisst zwischen 5 und 10 Prozent des ausbezahlten Betrages weg (abhängig von der Auszahlungssumme). Die Höhe der Besteuerung ist von Kanton zu Kanton verschieden.

Wer mehrere Konten hat, kann sie gestaffelt auflösen; in vielen Kantonen sowie beim Bund kann das eine markante Steuerersparnis bringen.

Fortsetzung von Seite 28

Ein konkretes Beispiel: Im Jahr 1998 kaufte ein Mann eine «fondsgebundene Lebensversicherung» der damaligen CS Life (die heute zur Axa-Winterthur-Versicherung gehört) für 500 000 Franken.

Im Juni 2004 löste der Mann die Life-Fund-Versicherung vorzeitig auf – und erhielt lumpige 335 452 Franken ausbezahlt. Sein Verlust betrug 33 Prozent.

Der Anleger wurde Opfer eines fatalen Mechanismus, den er beim Abschluss des Vertrages nicht

TIPP

Die Internet-Tipps gegen Gaunertricks

Sagt Ihnen die Nigeria-Connection etwas oder wissen Sie, wie ein Kreditvermittlungsbetrug funktioniert? Das Schweizer Internetportal www.stoppbetrug.ch gibt Auskunft über häufige und raffinierte Betrugsmethoden.

Auf ähnliche Betrügereien wie Geldwechselbetrug und Enkeltrick macht ferner www.fedpol.admin.ch aufmerksam (→ Aktuell → Warnungen). Dort lernen zum Beispiel Hausverkäufer, dass sie aufpassen müssen, wenn sie auf ihr Inserat vermeintlich sehr attraktive Angebote aus dem Ausland erhalten.

Hilfreich ist es ferner zu wissen, mit wem man es zu tun hat. Bei der Eidgenössischen Finanzmarktaufsicht «Finma» (www.finma.ch) finden Sie die Listen mit den bewilligten Instituten und kollektiven Kapitalanlagen. Besondere Vorsicht ist am Platz, wenn der unbekannte Anrufer mit dem vermeintlich heissen Tipp auf der Liste der unbewilligten Institute figuriert oder bereits Gegenstand einer Untersuchung ist (siehe unten).

Diese Listen finden Sie auf www.ktipp.ch beim Menüpunkt «Warnlisten».

Hervorragende Informationen bieten Goldman, Morgenstern & Partners auf www.gomopa.net. Die Seite ist allerdings sehr stark auf Deutschland ausgerichtet. Sie unterrichtet topaktuell über kleine und grosse Ganoven aller Art. Deren Tricks werden im Finanzforum ausgiebig diskutiert. Den aktuellen Newsletter gibts allerdings nur gegen Registrierung und eine Gebühr von Euro 29,90 pro Jahr. Ähnliche Informationen, aber weniger umfassend, bietet www.bafin.de, die Site der deutschen Bundesanstalt für Finanzdienstleistungsaufsicht.

Sehr informativ sind ferner www.graumarktinfo.de sowie die Internetseite www.anlageschutzarchiv.de.

Wer sich gegen Flops an der Börse wappnen möchte, findet eine wahre Flut von Informationen in den verschiedensten Börsenforen. In der Schweiz sind das vor allem die Diskussionsforen von www.cash.ch und von www.swissquote.ch.

Über die deutsche und die internationale Spekulantenszene informieren unter anderem auch die Online-Foren von www.wallstreet-online.de, www.onvista.de und www.ariva.de.

Doch Vorsicht: Genau solche Börsenforen sind oftmals auch Tummelplatz undurchsichtiger Figuren, die unvorsichtige Anleger mit «todsicheren Tipps» zu einem vermeintlichen Schnäppchen verleiten wollen. Der versprochene Gewinn fliesst dann meist in die eigenen Taschen.

Immer ein guter Tipp sind die Suchmaschinen. Wer zum Beispiel auf www.google.ch den Markennamen eines Geldangebots oder die Namen der Initianten eingibt, erhält oft einschlägige Warnungen, falls die Sache zum Himmel stinkt.

Auch die Warnlisten des K-Tipp auf www.ktipp.ch informieren über unseriöse Finanzangebote.

durchschauen konnte, auf den er nicht hingewiesen wurde und der sich auch nicht aus den Vertragsbedingungen herauslesen liess. «Niemand sagte mir, dass bei grossem Wertverlust der Risikoteil den kümmerlichen Restwert explosionsartig vernichtet», empörte sich der Mann gemäss der Zeitschrift K-Geld.

Der Mann hatte als 63-Jähriger eine Fondspolice mit Einmaleinlage abgeschlossen, weil er seine Freundin finanziell absichern wollte. Wäre er vor Ablauf der zehnjährigen Vertragszeit gestorben, hätte seine Lebenspartnerin 720 874 Franken bar auf die Hand erhalten.

Abzug für die Kosten: Zuerst 9500, dann 30 367 Franken

In der Offerte wurden ihm die Kosten für diesen Todesfallrisiko-Schutz vorgerechnet beziehungsweise prognostiziert: In den ersten vier Jahren je rund 8500 Franken, danach jährlich weniger. (Dass die Axa-Winterthur für sich selber noch happige 20 000 Franken für Kosten abzwackte, sei hier nur am Rande erwähnt.)

Was der Mann nicht ahnen konnte: Weil die Börsenkurse später absackten und seine Fondsanteile an Wert verloren, stiegen diese Risikokosten automatisch. Denn bei sinkenden Kursen zieht die Axa-Winterthur (wie viele andere Gesellschaften) mehr ab zur Deckung des Todesfallrisikos, weil nun die Differenz zwischen aktuellem Fondsguthaben und garantiertem Todesfallkapital grösser ist.

Deshalb kassierte die Winterthur in den ersten Jahren je rund 9500 Franken, anschliessend 14 101 und 19 582 Franken. Den Höhepunkt erreichte die Kostenorgie 2004: Nun waren es 30 367 Franken.

Da hatte der Mann endgültig genug, und er löste die Police vorzeitig auf.

Aus den Versicherungsbedingungen liess sich diese Konsumentenfalle nicht herauslesen. Dort stand nur ganz vage: «Zukünftige Risikoprämien und Folgekosten werden periodisch aus dem Fondsbestand finanziert.»

Und – genauso verklausuliert: Die erforderlichen Rückstellungen für das Todesfallkapital müssten «jederzeit durch Ihr Fondsvermögen abgedeckt werden können».

Würden die Versicherungsgesellschaften ihren Kundinnen und Kunden reinen Wein über die Kosten einschenken, liesse sich kein Mensch auf eine derart nachteilige Versicherung ein. Auch für den Betroffenen im geschilderten Fall ist klar: «Einen solchen Blödsinn mache ich nie mehr.»

Alles Wichtige zu den hier angesprochenen Versicherungslösungen steht im K-Tipp-Ratgeber «So sind Sie richtig versichert». Sie können das 304-seitige Buch über Telefon 044 253 90 70 bestellen oder im Internet auf www.ktipp.ch.

■ **Angebote der Generali.** Die Versicherungsgesellschaft Generali verkauft «Senioren-Anlage-

Fortsetzung auf Seite 33

CHECKLISTE

Der richtige Abschluss einer privaten Leibrente

- Die Zeitschrift K-Geld hat bereits öfter darauf hingewiesen, dass sich Leibrenten finanziell eher nicht lohnen. Sie bieten zwar ein lebenslanges, sicheres Einkommen und sind bequem, weil man sich nicht um das Anlegen der Ersparnisse kümmern muss. Sie sind aber steuerlich nachteilig, weil 40 Prozent der Rente als Einkommen zu versteuern sind. Wer sein Kapital steueroptimiert anlegt und selber verbraucht, fährt unter dem Strich meist besser als mit einer Leibrente. Leibrenten lohnen sich also nur für Leute, die sehr alt werden.
- Die Leibrente ist auch für Leute geeignet, die auf Sicherheit bedacht sind und die Erspartes so einsetzen wollen, dass sie im Alter eine lebenslang garantierte Rente haben – und zwar so, dass sie sich nicht um ihr Geld kümmern müssen.
- Holen Sie mehrere Offerten ein. Mit der richtigen Wahl der Gesellschaft erhalten Sie lebenslang mehr als bei einem anderen Anbieter.
- Je später Sie die Rente kaufen und je später Sie den Zeitpunkt für den ersten Rentenbezug ansetzen, desto höher fällt die Leibrente aus. Sie können also nach der Pensionierung Ihr Erspartes selber verwalten (falls Sie sich das zutrauen) und die Leibrente erst dann kaufen, wenn Sie spüren, dass Ihre geistige Fitness nachlässt.
- Offerten für Leibrenten enthalten zwei Zahlen: eine garantierte Jahresrente und eine Jahresrente inklusive Überschuss, der vom Geschäftsgang der Gesellschaft abhängig ist. Die Rente inkl. Überschüsse ist jeweils um rund 25 bis 30 Prozent höher – aber der Überschuss ist nicht garantiert. Lassen Sie sich nicht von hohen Überschüssen blenden. Achten Sie beim Abschluss im Gegenteil vor allem auf die Höhe der garantierten Rente, falls Sie auf dieses Einkommen unbedingt angewiesen sind und Sie den Gürtel im Falle von Überschusskürzungen erheblich enger schnallen müssten. Kürzungen sind gang und gäbe, einige Gesellschaften haben die Überschüsse sogar bis auf null gekürzt.
- Bei einigen Gesellschaften können Sie die Leibrente mit konstanter, fallender oder steigender Rentenhöhe wählen – je nach Ihrem Bedürfnis.
- Leibrenten-Versicherungen gibt es auch in Fremdwährungen; je nach Zinssituation resultieren daraus bedeutend attraktivere Renten. Die Rente wird aber ebenfalls in der Fremdwährung ausgezahlt – und damit ergibt sich auf lange Sicht ein Fremdwährungsrisiko. Einkommensorientierte Anleger sollten eine Leibrente in derjenigen Währung abschliessen, in der auch ihre Lebenshaltungskosten anfallen.
- Einige Gesellschaften bieten auch eine fondsgebundene Leibrenten-Versicherung an. Das verspricht zwar eine höhere Rendite; sie kann aber auch kleiner als prognostiziert ausfallen, falls die Börsenkurse absacken.
- Es lohnt sich nicht, Pensionskassenkapital in eine Leibrente zu investieren. Wer das Pensionskassenkapital bar bezieht und mit diesem Geld eine Leibrente kauft, macht einen Fehler: Einerseits zahlt man zweimal Steuern und andrerseits ist die jährliche Leibrente tiefer als die Rente der Pensionskasse (schlechterer Umwandlungssatz).

Policenverkäufer empfehlen immer wieder, sich das Pensionskassenkapital bar auszahlen zu lassen und damit eine Leibrente abzuschliessen. Vorteile bringt diese Variante aber höchstens für die Witwe, denn ihr bleibt mit einer Leibrente mit Rückgewähr mehr Geld, als wenn das Kapital in der Pensionskasse geblieben wäre.

Lassen Sie sich also von den Argumenten der Policenverkäufer nicht blenden – denn sie lockt nur eine hohe Abschlussprovision. Am besten lassen Sie sich vor dem Bezug des Pensionskassengeldes von einer neutralen Stelle beraten.

Fortsetzung von Seite 31

pläne», die zwar gemäss ihrem Namen wie reine Geldanlagen klingen, in Wirklichkeit aber Lebensversicherungen sind, die im Todesfall ein Kapital auszahlen.

Für diesen Versicherungsteil gehen hohe Kosten weg – insbesondere weil keine Gesundheitsprüfung stattfindet. Dies schmälert aber die Rendite empfindlich, denn der Versicherungsschutz verschlingt rund 20 Prozent der Prämie.

Die Generali-Produkte ohne Gesundheitsprüfung (aktuell mit den Namen «Fokus90» oder «Privileg») sind also nur für Leute geeignet, die relativ sicher sind, dass sie in drei, vier oder fünf Jahren sterben, und die etwas für die Hinterbliebenen tun wollen – denn wenn der Versicherte stirbt, erhalten die Erben das Todesfallkapital ausbezahlt.

Lebenslang garantiert: Die Leibrente

Leibrenten werden ebenfalls von Versicherungsgesellschaften angeboten: Hier steht aber nicht der Sparprozess im Vordergrund, sondern der Verzehr des angesparten Geldes nach der Pensionierung.

Der Kunde gibt also der Versicherung sein angespartes Geld und erhält dafür regelmässig eine bestimmte Summe ausbezahlt – und zwar lebenslang.

Die Versicherung übernimmt damit das Langlebigkeitsrisiko, weil sie auch dann noch zahlen muss, wenn die versicherte Person zum Beispiel 100 Jahre alt wird. Umgekehrt profitiert sie, wenn die Person schon bald nach Abschluss stirbt.

Laufend aktualisierte Vergleiche zum Thema Leibrente finden Sie im Internet auf www.vermoegenszentrum.ch.

Die wichtigsten Tipps zur Leibrente stehen im Kasten auf der Seite links.

2 So können Sie Ihr Geld sicher parkieren

Konten, Kassenobligationen, Festgelder

Für Notfälle und ungeplante Ausgaben braucht es einen Teil des Vermögens als Barreserve auf einem Bankkonto. Solche Konten sowie Kassenobligationen und Festgelder kommen auch zum Einsatz, wenn verunsicherte Anleger ihr Geld vorübergehend in einem sicheren Hafen haben möchten. Hier stehen Tipps für den richtigen Umgang mit diesen Instrumenten.

Die Banken- und Börsenkrise von 2008 hat viele Anlegerinnen und Anleger so sehr verunsichert, dass sie von Aktien und Aktienfonds und selbst von Obligationen genug haben – zumindest vorläufig.

In solchen Phasen stellt sich die Frage nach der Alternative: Wohin mit dem Geld? Wo kann ich es so parkieren, dass es dennoch kurzfristig verfügbar bleibt? Wo hole ich so viel Zins heraus, dass trotz Inflation unter dem Strich doch noch eine Rendite übrigbleibt? Wie umgehe ich Spesenfallen? Welche Restriktionen muss ich beachten? Und wie steht es mit der Sicherheit?

Dieses Kapitel beschreibt die einzelnen klassischen Anlage- bzw. Parkiermöglichkeiten: Lohnkonto, Sparkonto, Kassenobligation und Festgeld.

Grundregeln und Probleme beim Parkieren von Geldern

Beachten Sie zum Thema Geld parkieren ein paar wichtige allgemeine Grundsätze:

- **Liquidität**. Jeder Anleger sollte eine Liquiditätsreserve halten – Geld also, das jederzeit ohne spezielle Kündigungsfrist verfügbar ist. Zum Beispiel für überraschend hohe Zahnarztkosten, für ein neues Auto oder für eine längere Reise.

SPARZINSEN UND TEUERUNG IM VERGLEICH

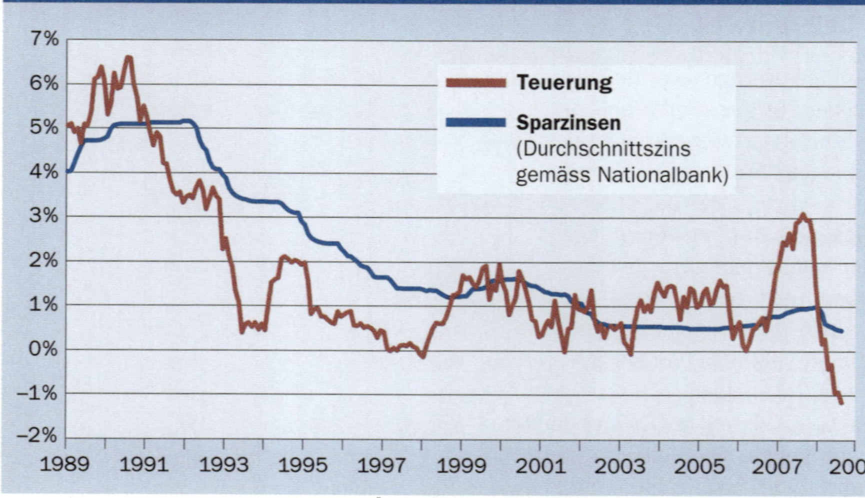

QUELLE: VZ VERMÖGENSZENTRUM/WWW.VERMOEGENSZENTRUM.CH (INDEX FÜR SPARZINSEN)

Dabei gilt im Grundsatz: Je schneller das Geld verfügbar ist, desto weniger Zins wirft es ab. Beim klassischen Lohnkonto zeigt sich das besonders deutlich.

Ein guter Mix für die Liquidität könnte also ein Lohnkonto sein, von dem regelmässig ein bestimmter Betrag auf ein besser verzinstes Sparkonto geht – das aber zum Beispiel pro Jahr nur sechs Gratisbezüge zulässt.

Tipp: Behalten Sie stets die Spesen und allfällige Kündigungsfristen im Auge. Und halten Sie die Rückzugslimiten ein, sonst wird es teuer.

■ **Unter die Matratze?** Wer sein Geld unter der Matratze oder sonstwo im Haus versteckt, ist schlecht beraten. Das erhöht das Diebstahlrisiko, und Geldwerte sind in der Hausratversicherung im Prinzip nicht versichert (ausser im Tresor, siehe Kasten auf Seite 39).

Auf einem Bankkonto sind Barreserven nicht nur sicherer, sie bringen in Form von Zinsen sogar etwas ein. Sicher sind auch gebührenpflichtige Bankschliessfächer – aber dort wirft das Geld keinen Zins ab.

■ **Inflation.** Die Geldentwertung spielt beim Parkieren des Geldes ein wichtige Rolle. Es kann durchaus sein, dass die Teuerung die magere Zinsausbeute aus sicheren Parkieranlagen glatt wegfrisst oder sogar ins Minus kehrt (siehe die Kurven-Grafik auf der Seite links).

IN DIESEM KAPITEL

■ **Risiko.** Auch bei kurzfristigen Geldanlagen gilt der Grundsatz, dass höhere Renditen mit einem höheren Risiko erkauft werden müssen.

Wer sein Geld beispielsweise in Euro wechselt und in Deutschland auf einem Bankkonto platziert, erhält einen höheren Zins, weil das allgemeine Zinsniveau nördlich des Rheins höher ist. Allerdings ist damit ein Währungsrisiko verbunden. Der Anleger holt sich diese zusätzliche Rendite also mit der Gefahr, dass sich der Wechselkurs zwischen Franken und Euro ungünstig entwickelt. Es besteht damit das Risiko, dass er trotz höherem Zins am Schluss weniger Geld hat, als wenn er seinen Sparbatzen in Schweizer Franken in der Schweiz angelegt hätte.

Auch «Parkierer» sollten also daran denken, dass sie nicht immer belohnt werden, wenn sie ein grösseres Risiko eingehen.

■ **Anlagedauer.** Der Zins steigt auch mit der Anlagedauer. Je länger das Geld gebunden bleibt, desto höher fällt in der Regel der Zins aus. Das lässt sich deutlich an den Sätzen für Kassenobligationen und Festgeldern ablesen: Die jeweils längste Laufzeit kann je nach Anbieter durchaus drei- oder viermal so viel Zins einbringen wie die kürzeste.

■ **Verfügbarkeit.** Die Rendite steigt auch, je schwieriger es für den Anleger ist, sein Geld wieder

TIPP

Lohnkonto: Gebühren sparen und Fallen umgehen

■ Überlegen Sie, welche Dienstleistungen Sie brauchen. Klären Sie dann, wie viel diese bei der Bank Ihrer Wahl kosten.

■ Vorsicht: Häufig fehlen Hinweise auf Gebühren – etwa wenn die Bank Portokosten, die sie der Post zahlen muss, weiterbelastet. Fragen Sie deshalb, ob die Bank jede Transaktion einzeln per Post anzeigt; das kann ins Geld gehen.

■ Beachten Sie auch die Angebote kleinerer Banken. Sie haben oft günstigere Konditionen. Lassen Sie sich aber nicht vom Slogan «spesenfrei» blenden. Es gibt kein Konto, das tatsächlich spesenfrei ist.

■ Nehmen Sie die Kosten für Zahlungsaufträge unter die Lupe. Die meisten Banken verlangen eine Gebühr pro Zahlungsauftrag – andere hingegen pro Einzahlungsschein.

■ Auch Zahlungs*eingänge* können Kosten verursachen.

■ Gute Infos über die anfallenden Gebühren geben die Gebührenrechner auf der Homepage etlicher Banken. Dort können Sie Ihre Bedürfnisse eingeben, der Rechner spuckt dann die entsprechenden Kosten aus.

■ Lassen Sie nicht unnötig grosse Summen auf dem Privatkonto liegen. Andere Konten bieten mehr Zins.

■ Werfen Sie Ihre Zahlungsaufträge direkt in den Briefeinwurf der Bank. Das spart Porto und ist erst noch sicherer: So riskieren Sie nicht, dass Diebe die Zahlungsaufträge aus dem Post-Briefkasten fischen und missbrauchen.

■ Zahlen Sie nicht per Dauerauftrag oder Lastschriftverfahren. Meist günstiger: Alle Einzahlungsscheine einem einzigen Zahlungsauftrag beilegen.

■ Meiden Sie bankfremde Bancomaten. Bezüge können je 3 Franken kosten.

■ Achten Sie darauf, ob Sie bei Einkäufen mit der Maestro-Karte Gebühren zahlen müssen.

■ Vermeiden Sie, dass Ihr Konto ins Minus gerät. Die sonst anfallenden Straf- bzw. Kreditzinsen (Sollzinsen) sind sehr hoch.

■ Falls Sie Online-Banking machen: Halten Sie sich genau an die Sicherheitsvorschriften Ihrer Bank. Geben Sie nie Ihre Zugangsdaten (Code usw.) an Leute bekannt, die Sie per E-Mail dazu auffordern.

■ Meiden Sie unbekannte Leute, die hohe Verdienstchancen in Aussicht stellen und Sie auffordern, Ihr Bankkonto für Geldtransfers zur Verfügung zu stellen. Das sind Betrüger, die Sie zu Handlungen verleiten wollen, die strafbar sind.

abzuziehen. Wer für eine längere Zeit nicht auf sein Geld zurückgreifen muss, kann also von einem höheren Zins profitieren.

Das zeigt sich, wenn Banken für Spargelder mit attraktiven Zinsen werben; meist sind die Rückzugsmöglichkeiten in solchen Fällen eingeschränkt und zusätzlich mit einer Kündigungsfrist versehen.

Die Kehrseite der Medaille ist dann, dass Banken Anleger mit einem Zinsverlust oder gar mit einem «Strafabzug» belegen, wenn Anleger ihr Geld trotzdem vorzeitig zurückhaben wollen.

Das Lohnkonto

Das Lohnkonto (oft auch Privatkonto, Salärkonto, Gehaltskonto Kontokorrentkonto, Universalkonto oder Zahlkonto genannt) ist die am wenigsten attraktive Möglichkeit, viel Geld zu parkieren. Der Zinssatz ist hier so tief wie sonst fast nirgends; dafür sind die Rückzugsmöglichkeiten gut, das Geld ist praktisch jederzeit voll verfügbar.

Über das Privatkonto wird auch der Zahlungsverkehr abgewickelt – auch online übers Internet.

Maestro-Karten für den Barbezug oder für das bargeldlose Bezahlen laufen ebenfalls über das Privatkonto.

Vergessen Sie nicht: Wenn Sie ein Lohnkonto haben und auch die Dienstleistungen nutzen, kann es durchaus sein, dass die Spesen weit höher ausfallen als der mickrige Zins, den Sie auf dem Konto erhalten. Unter dem Strich bleiben also oft rote Zahlen. Erst recht, wenn man auch noch die Inflation (und die Steuern) berücksichtigt.

Ein detaillierter Gebühren-Vergleich des K-Tipp vom Mai 2009 ergab, dass Grossbanken oft abschreckend hohe Gebühren verlangen. Am wenigsten geschröpft werden Kundinnen und Kunden bei Postfinance, Basler Kantonalbank und bei den Raiffeisenbanken.

Das sind die einzelnen Gebührenposten, die beim Lohnkonto anfallen können:

- Grundgebühr und Kosten für Zahlungseingänge
- Spesen und Porti für Zahlungsaufträge und Zahlungen mit Lastschriftverfahren (LSV)
- Gebühren für Einzahlungsscheine
- Kosten für Bargeldbezüge
- Gebühr für Maestrokarte bzw. Postcard und Kreditkarte
- Gebühren für Kontoauszüge.

Beachten Sie zum Lohnkonto/Privatkonto auch die Tipps im Kasten auf der Seite links.

Das Sparkonto

Die angelegten Gelder auf einem Sparkonto (bei der Post Depositokonto) oder Anlagekonto verzinsen die Banken besser als auf dem Privat- bzw. Lohnkonto.

Dafür sind die kurzfristigen Rückzugsmöglichkeiten im Vergleich zum Privatkonto eingeschränkt. Und in der Regel sind ab dem Sparkonto keine oder nur wenige Überweisungen und Daueraufträge möglich.

Sparkonten eignen sich vor allem für sehr sicherheitsbewusste Anlegerinnen und Anleger. Denn alle Formen des Banksparens profitieren vom Einlegerschutz der Schweizer Banken (siehe Details auf Seite 48 ff.).

TIPP

Ratschläge für den richtigen Umgang mit dem Sparkonto

- Es gibt immer wieder neue Anbieter, die mit hohen Zinsen locken. Oft sind das befristete Lockvogelzinsen, die schon bald nicht mehr gelten. Noch schlimmer erging es Sparern, die 2008 auf das attraktive Angebot der Kaupthing-Bank eingingen: Die Schweizer Niederlassung ging pleite, Kunden mussten über den Einlegerschutz entschädigt werden.
- Oft gibt es auch für Neugelder einen besseren Zins, dann also, wenn Kunden Extra-Einzahlungen machen oder ein neues Konto eröffnen.
- Es kann sogar sein, dass Neukunden mehr Zins erhalten als bestehende Kunden. Lassen Sie sich das nicht gefallen und suchen Sie Alternativen.
- Oft gelten Sonderzinsen nur für einen bestimmten Betrag. Informieren Sie sich genau über die Konditionen und achten Sie auch auf die Gebühren.
- Achten Sie bei überdurchschnittlichen Zinsangeboten auf die Restriktionen (Rückzugsmöglichkeiten, Kündigungsfristen usw.) und auf die Nachteile, die Ihnen entstehen, wenn Sie diese erschwerten Bedingungen nicht einhalten (können).
- Nutzen Sie wenn möglich die Sonderkonditionen für Jugendliche, Studenten oder Senioren; beachten Sie aber die geltenden Restriktionen.
- Achten Sie darauf, dass Sie mit Ihrem Konto nie ins Minus kommen. Die so anfallenden Straf- bzw. Kreditzinsen (Sollzinsen) sind sehr hoch.
- Überschreiten Sie die Bezugslimiten nicht, sonst kostet es «Bussen».
- Wenn Sie die Kündigungsfrist für den Rückzug einer grösseren Summe nicht einhalten, kostet Sie das einen Strafzins (oft auch «Diskont» genannt).
- Lesen Sie auch die Tipps zum Umgang mit dem Lohnkonto im Kasten auf Seite 36.

Die Zinsen auf Sparkonten sind in der Regel nicht berauschend. Die Sparer nehmen auch hier in Kauf, dass die Inflation (Geldentwertung) den meist mageren Zinsertrag gleich wieder auffrisst.

Die Grafik auf Seite 34 zeigt, dass die Geldentwertung oft höher ist als der durchschnittliche Sparzins.

Eine Übersicht über die aktuellen Zinsen für Sparkonten finden Sie auf www.kgeld.ch oder www.vermoegenszentrum.ch.

Wer zu viel Geld bringt, erhält weniger Zins

Achten Sie bei Sparkonten auf diese Unterschiede:

- **Spesen.** Die Banken arbeiten nicht gratis, sondern verlangen teils happige Spesen. Diese fallen oft nicht sofort ins Auge. So verlangen viele Banken beispielsweise nichts für die Eröffnung eines Kontos, erheben aber eine Aufwandsentschädigung für dessen Auflösung.

Lesen Sie ab und zu das Spesenreglement, damit Sie sehen, wo die Gebührenfallen lauern. Prüfen Sie auch die Möglichkeiten, die Ihnen Ihre Bank bietet, um Spesen zu sparen – zum Beispiel durch den Verzicht auf regelmässige schriftliche Eingangs- oder Belastungsanzeigen.

- **Höchstbetrag und Zinslimite.** Etliche Banken kennen beim Sparkonto Höchstbeträge. Das heisst: Sie verzinsen Spargelder nur bis zu einer Obergrenze. Liegt mehr Geld auf einem solchen Konto,

TIPP

Tresor oder Bankschliessfach: Besser als unter die Matratze

In der normalen Hausrat-Grundversicherung ist Bargeld zu Hause gegen Einbruch nur bis maximal ein paar Tausend Franken versichert.

Wer höhere Bargeldwerte versichern will, benötigt eine prämienpflichtige Zusatzversicherung für Geldwerte. Und die Versicherer verlangen einen Safe, der gewisse Sicherheitsvorschriften erfüllt.

Bei der Mobiliar zum Beispiel lassen sich für Geldwerte, die über die normale Grunddeckung hinausgehen, drei Kategorien unterscheiden:

- In Kassenschränken mit einem Gewicht von mehr als 100 Kilo oder in eingemauerten Wandtresoren kann Bargeld bis maximal 25 000 Franken versichert werden.
- Bei Kassenschränken mit einem Gewicht von mehr als 300 Kilo ist Bargeld bis maximal 50 000 Franken versichert.
- Bei Geldwerten über 50 000 Franken wird von Fall zu Fall entschieden.

Die versicherten Beträge beziehen sich auf Bargeld und weitere Geldwerte wie zum Beispiel Aktien, Sparhefte, Schuldbriefe und teure Flugtickets.

Tipp: Kaufen Sie – wenn schon – nur einen Safe, der nach Euronorm (EN) zertifiziert ist. Dabei sind zwei Zertifikate entscheidend: das VdS-Siegel, das für einen bestandenen Aufbruchstest steht, sowie das ECB-S-Zertifikat, das ein Qualitätsprodukt nach europäischen Vorgaben kennzeichnet.

Hat ein Tresor beide Zertifikate an der Innentüre, ist die Versicherungsdeckung in der Regel gewährleistet. Fragen Sie aber vorher sicherheitshalber Ihre Versicherung. Ein guter Privattresor kostet – inklusive Innenausstattung, Transport und Montage – zwischen 4000 und 10 000 Franken.

Dennoch: Bewahren Sie möglichst wenig Bargeld und andere Geldwerte zu Hause auf. Wenn Sie das Geld trotzdem physisch halten möchten, ist ein Schliessfach im Tresor der Bank der sicherste Ort.

Das **Schliessfach** bringt im Gegensatz zum Bankkonto zwar keinen Zins. Es hat aber den Vorteil, dass der Inhalt bei einem Konkurs der Bank nicht verloren ist, weil er nicht in die Konkursmasse fällt.

Die Banken in der Schweiz bieten Schliessfächer in den verschiedensten Grössen an. Bei praktisch allen Banken muss man Kundin oder Kunde sein, um ein Schliessfach mieten zu können.

Die Miete für ein Jahr hängt von der Grösse des Schliessfaches ab. Bei der Zürcher Kantonalbank beispielsweise kostet das kleinste Schrankfach 75 Franken pro Jahr, das kleinste Standardfach 100 Franken und das grösste Spezialfach 9000 Franken im Jahr (Preise ohne Mehrwertsteuer).

Die Bank Coop wiederum verlangt für das kleinste Schliessfach 67 Franken, für das grösste 1550 Franken pro Jahr.

«bestrafen» diese Geldinstitute den Anleger in der Regel mit schlechteren Zinsen.

Dabei gilt, dass Sonderkonten, beispielsweise für Jugendliche oder Senioren, tiefere Obergrenzen haben als normale Konten. Für übliche Sparkonten liegt die Obergrenze oft bei einer halben Million Franken, sofern es überhaupt eine Limite gibt.

- **Kündigungsfrist und Rückzugslimite.** Unterschiede gibt es auch in Bezug darauf, wann der Sparer seiner Bank einen grösseren Rückzug spätestens mitteilen muss. Meist ist ein freier Geldbezug nur

TIPP

Achtung: Depositenkassen sind keine «richtigen» Banken

Die Coop-Depositenkasse erweckt mit ihrer Werbung den Eindruck, sie sei eine ganz normale Bank. Das Sortiment mit diversen Konten und Kassenobligationen deutet ebenfalls darauf hin. Ihre Zinsen sind im Vergleich mit anderen Banken durchaus attraktiv. Sie wirbt regelmässig in der Coop-Zeitung – und die geht an zwei Millionen Haushalte. Alle können Kunden werden – wie bei einer normalen Bank.

Doch die Coop-Depositenkasse hat einen entscheidenden Mangel: Sie ist «nur» eine Betriebskasse, und Betriebskassen unterstehen nicht dem Bankengesetz, unterliegen nicht der Kontrolle der Finanzmarktaufsicht und verfügen nicht über den Einlegerschutz der Schweizer Banken. Hier hapert es also bei der Sicherheit.

Für Hans Geiger, ehemaliger Professor am Bankeninstitut der Uni Zürich, «gehören Betriebskassen verboten». Er erklärt: «Das zentrale Ziel des Bankengesetzes ist es, den Einleger zu schützen. Genau dieser Schutz fehlt bei den Betriebskassen.»

Vor fünf Jahren wäre die fehlende Sicherheit vielen damaligen Swissair-Angestellten beinahe zum Verhängnis geworden. Um ein Haar hätten sie neben der Stelle auch noch ihre Ersparnisse bei der Swissair-Betriebskasse verloren – wären nicht im letzten Moment Bund und Banken eingesprungen. Und zwar mit Steuer- und Spargeldern der Allgemeinheit.

Die Swissair-Betriebskasse war mit einer Bilanzsumme von gut 200 Millionen Franken noch ein kleiner Fisch. Bei der Coop-Depositenkasse ist mehr als das Fünffache angelegt.

Übrigens: Die Coop-Depositenkasse steht im Gegensatz zu anderen Betriebskassen nicht nur den Angestellten offen. Die Verantwortlichen betonen, dass «in den von uns überblickbaren Jahren kein Anleger zu Schaden gekommen» sei. Auch professionelle Anleger seien von der Bonität von Coop überzeugt.

In der Schweiz gibt es noch mehrere Hundert Betriebssparkassen mit ungesicherten Einlagen von total mehreren Milliarden Franken. Die Angestellten gehen hier ein Klumpenrisiko ein. Geht die Firma pleite, verlieren sie nicht nur den Job, sondern auch ihr Erspartes.

Auch etliche Wohnbaugenossenschaften haben eigene Depositenkassen. Auch sie haben keinen amtlichen Einlegerschutz.

bis 10 000 oder 20 000 Franken monatlich möglich. Wer mehr braucht, muss dies seiner Bank normalerweise bis zu sechs Monate im Voraus mitteilen.

Geht es um einen sehr grossen Betrag (oft ab 100 000 Franken), so müssen die Sparer dies je nach Geldinstitut bis zu zwölf Monate vorankündigen.

Als Faustregel gilt, dass die Banken umso höhere Zinsen bezahlen, je strenger die Rückzugsbedingungen sind. Vergleichen lohnt sich also.

- **Mehr Zins auf Spezial-Sparkonten.** Viele Geldinstitute führen neben den herkömmlichen Sparkonten auch Spezialangebote, die jeweils etwas besser verzinst sind.

So gibt es beispielsweise bei fast jeder Bank Sparkonten für Jugendliche, Studenten und Senioren. Dazu kommen die Spezialangebote für bestimmte Kundengruppen wie etwa die Aktionäre der Bank oder Neukunden. Oder für Sparer, die ihren Anlagebetrag jedes Jahr um eine festgelegte Summe aufstocken.

Allerdings sind hier die Rückzugsmöglichkeiten stärker eingeschränkt als bei normalen Sparkonten. Dazu kommen häufig tiefere Höchstbeträge für diese Konten. Und vielfach gibt es den besseren Zins nur, wenn Rückzüge völlig ausbleiben oder der Jahressaldo wächst.

Tipp: Wer weiss, dass er sein Geld ohnehin liegen lässt, fährt mit einer längerfristigen Kassenobligation besser als mit solchen Spezial-Sparkonten.

Kassenobligationen: Mal Mauerblümchen, mal Kassenschlager

Kassenobligationen sind festverzinsliche Wertpapiere mit einer Laufzeit von meistens zwei bis acht Jahren (es können auch zehn Jahre sein).

Kassenobligationen werden nur von Banken und teils von Depositenkassen herausgegeben, müssen also auch dort gekauft werden. In der Regel sind sie auch bei

TIPP

Achten Sie auf das richtige Auszahlungskonto!

In der Regel überweisen die Banken das Geld abgelaufener Kassenobligationen oder Festgelder automatisch auf das dazugehörige Depotkonto oder Basiskonto. Falls dieses Ursprungskonto ein Sparkonto mit Restriktionen bzw. bestimmten Rückzugsfristen ist, ist das ungünstig: Der Inhaber kann nach der Überweisung oft nicht frei über sein Geld verfügen – um es zum Beispiel zu einer anderen Bank zu transferieren.

Anlegerinnen und Anleger müssen also wissen: Wer sein Geld in solche Anlagen investiert, muss sich bereits beim Kauf überlegen, was nach dem Verkauf oder nach Ablauf der Anlagefrist damit passieren soll.

Sonst kann er die Verfügungsgewalt darüber oft auf Monate hinaus verlieren.

Beispiel: Wenn die Kassenobligation ausgelaufen ist, geht das Geld auf ein Sparkonto, von dem grössere Beträge erst nach einer Kündigungsfrist von drei Monaten abgezogen werden können. Wer das nicht bedenkt, hat dann drei Monate lang sein Geld blockiert – ausser er zeichnet bei der gleichen Bank wieder eine Kassenobligation.

Wer das Geld trotzdem abzieht, zahlt einen Strafzins, oft «Diskont» genannt.

Wer nach Ablauf oder Verkauf seiner Anlage mit seinem Geld sofort wieder arbeiten will, tut also gut daran, ein Basiskonto ohne Einschränkung einzurichten – also beispielsweise ein Lohnkonto oder ein Kontokorrentkonto.

Doch aufgepasst: Dort liegt es dann ohne Zins oder nur mit sehr bescheidener Verzinsung.

Eine rasche Wiederanlage oder ein schneller Transfer auf ein besser verzinstes Konto ist dann zu empfehlen.

Im Zweifelsfall sollten Anleger der Bank schriftlich mitteilen, dass sie die Rückzahlung auf ein anderes Konto als das Ursprungskonto wünschen. Im Schreiben sollte eine schriftliche Bestätigung durch die Bank verlangt werden, dass sie auf den Wunsch eingeht.

der betreffenden Bank deponiert. Rechtlich gesehen sind Kassenobligationen Schuldscheine; im Grunde genommen geben Anleger damit der Bank ein Darlehen.

Kleine Stückelung bei Kassenobligationen

Die Vorteile der Kassenobligationen:

- Kassenobligationen sind ein sicheres Sparinstrument, weil hier der Einlegerschutz der Banken bzw. die Staatsgarantie zum Tragen kommt (siehe Details auf Seite 48ff.). Kassenobligationen sind damit auch eine passable Möglichkeit, Geld eine Zeitlang zu parkieren, wenn es an der Börse «stürmt».
- Der Zins ist in der Regel höher als beim Sparbuch – vor allem bei den längeren Laufzeiten.
- Die Mindestanlagesumme (Stückelung) liegt meistens bei 1000 Franken (in Ausnahmefällen 5000 Franken), ist also relativ klein. Grössere Beträge anzulegen ist möglich; die Erhöhung erfolgt jeweils in 1000er-Schritten.
- Der Anleger kann unter den angebotenen Anlagedauern innerhalb der üblichen Achtjahresspanne frei wählen.
- Der Zins wird zum Voraus festgelegt und bleibt während der ganzen Laufzeit unverändert. Falls die Bank schon am Tag nach der Zeichnung tiefere oder höhere Sätze anbietet, ändert sich der abgemachte Zinssatz für Anleger, die vorher gezeichnet haben, nicht.
- Am Ende der Laufzeit zahlt die Bank den ganzen Betrag zu 100 Prozent zurück.

Null Prozent Verzinsung – wenn es der Bank passt

Die Nachteile der Kassenobligationen:

- Die Laufzeit ist fix, das Geld ist also für mehrere Jahre gebunden. Damit sind Kassenobligationen ungeeignet für Anleger, die darauf angewiesen sind, ihr Geld kurzfristig abziehen zu können (siehe Kasten links).
- Bei der Zinsgestaltung sind die Sparer stark der Willkür der Banken ausgesetzt. Die Zinssätze zeigen, ob die einzelne Bank an

FRAGE

Kann ich meine Kassenobligation vorzeitig zurückgeben?

Ich habe eine achtjährige Kassenobligation über 30 000 Franken, die erst 2014 abläuft. Jetzt brauche ich dringend Bargeld. Nimmt die Bank meine Kassenobligation zurück?

Im Prinzip ja, aber es könnte teuer werden. Kassenobligationen werden nicht an der Börse gehandelt, es gibt also dafür keinen Markt.

Einige Banken sind aber generell – andere nur in Ausnahmefällen – bereit, Kassenobligationen vorzeitig zurückzunehmen. Aber sie halten sich dafür schadlos, in dem sie den «Aussteigern» einen Abzug machen und noch Gebühren bzw. Rücknahmekommissionen verlangen; man erhält also nicht 100 Prozent der Einlage zurück.

Der Abzug ist abhängig von der Restlaufzeit und davon, ob sich das Zinsniveau in der Zwischenzeit verändert hat. Billiger oder gar gratis wird der Ausstieg, wenn die Zinsen inzwischen gesunken sind.

Je nach Bank ist auch eine Belehnung möglich.

Sehr kulante Banken zahlen Kassenobligationen bei triftigen Gründen (zum Beispiel Erbteilung) auch ohne Gebühren und sonstige Abzüge zurück.

neuen Kundengeldern interessiert ist oder nicht. Falls ja, ist der Zins tendenziell höher. Schwimmt die Bank hingegen im Geld und weiss sie selber nicht mehr wohin damit, bietet sie nur einen Magerzins.

Die Postfinance hat im Sommer 2009 für einjährige Kassenobligationen sogar null Prozent Zins geboten.

- Beim Kauf (bei der Zeichnung) fällt die gesetzlich vorgeschriebene Eidgenössische Emissionsabgabe an. Diese beträgt 0,06 Prozent des investierten Betrages für jedes Jahr der Laufzeit (oder 60 Rappen je 1000 Franken pro Jahr).

Beispiel: Beim Kauf einer Kassenobligation für 100 000 Franken mit 2 Jahren Laufzeit beträgt die Emissionsabgabe 120 Franken (1000 x 0,06 x 2).

Bei der Rückzahlung fallen keine Abgaben an.

Andere Kaufkosten werden in der Regel nicht fällig.

- Für den Kauf und das Halten von Kassenobligationen muss der Anleger mit seiner Bank eine Kontobeziehung haben. In der Regel braucht es sowohl ein Lohn- oder Sparkonto (für die Gutschrift des jährlichen Zinses und für die Rückzahlung der Anlagesumme) als auch ein Wertschriftendepot für die «Lagerung». Beides kann Gebühren kosten.

Es gibt etliche Banken, die für die Aufbewahrung der Kassenobligation nichts verlangen – vor allem deshalb, weil Kassenobligationen in der Regel gar nicht als Papiere ausgefertigt werden, sondern in der sogenannten Kontraktform gehalten werden. Andere Banken verlangen einen bestimmten Promillesatz als Depotgebühr, aber mindestens 15, 25 oder 50 Franken – je nach Bank.

Es lohnt sich, vor dem Abschluss nach den Depotkosten zu fragen.

STICHWORT

Termingeld

Termingeld ist ein Oberbegriff für Gelder, die für eine bestimmte Zeitspanne gebunden sind und auf einen bestimmten Termin wieder frei werden. Dazu gehören beispielsweise Festgelder und Kassenobligationen.

Einige Banken operieren nur mit dem Begriff «Termingeld» oder «Termingeldkonto», wenn sie Kassenobligationen oder Festgelder meinen. Die WIR-Bank zum Beispiel spricht bei Kassenobligationen von «mehrjährigen Anlagen auf einem Termingeldkonto», bei Festgeldern spricht sie von «unterjährigen Anlagen auf einem Termingeldkonto».

Auch die Raiffeisenbanken bezeichnen ihre Kassenobligationen zum Teil als Termingeldanlagen.

Die Zinszahlungen erfolgen überwiegend einmal pro Jahr

Die Rückzahlung einer Kassenobligation am Verfalltag ist in der Regel kostenlos.

Wer unbedingt will, kann die Ausfertigung der Kassenobligation auf Papier verlangen und die Wertschrift zu Hause im Tresor lagern (und dann jedes Jahr den Zinscoupon am Bankschalter einlösen). Diese Ausfertigung geschieht nur auf Wunsch und kann bis 150 Franken kosten.

Tipp: Achten Sie darauf, dass Sie für die Rückzahlung der Obligation ein Konto ohne Rückzugs-

Festgeldanlagen für grosse Beträge und spezielle Bedürfnisse

Der Vollständigkeit halber sind hier weitere Anlagen aufgeführt, mit denen auch private Investoren überschüssige Liquidität kurzfristig am Geldmarkt investieren können.

Für Kleinanleger sind diese Produkte oft eine Nummer zu gross, da sich die Mindestinvestitionen je nach Produkt zwischen 100 000 und einer Million Franken bewegen.

Wegen ihrer Flexibilität und der kalkulierbaren Rendite eignen sich Geldmarktanlagen insbesondere zum Liquiditätsmanagement von Unternehmen. Wenn Banken kurzfristig Geld brauchen, leihen sie es sich gegenseitig auf dem Geldmarkt. Dieser Markt ist aber nicht nur für Banken reserviert, sondern steht auch Unternehmen und Privaten offen.

Geldmarktanlagen werden unterschieden in Festgeldanlagen und Call-Geld:

- Bei Festgeldanlagen ist – der Name sagt es – alles fest: Ein fester Anlagebetrag wird mit fester Laufzeit zu einem festen Zins und ohne Rückzugsmöglichkeiten investiert. Die Details stehen in diesem Kapitel auf Seite 46ff.
- Call-Geld weist keine Laufzeit auf, die Anlage erfolgt auf Abruf («to call»). Die Kündigungsfrist beträgt meist 48 Stunden. Die Verzinsung ist variabel und ändert sich mit den Marktaussichten. Für Call-Gelder sind je nach Institut Mindestbeträge von 250 000 bis 500 000 Franken gefordert.

Für beide Anlagen verrechnen Schweizer Banken in der Regel weder Gebühren noch Kommissionen. Diese Geldmarktanlagen sind im Fall eines Bankkonkurses durch den Einlagenschutz bzw. die Staatsgarantie der Kantonalbanken gesichert.

Steuertechnisch unterscheiden sich die beiden Anlagen nicht. Die Zinsen sind verrechnungssteuerpflichtig und als Einkommen zu versteuern. Kommt der Ertrag aus dem Ausland, entfällt zwar die Verrechnungssteuerpflicht, nicht aber die Steuerpflicht.

Oft taucht im Zusammenhang mit Geldmarktanlagen der Ausdruck Tagesgeld auf. Tagesgeld-Konten sind im EU-Raum beliebt, werden in der Schweiz für Privatkunden jedoch nicht angeboten. Tagesgelder sind mit Call-Geldern vergleichbar. Der einzige Unterschied: Es sind keine Kündigungsfristen einzuhalten.

Etwas «Tagesgeld-Ähnliches» offeriert Postfinance mit dem E-Depositenkonto. Das nur über das Internet geführte Konto ermöglicht Anlagen in Schweizer Franken und Euro ohne Mindestanlage. Kontoführungsgebühren fallen keine an und pro Jahr sind fünf Kontorückzüge über insgesamt 50 000 Franken kostenlos möglich.

Sowohl Festgeld als auch Call-Gelder können als Treuhandanlagen getätigt werden. Die Hausbank investiert treuhänderisch, aber auf Rechnung und Gefahr des Kunden bei ausgewählten erstklassigen Anlagebanken im Ausland. Für den Vermittlerdienst verlangt die Bank eine Treuhandkommission, die pro Jahr rund 0,5 Prozent der Anlagesumme ausmacht.

Anleger müssen sich aber bewusst sein, dass sie mit Treuhandanlagen das Gegenpartei-Risiko der ausländischen Bank tragen. Vermittelt also beispielsweise eine Kantonalbank eine Treuhandanlage, geniesst diese Investition keine Staatsgarantie.

fristen haben (siehe Kasten auf Seite 41).

Die Zinsen für Kassenobligationen richten sich nach den Bedingungen auf dem Kapitalmarkt. Sie liegen in der Regel etwas über den Ansätzen der Sparkonten. Je länger die Laufzeit, desto höher ist der feste Zins.

Die aktuellen Zinsen für Kassenobligationen werden laufend in der Zeitschrift K-Geld veröffentlicht sowie im Internet auf www.kgeld.ch.

Die Zinszahlungen erfolgen überwiegend jährlich. Es gibt aber auch Banken, die Modelle mit einer einmaligen Auszahlung am Ende der Laufzeit anbieten.

Wer die Kassenobligation vorzeitig zurückgeben will, muss mit «Strafabzügen» rechnen (siehe Kasten auf Seite 42).

Tipp: Lassen Sie sich keine anderen Bankprodukte aufschwatzen, wenn Sie bei Ihrer Bank vorsprechen und eine Kassenobligation zeichnen wollen!

Credit-Suisse-Kunden hat es besonders schlimm erwischt

Es kommt immer wieder vor, dass sehr sicherheitsbewusste und risikoscheue Anleger, die eine Kassenobligation (oder auch Festgeld) wünschen, von den Bankberatern bedrängt werden, andere Anlagen zu tätigen – zum Beispiel in Fonds, die bedeutend risikoreicher sind (siehe Kasten auf Seite 23).

Da sollten Sie skeptisch bleiben und den Beteuerungen der Berater punkto Sicherheit und Renditechancen misstrauen. In der Regel verkaufen die Berater solche Produkte nur, weil die Bank dadurch mehr verdient. Allfällige Verluste bei den Anlagen bleiben aber beim Kunden hängen.

Ganz besonders schlimm erwischte es solche auf Sicherheit bedachte Sparer bei der Credit Suisse und deren Tochterbanken, weil man ihnen dort regelmässig sogenannte «kapitalgeschützte» Produkte der amerikanischen

FRAGE

Bankenkonkurs: Wird Spargeld mit der Hypothek verrechnet?

Guthaben auf Bankkonten sind bei einem Konkurs der Bank bis zum Betrag von 100 000 Franken geschützt. Gilt dies auch für den Fall, dass ein Kunde bei der gleichen Bank eine Hypothekarschuld hat? Oder findet dann eine Verrechnung statt?

Dem Grundsatz nach findet eine Verrechnung statt. Ein Beispiel: Sie haben bei der Bank eine Hypothek über 500 000 Franken sowie 200 000 Franken Spareinlagen. Bei einem Konkurs der Bank würden die beiden Guthaben miteinander verrechnet. Danach hätten Sie also bei der Bank nur noch eine Hypothekarschuld von 300 000 Franken.

Eine solche Lösung wäre im Sinne der Kunden. Und sie entspricht dem Gesetz: Eine gegenseitige Verrechnung von Guthaben und Schulden ist möglich (Artikel 120 des Obligationenrechts).

Doch viele Banken möchten die gesetzliche Regelung in den Verträgen aushebeln. Denn sie haben in den Geschäftsbedingungen für Hypotheken das sogenannte Verrechnungsverbot, das genau diese Verrechnung nicht zulässt. Das ist nur im Interesse der Banken.

Anders ausgedrückt: Ginge die Bank pleite, würde die Hypothekarschuld des Kunden in der gleichen Höhe weiterbestehen, während Sparguthaben dieses Kunden nur bis maximal 100 000 Franken geschützt wären.

Allerdings dürfte die Klausel ungültig sein. Bankenrechts-Spezialist Dieter Zobl von der Rechtswissenschaftlichen Fakultät der Uni Zürich sagt, nach überwiegender Ansicht der Rechtsgelehrten sei der Verrechnungsverzicht der Kunden im Konkurs der Bank «unbeachtlich».

Um ganz sicherzugehen, gilt deshalb dieser **Tipp**: Wer eine neue Hypothek abschliesst, sollte die Klausel mit dem Verrechnungsverbot streichen. Viele Banken akzeptieren das.

Es kann sogar sein, dass eine Bank bereit ist, den Verrechnungsverzicht aus bereits bestehenden Verträgen zu streichen, falls der Kunde das ausdrücklich wünscht.

Bank Lehman Brothers verkaufte. Dieses Bankhaus hat inzwischen Konkurs gemacht, und viele Sparer haben ihr Geld wegen des Emittentenrisikos teils komplett verloren (siehe Seite 143).

Festgeld

Wären nur die Kosten und Spesen massgebend, so würden Anleger mit Festgeld am besten fahren. Denn der Staat verlangt hier keine Emissionsabgabe, und die Banken kassieren weder bei der Zeichnung noch bei der Rückzahlung irgendwelche Gebühren oder Kommissionen.

Auch das «Aufbewahren» für den Kunden ist gratis, es fallen also keine Depotgebühren an – weil es kein Papier aufzubewahren gilt, denn Festgelder werden nur als «Kontrakt» bzw. als Konto geführt.

Voraussetzung ist aber eine Kontobeziehung mit der betreffenden Bank.

Auch die kurzen Laufzeiten – üblicherweise zwischen einem und zwölf Monaten – kann man als Vorteil betrachten. Das Geld ist also schnell wieder verfügbar.

Diese Vorteile verblassen angesichts der meist mickrigen Zinsen. In Tiefzinsphasen kann es sogar sein, dass die Banken null Prozent Zins geben (bzw. gar keine Festgelder mehr abschliessen).

Grund: Wenn beispielsweise Kantonalbanken in Kundengeldern schwimmen, weil viele Anleger angesichts der Finanzmarktkrise den

ZINSEN IM LANGFRIST-VERGLEICH

Die Grafik zeigt, wie sich die Zinslandschaft seit 1988 bewegt hat (Durchschnittswerte, soweit Daten verfügbar)

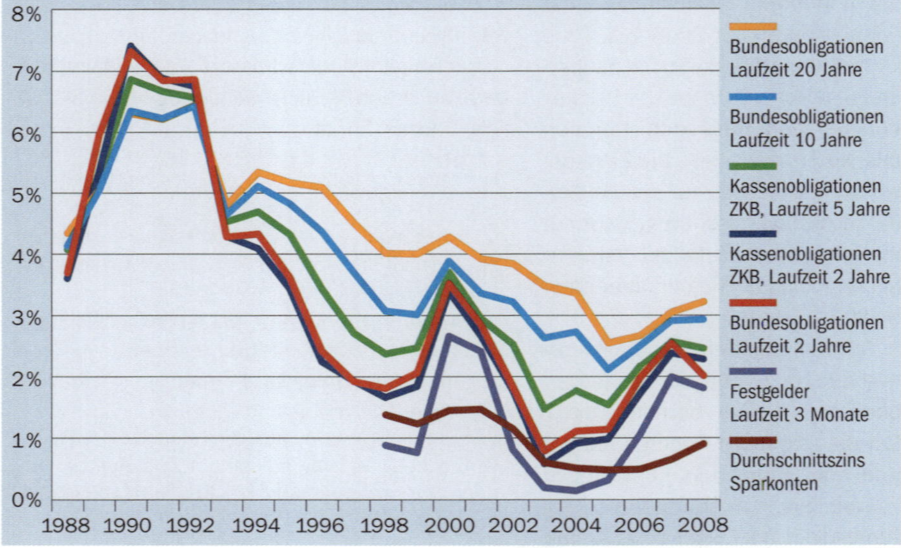

QUELLE: SCHWEIZERISCHE NATIONALBANK/PICTET/ZKB

sicheren Hafen der Staatsbanken ansteuern, sehen diese Institute keinen Grund, mit guten Zinsen noch mehr Gelder anzulocken.

Die aktuellen Zinsen für Festgelder werden laufend in der Zeitschrift K-Geld veröffentlicht sowie im Internet auf www.kgeld.ch.

Nachteilig für Kleinanleger ist auch die hohe Einstiegshürde: Festgelder sind meist erst ab Beträgen von 100 000 Franken erhältlich, in Ausnahmefällen auch schon ab 50 000 Franken. Diese Parkiermöglichkeit ist also eher für Unternehmen geeignet.

Eine der wenigen Ausnahmen ist die Onlinebank Swissquote, die Festgeld bereits ab einem Betrag von 1000 Franken akzeptiert; sie nennt es übrigens Treuhandgeld.

Die Axa Bank offeriert Festgeld ab 5000 Franken.

Tipp: Fragen Sie Ihre Bank, ob sie Ihnen bei der Mindestsumme entgegenkommt. Das ist in Einzelfällen durchaus möglich.

Grosskunden erhalten bessere Konditionen

Wie bei den Kassenobligationen ist auch der Festgeld-Zinssatz während der festgelegten Laufzeit fix: Der Anleger profitiert also nicht von steigenden Zinsen, trägt aber auch nicht das Risiko eines Zinsrückgangs.

Allgemein gilt: Je höher der Betrag ist, desto mehr Zinsen zahlen die Banken. Grosskunden erhalten also bessere Konditionen als «kleinere» Kunden.

Tipp: Sie können über den Zins verhandeln. Vielleicht schaut eine etwas höhere Entschädigung heraus, falls Sie beispielsweise ein guter Kunde sind.

Ebenfalls höhere Zinsen gibt es für Festgelder in Fremdwährung. Anleger sollten bei dieser Anlageform jedoch sehr genau darauf achten, ob ihnen weitere Kosten für die Kontoführung oder für eine Verlängerung des Festgeldes entstehen.

Höher verzinst werden beispielsweise Festgelder in Euro. Weil die Entwicklung von Wechselkursen aber sehr schwierig zu prognostizieren ist, empfiehlt sich Festgeld in Euro nur, wenn dieses Geld mittelfristig auch im Euroraum investiert oder ausgegeben werden soll.

Vorzeitige Rückzüge kosten Geld

Auch Festgelder unterstehen dem Einlegerschutz der Banken (bis zum Betrag von 100 000 Franken) bzw. der vollen Staatsgarantie der Kantonalbanken.

Rückzüge sind während der Laufzeit grundsätzlich nicht möglich, und es findet auch kein entsprechender Handel statt. Wie Kassenobligationen müssen auch Festgelder im Prinzip bis zum Verfalltag gehalten werden.

In Ausnahmefällen lassen die Banken aber mit sich reden, etwa bei einem Todesfall oder für einen Liegenschaftskauf. Eine solche vorzeitige Rückgabe hat aber in der Regel Abzüge zur Folge – wie bei den Kassenobligationen (siehe Kasten auf Seite 42). Sehr kulante Banken zahlen das Festgeld

TIPP

Pfandbriefe, «Eidgenossen» und Geldmarktfonds

Wer einigermassen sichere Anlagen und damit Schutz vor Börsengewittern sucht, ist auch mit Pfandbriefen und «Eidgenossen» gut bedient. Bei diesen Anlagemöglichkeiten handelt es sich um Anleihen, sie sind deshalb im Obligationen-Kapitel beschrieben (Kapitel 3).

Relativ risikoarm – und deshalb ertragsmässig ebenfalls nicht sehr attraktiv – sind Geldmarktfonds. Sie werden im Anlagefonds-Kapitel näher beleuchtet (Kapitel 5).

bei triftigen Gründen auch ohne Abzüge zurück.

Beachten Sie auch beim Festgeld, dass Sie ein Basiskonto (Verbindungskonto) ohne Rückzugsbeschränkungen haben (siehe Kasten auf Seite 41).

Der Einlegerschutz der Schweizer Banken bis 100 000 Franken

Das Folgende gilt für «normale» Banken, aber nicht für Kantonalbanken und Postfinance, die eine Staatsgarantie haben (siehe Kasten auf der Seite rechts).

Sollte eine in der Schweiz zugelassene Bank pleitegehen, sind die Spargelder gefährdet. Dann greifen bei «normalen» Banken die folgenden Schutzmechanismen für Sparerinnen und Sparer:

- Zunächst sind die Spargelder im Konkurs insofern privilegiert, als sie in der zweiten Konkursklasse eingeteilt sind. Das heisst: Sie werden zwar *vor* der grossen Masse der normalen Forderungen der dritten Klasse befriedigt, aber erst nach den Pfandgläubigern, Angestellten und Sozialversicherungen, die im ersten Rang eingeteilt sind. (Pfandgläubiger sind zum Beispiel Banken, die eine Hypothek vergeben haben und dafür ein Grundpfand am Grundstück haben.)

Dass nach Befriedigung der 1.-Klass-Gläubiger im Konkursfall überhaupt noch etwas übrigbleibt, ist eher unwahrscheinlich.

- Aber: Ist die Konkursmasse zu klein, müssen die anderen Banken einspringen. Der Verein «Einlagensicherung der Schweizer Banken und Effektenhändler» garantiert, dass Sparerinnen und Sparer im Konkursfall ihre Guthaben bis maximal 100 000 Franken innerhalb von drei Monaten ausbezahlt erhalten. Der Verein treibt dieses Geld bei den übrigen Banken ein und verteilt es an die Sparer. Der Verein hat selber kein Geld.

Die Obergrenze reicht nur für eine kleine Bank

- Das Problem dieser Einlagensicherung ist allerdings, dass die maximale Obergrenze für die Auszahlungen bei 6 Milliarden Franken liegt. Das reicht höchstens für eine kleinere oder mittlere Bank, aber sicher nicht beim Konkurs einer Grossbank. So gesehen ist der Einlegerschutz fragwürdig.

Die gesamten vermeintlich geschützten Einlagen im Schweizer Bankensystem belaufen sich auf über 300 Milliarden Franken. Davon sind also höchstens 6 Milliarden Franken tatsächlich geschützt (abgesehen von den rund 100 Milliarden, die über die Staatsgarantie gesichert sind, siehe Kasten unten).

- Die jetzige Regelung gilt bis Ende 2010 und soll dann überarbeitet werden.

Das sind die weiteren Details des Einlegerschutzes:

- Der Schutz gilt für alle Lohnkonten, Sparkonten und ähnlichen Kontoguthaben, die auf der Bank liegen und auf den Namen des Sparers lauten.
- Er gilt auch für Kassenobligationen, die im Namen des Anlegers bei der Bank hinterlegt sind, sowie für Festgelder.

FRAGE

Was bringt die unbeschränkte Staatsgarantie?

Was genau bedeutet die unbeschränkte Staatsgarantie der Zürcher Kantonalbank und der Post?

Das «Gesetz über die Zürcher Kantonalbank» hält in Paragraph 6 fest: «Der Staat haftet für alle Verbindlichkeiten der Bank, soweit ihre eigenen Mittel nicht ausreichen.»

Im Konkursfall sind also 100 Prozent der Kundengelder inklusive 3a- und Freizügigkeitsgelder aller Sparerinnen und Sparer gesichert. Das betrifft auch Kassen- und andere Obligationen, die die Zürcher Kantonalbank (ZKB) selber ausgegeben hat, sowie ihre Festgelder.

Im schlimmsten Fall würde also der Staat – und damit alle Steuerzahler des Kantons Zürich – für die Verbindlichkeiten der Bank haften. Auch wenn diese nicht Kunden der ZKB waren.

Von der ZKB ausgegebene Anlagefonds sind von der Staatsgarantie ausgenommen. Aber das macht nichts: Sie gelten als Sondervermögen und wären von einer allfälligen Bankenpleite gar nicht berührt.

Das Gleiche gilt für Wertschriften, die in einem Depot bei der ZKB lagern. Sie gehören dem Kunden und werden ihm im Konkursfall sofort herausgegeben. Nicht tangiert sind auch Wertgegenstände, die sich in einem ZKB-Safe befinden. Auch darüber kann der Kunde im Insolvenzfall frei verfügen.

Mit zwei Ausnahmen haben alle Kantonalbanken die volle Staatsgarantie für Spargelder: Die Banque Cantonale Vaudoise hat gar keine, die Banque Cantonale de Genève eine beschränkte Garantie des Kantons.

Im Kanton Bern ist die schrittweise Aufhebung der Staatsgarantie für die Berner Kantonalbank bis ins Jahr 2012 im Gange.

Gemäss Angaben der ZKB sind rund 30 Prozent aller Spareinlagen in der Schweiz mit einer Staatsgarantie ausgestattet.

Gut haben es auch Kunden von Postfinance. Laut Gesetz muss der Bund dafür sorgen, dass die Post zahlungsfähig bleibt.

Wichtige Einschränkung bei Postfinance. Der Einlegerschutz gilt hier nur für «normale» Sparkonten, aber nicht für Vorsorgegelder. Wer also bei der Postfinance ein Säule-3a-Konto oder ein Freizügigkeitskonto hat, geniesst keine Staatsgarantie, weil das 3a-Geld bei einer Vorsorgestiftung der UBS landet – und dort wären derzeit nur maximal 100 000 Franken abgesichert, weil die Postfinance bei einer Bankenpleite nicht in der Garantiepflicht steht.

Die Post bietet auch Freizügigkeitskonten an. Und auch hier gibt es keine Staatsgarantie, weil diese Gelder über die Freizügigkeitsstiftung Rendita laufen. Das ist eine Bankstiftung der Credit Suisse.

Das bedeutet, dass auch Freizügigkeitsgelder bei der Postfinance zurzeit nur bis 100 000 Franken einigermassen sicher sind (Stand 2009).

FRAGE

Sind meine Freizügigkeitsgelder jetzt wirklich besser geschützt?

Ich habe gehört, Freizügigkeits- und 3a-Gelder seien seit 2009 bis zum Betrag von 100 000 Franken besser geschützt – und zwar zusätzlich zum bestehenden Einlegerschutz der Banken für normale Spargelder. Stimmt das?

Im Prinzip ja. Die normale Einlagensicherung gilt zwar nur für Sparkonten und Kassenobligationen, die im Namen des Einlegers bei der Bank hinterlegt sind. Seit dem 22. Dezember 2008 sind Freizügigkeitsgelder im Konkursfall der Bank besser privilegiert – und zwar in der zweiten Klasse.

Das heisst: Bei einem Bankenkonkurs würden zuerst die Pfandgläubiger befriedigt, und danach würden die Gläubiger der ersten Klasse ausbezahlt. Zur ersten Klasse zählen zum Beispiel die Forderungen der Angestellten. Mit den verbleibenden Mitteln würden dann die Forderungen der zweiten Klasse bezahlt, wozu die Vorsorgegelder neu bis zum Betrag von 100 000 Franken gehören. Gemeint sind nicht nur Gelder auf Freizügigkeitskonten, sondern auch Spargelder der Säule 3a.

Allerdings: Diese Vorzugsbehandlung greift im Prinzip nur, wenn nach der Auszahlung der Pfandgläubiger, der Angestellten und der Sozialversicherungen noch Geld übrigbleibt.

Und: Bis ein Konkurs abgeschlossen ist, dauert es sehr lange. Entsprechend spät würden allenfalls Gelder ausbezahlt.

Immerhin: Die Banken müssen für diese in der zweiten Klasse privilegierten Einlagen ständig genügend Aktiven (zum Beispiel Eigenkapital) als Sicherheit halten. Das wird von der Eidgenössischen Finanzmarktaufsicht (Finma) kontrolliert.

So gesehen ist der Schutz für Freizügigkeitskonten und 3a-Gelder – zusätzlich zur schon bestehenden Einlagensicherung – theoretisch verbessert.

Definition: Freizügigkeitsgelder sind Pensionskassen-Altersguthaben von Personen, die zum Beispiel nach einem Stellenwechsel nicht unmittelbar in eine andere Firma eintreten – und ihr Altersguthaben deshalb auf einem bis zur Pensionierung gesperrten Freizügigkeitskonto zwischenlagern müssen.

- Der Einlegerschutz gilt pro Kunde und nicht pro Konto. Wer mehrere Konten hat, erhält maximal 100 000 Franken. Ehepaare mit einem gemeinsamen Konto erhalten die 100 000 Franken je separat. Auch Kinder gelten als Einzelkunden.
- Der Einlegerschutz gilt für alle zugelassenen Banken, denn alle unterstehen derselben Gesetzgebung und derselben Aufsicht, egal ob Grossbank, Raiffeisenbanken, Migros Bank, WIR-Bank oder Regionalbank.

Die Liste der zugelassenen Banken finden Sie im Internet auf www.finma.ch beim Stichwort «Liste der bewilligten Banken und Effektenhändler»; sie umfasst derzeit (Stand Herbst 2009) über 400 Einträge.

Sonderschutz für Wertschriften und Depotinhalte...

- Die 367 Raiffeisenbanken sind keine Filialen einer Bankengruppe, sondern selbständige Genossenschaften. Deshalb gilt der Einlegerschutz von 100 000 Franken pro Genossenschaft und pro Kunde. Wer beispielsweise je ein Konto bei der Raiffeisenbank Adligenswil-Udligenswil LU und bei der Raiffeisenbank Horw LU hat, geniesst den Einlegerschutz doppelt.

Ausnahme: In den Städten Basel, Bern, St. Gallen, Thalwil, Winterthur und Zürich führt die Dachgenossenschaft der Raiffeisenbanken Niederlassungen. Diese sind nicht selbständig. Hat ein Kunde bei ihnen verschiedene Konten, besteht der Einlegerschutz nicht pro Bank und Kunde, sondern lediglich pro Kunde. Allerdings haben die Raiffeisenbanken untereinander eine Beistandspflicht.

- Von der Einlagensicherung ausgenommen, aber dennoch gut geschützt sind Aktien, Obligationen und sonstige Wertschriften von Drittunternehmen, die in einem Wertschriftendepot der konkursiten Bank gelagert sind. Sie sind Eigentum ihres Inhabers und werden von der Bank nur treuhänderisch verwaltet. Sie fallen also nicht in die Konkursmasse.
- Das Gleiche gilt für alle Wertgegenstände und -papiere, die sich in einem Banksafe befinden. Sie bleiben im persönlichen Besitz und liegen bei der Bank lediglich zur Aufbewahrung.

...sowie für Anlagefonds, die als Sondervermögen gelten

- Einen besonderen Schutz geniessen die in der Schweiz zugelassenen Anlagefonds sowie die börsengehandelten Indexfonds (ETFs, siehe Seite 109 ff.): Sie gelten als Sondervermögen, die von einem Bankenkonkurs gar nicht betroffen wären. Die entsprechenden Anteile gehören dem Kunden und fallen nicht in die Konkursmasse der Depotbank.

FRAGE

Wie sicher ist mein Spargeld bei der Versicherung?

Zu den Themen Einlagensicherung und Staatsgarantie kann man viel lesen. Aber wie sicher sind meine Spareinlagen bei einer Versicherung?

Sie sprechen von der kapitalbildenden Lebensversicherung, auch gemischte Versicherung genannt. Diese enthält auch einen Sparanteil.

Diese Spargelder der Versicherten sind sehr gut geschützt, denn die Lebensversicherer müssen strenge Vorschriften und Anlagerichtlinien beachten und werden von der Finanzmarktaufsicht Finma (früher vom Bundesamt für Privatversicherungen) überwacht.

Die Ansprüche der Versicherten müssen jederzeit und vollumfänglich durch das sogenannte gebundene Vermögen gedeckt sein. Im Konkursfall hätten die Versicherten darauf einen privilegierten Anspruch – vor allen anderen Gläubigern. Das entspricht faktisch einem 100-prozentigen Schutz.

Zudem könnte die Finma im Konkursfall anordnen, dass die Policen der betroffenen Gesellschaft von einer anderen übernommen werden. So würden sie unverändert weiterlaufen.

Sehr hoch ist die Sicherheit auch bei Fondspolicen, bei denen der Sparteil der Versicherten in Anlagefonds geht. Diese Fondsanteile gelten als Sondervermögen und gehören dem Versicherten. Sie wären also von einem Konkurs der Versicherung gar nicht betroffen. Allerdings unterliegen die Fondsanteile den üblichen Wertschwankungen, die sich an den Börsen ergeben.

Die hohe Sicherheit der Lebensversicherungspolicen wird von den Verkäufern gerne ins Feld geführt, um Sparer von den Banken wegzulocken.

Bedenken Sie aber: Sparen über die Versicherung ist eher teuer und oft mit langfristigen Knebelverträgen verbunden. So gesehen ist von Sparversicherungen eher abzuraten.

■ Strukturierte Produkte, die von einer konkursiten Bank ausgegeben wurden, geniessen hingegen keinen besonderen Schutz, weil sie im Grunde Darlehen sind, die der Kunde der Bank gegeben hat.

Rechtlich gesehen handelt es sich um Ansprüche gegenüber der Bank, die wie Optionen, Warrants oder sonstige Derivate von der Bank ausgegeben werden und für die sie auch alleine haftet. Im Konkursfall besteht also die Gefahr eines Totalverlustes.

■ Weitere Infos zum Thema Einlegerschutz finden Sie im Internet auf www.einlagensicherung.ch.

■ Der geschilderte Einlegerschutz gilt nicht bei Betriebskassen (siehe Kasten auf Seite 40).

■ Was die Staatsgarantie der Kantonalbanken und von Postfinance bringt, steht im Kasten auf Seite 49.

■ Was für Freizügigkeitsgelder und Sparguthaben der Säule 3a gilt, steht im Kasten auf Seite 50.

■ Wie Spargelder bei Versicherungen abgesichert ist, steht im Kasten auf Seite 51.

Der Schritt ins Ausland ist ein Wagnis

Wer bei seiner Schweizer Bank ein Euro-Konto hat, bekommt darauf mehr Zins als auf seinem normalen Privat- oder Sparkonto in Schweizer Franken. Allerdings sind die von Schweizer Banken ange-

Ethik-Banken: Der Ausweg für enttäuschte Grossbank-Kunden

In der Schweiz gibt es zwei alternative Banken, die ihren Kunden Sinn- statt Gewinnmaximierung bieten: die Alternative Bank Schweiz (ABS) in Olten und die Freie Gemeinschaftsbank Basel.

Beides sind «richtige» Banken, die der Finanzmarktaufsicht Finma unterstehen und auch über den Einlegerschutz der Schweizer Banken verfügen.

Die 1990 durch Hilfswerke und Bankenkritiker gegründete ABS gewährt günstige Förderkredite für Projekte aus den Bereichen alternative Energien, biologische Landwirtschaft oder soziale Projekte. Solche Kredite mit Vorzugszins kann die Bank nur deswegen anbieten, weil sie die Spargelder der Kunden tiefer verzinst als die «normalen» Banken.

Die ABS finanziert sich fast nur aus Spargeldern ihrer Kunden, macht keine Auslandgeschäfte und zahlt bescheidene Löhne.

Aufgrund des Kundenansturms hat die ABS sogar Luxusprobleme: Sie findet nicht genügend Möglichkeiten, Neugelder nach den eigenen strengen Auswahlkriterien anzulegen. Sie ist gezwungen, Kapital bei der Raiffeisengruppe und bei Kantonalbanken zu «parkieren».

Die ABS bleibt trotzdem ein Nischenplayer: Ihr Marktanteil beträgt in der Schweiz weniger als ein Prozent.

Konkurrenz aus Kreisen der Steiner-Anhänger. Ebenfalls im Geschäft mit dem guten Gewissen ist die Freie Gemeinschaftsbank Basel. Das seit 25 Jahren existierende Finanzinstitut orientiert sich an der Lehre Rudolf Steiners, also an der Anthroposophie.

Gemessen an den Kundeneinlagen, den Ausleihungen und den Beschäftigten ist die Freie Gemeinschaftsbank rund viermal kleiner als die ABS. Die genossenschaftlich organisierte Bank zahlt im Vergleich zur ABS aber bessere Zinsen und kann teilweise sogar mit den UBS-Ansätzen mithalten.

botenen Zinsen für Euro-Konten immer noch sehr tief im Vergleich zum europäischen Zinsniveau.

Anleger, denen das Währungsrisiko nichts ausmacht, können ihr Geld deshalb besser gleich zu einer deutschen oder österreichischen Bank zügeln. Die Eröffnung lässt sich auch online bewerkstelligen oder auf dem Postweg.

Viele Angebote mit guten Zinsen stammen von sogenannten Direktbanken.

Wie gross das Währungsrisiko in Zukunft sein wird, lässt sich nicht voraussagen. Es empfiehlt sich deshalb, nur so viel Geld in Euro anzulegen, als man auch in Euro auszugeben gedenkt.

Der Anlegerschutz in Deutschland ist mit der schweizerischen Variante vergleichbar.

3 Das Einmaleins der Obligationen

Je höher der Zins, desto grösser das Risiko

Obligationen bringen höhere Erträge als Sparkonten. Voraussetzung ist aber, dass Anleger ihr Geld einem zuverlässigen Schuldner leihen. Über die Kreditwürdigkeit der Herausgeber von Obligationen geben die Rating-Agenturen Auskunft; deren Arbeit ist allerdings umstritten.

Obligationen sind Schuldscheine. Die Herausgeber von Obligationen – auch Emittenten genannt – sind Staaten, Kantone, Gemeinden, internationale Organisationen und Unternehmen wie zum Beispiel Banken. Diese Herausgeber von Obligationen werden gegenüber ihren Käufern – den Obligationären – zu Schuldnern.

Baut ein Staat zum Beispiel Autobahnen, kann er zur Finanzierung einen Kredit aufnehmen und sich so verschulden – etwa über die Ausgabe von Obligationen. Mit dem Kauf einer Staats-Obligation gibt der Anleger also dem Staat Geld in die Hand, damit dieser seine Aufgaben erledigen kann.

Wer der Schweiz auf diesem Weg «unter die Arme greifen» will, erwirbt Bundesobligationen, im Volksmund «Eidgenossen» genannt (siehe Kasten auf Seite 61).

Unternehmen emittieren Obligationen, wenn sie zum Beispiel neue Maschinen oder eine andere Firma kaufen wollen, die Finanzierung aber – aus welchen Gründen auch immer – nicht über einen Bankkredit oder eine Aktienkapitalerhöhung finanzieren möchten.

Populär ausgedrückt: Wer eine Obligation kauft, gibt dem Herausgeber für eine bestimmte Laufzeit ein Darlehen und rechnet mit einem festen, regelmässigen Zins. Und er hofft gleichzeitig, dass der Emittent in der Zwischenzeit nicht pleitegeht bzw. dass er das geliehene Geld nach Ablauf der vereinbarten Dauer zurückzahlen kann.

Obligationen gemäss Laufzeit halten – oder damit handeln

Obligationen kann man entweder anlässlich der Herausgabe kaufen und dann bis zum Ende der Laufzeit halten; Details dazu stehen im ersten Teil des Kapitels.

Obligationen kann man jedoch auch während ihrer Laufzeit kaufen und verkaufen; Details dazu stehen auf Seite 63ff.

Auch Obligationäre können ihr investiertes Geld verlieren

Wer eine Obligation eines Unternehmens erwirbt, wird nicht wie der Aktionär zum Miteigentümer, sondern zum Gläubiger.

Das ist wichtig zu erwähnen. Denn im Konkursfall geniesst der Gläubiger eine (wenn auch bescheidene) Vorzugsstellung. Falls aus der Konkursmasse etwas zum

STICHWORT

Obligation und Anleihe

Obligation, Anleihe, Rentenpapier, Bond – damit ist immer das gleiche festverzinsliche Wertpapier gemeint. In diesem Ratgeber werden in erster Linie die Begriffe Obligation und Anleihe verwendet.

In Deutschland ist in diesem Zusammenhang immer von Renten oder Rentenpapieren die Rede.

Verteilen übrigbleibt, erhalten auch die Obligationäre Geld – allerdings erst nachdem beispielsweise die offenen Lohnforderungen und die AHV-Beiträge bezahlt wurden. Obligationäre sind also sogenannte Dritt-Klass-Gläubiger.

Aktionäre bzw. Miteigentümer hingegen erhalten aus dem Konkurs als Mitbesitzer erst dann etwas, wenn alle Dritt-Klass-Gläubiger vollständig befriedigt wurden – in der Praxis ist das meistens nichts.

Doch auch Obligationäre können bei einem Konkurs des emittierenden Unternehmens leer ausgehen. Das gilt selbst für Käufer von Staats-Obligationen. Denn auch Staaten können zahlungsunfähig werden.

Die entscheidenden Komponenten der Obligationen

Im typischen Fall verläuft der Obligationenkauf so: Der Obligationär zeichnet eine Obligation per Laufzeitbeginn über seine Hausbank. Der Käufer übergibt also dem Herausgeber (Emittenten) einen bestimmten Betrag – den Nennwert.

Der Nennwert bleibt in der Regel während der ganzen Laufzeit unveränderlich.

Während der Laufzeit der Obligation erhält der Obligationär jedes Jahr einen fixen Zins, auch Zinscoupon oder Coupon genannt. Dieser wird in der Regel in Prozenten vom Nennwert berechnet. Diese Zinseinnahme untersteht der Einkommenssteuer.

IN DIESEM KAPITEL

FRAGE

Erhalte ich Schadenersatz für meine Kaupthing-Obligation?

Meine Bank hat mir im September 2007 eine Obligation der Kaupthing Bank für 20 000 Franken empfohlen. Der Berater sprach viel von Sicherheit und erwähnte dabei auch die Einlagensicherung der Schweizer Banken. Habe ich also einen Anspruch an diesen Topf, nachdem Kaupthing pleite ist?

Nein. Der Einlegerschutz der Schweizer Banken gilt für Kontoguthaben und Kassenobligationen. Sie hingegen haben eine «richtige» Obligation gekauft, Sie haben also quasi der Kaupthing Bank ein Darlehen gegeben. Für solche Anleihen an Firmen (oder Staaten) gibt es keinen Einlegerschutz.

Die Situation der Kaupthing Bank sieht so aus: In Konkurs gegangen ist die Genfer Zweigniederlassung der Kaupthing Bank Luxemburg. Diese hatte in der Schweiz Spargelder mit einem hohen Zinssatz angelockt. Die Sparer wurden in der Zwischenzeit durch die Schweizer Einlagensicherung entschädigt – weil es sich eben um Kontoguthaben handelte.

Das Kaupthing-Mutterhaus in Island existiert nach wie vor – allerdings in einem desolaten Zustand mit ungewisser Zukunft. Diesem Mutterhaus haben Sie mit Ihrer Obligation ein Darlehen gewährt. Es läuft im Februar 2010 ab. Ob Sie dannzumal die vollen 20 000 Franken oder nur einen Teilbetrag zurückerhalten, ist offen. Das hängt davon ab, ob der praktisch bankrotte Staat Island die Bank retten kann.

Verkaufen können Sie die Obligation kaum, der Kurs liegt zurzeit (Stand Herbst 2009) bei weniger als 20 Prozent des Nominalwerts.

Sie können nur hoffen, dass sich die Situation wieder beruhigt.

Am Ende der Laufzeit bzw. per Verfall erhält der Obligationär den Nennwert zurück (in Ausnahmefällen wird die Obligation vorzeitig zum Nennwert zurückgezahlt).

Der Ausdruck Zinscoupon rührt aus der Zeit, da Obligationen noch physisch ausgestellt und vom Obligationär zu Hause aufbewahrt wurden. Solche Obligationen hatten für jedes Jahr einen Papierabschnitt (Coupon), den der Anleger abreissen und auf der Bank vorlegen musste, um dafür seinen Zins zu kassieren.

Drei Faktoren beeinflussen die Höhe des Zinses

Die Höhe der Entschädigung, meist ein fixer Zins, hängt von mehreren Faktoren ab: von der Kreditwürdigkeit des Emittenten, vom allgemeinen Zinsniveau und von der Laufzeit der Obligation. Er ist also von Obligation zu Obligation verschieden.

■ **Kreditwürdigkeit.** Die Kreditwürdigkeit des Emittenten – auch Bonität genannt – besagt, wie wahrscheinlich es ist, dass der Herausgeber seinen Zahlungsverpflichtungen nachkommt oder nicht. Und zwar sowohl für die Zinszahlung als auch für die Rückzahlung des Nennwerts am Ende der Laufzeit.

Über die Kreditwürdigkeit gibt oft ein Rating Auskunft. Es wird in erster Linie aus der Ertragskraft des Emittenten und aufgrund der gebotenen Sicherheiten geschätzt.

Ein Unternehmen, das langfristig stabile, hohe Gewinne erwirtschaftet, hat eine hohe Ertragskraft, folglich auch eine hohe Kreditwürdigkeit sowie ein gutes Rating.

Sind gute Sicherheiten vorhanden, zeugt das ebenfalls von einer hohen Kreditwürdigkeit und gutem Rating. Bei einem Unternehmen können zum Beispiel die Immobilien, der Maschinenpark usw. als Sicherheiten dienen.

Das beste Rating lautet AAA (siehe Kasten auf Seite 59).

Stabile Schuldner müssen weniger Zins zahlen

Die Kreditwürdigkeit des Emittenten hat entscheidenden Einfluss auf die Zinshöhe. Emittenten mit hoher Bonität – also die stabilen Schuldner – können es sich leisten, wenig Zins zu zahlen.

Anders sieht es hingegen bei Obligationen aus, deren Emittenten eine eher schlechte oder sehr schlechte Kreditwürdigkeit haben: Solche Emittenten müssen in der Regel sehr hohe Coupons (Zinsen) zahlen, weil sie sonst gar nicht zu Geld kämen.

Diese Obligationen nennt man Hochzins-Anleihen oder High Yield Bonds. Die meisten in Hartwährungen wie Euro oder Dollar herausgegebenen Obligationen aus Schwellenländern gehören zu dieser Kategorie.

Das heisst aber auch: Je mehr Zins lockt, desto höher ist das Risiko für den Anleger.

Dieses Risiko darf man nicht unterschätzen: Wer in den 90er-Jahren argentinische Staatsobligationen kaufte, wartet heute noch auf sein Geld oder hat es abgeschrieben – Argentinien meldete 2002 Zahlungsunfähigkeit an.

Auch Obligationäre der Kaupthing-Bank und von anderen isländischen Banken müssen sich ernsthafte Sorgen machen um ihr Geld (siehe Kasten auf der Seite links).

Umgekehrt gilt Norwegen – auch wegen seiner Erdöl- und Erdgasvorkommen – als einer der sichersten Herausgeber von Staatsanleihen.

Wie gesagt: Über die Kreditwürdigkeit gibt das Rating Auskunft. Diese Einstufung stammt von spezialisierten Rating-Agenturen; deren Tätigkeit ist allerdings umstritten. Ausführungen dazu finden Sie auf Seite 58ff.

■ **Zinsniveau und Währung.** Ist das allgemeine Zinsniveau tief, kann es sich ein Emittent leisten, seine neu aufgelegten Obligationen mit einem tiefen Coupon auszustatten. Das allgemeine Zinsniveau eines Wirtschaftsraums ist also ein weiterer wichtiger Aspekt für die Höhe der Entschädigung.

Mit dem allgemeinen Zinsniveau hängen auch das Inflations- und das Währungsniveau sehr eng zusammen. Die Schweiz hat traditionell ein tiefes allgemeines Zinsniveau, tiefe Inflationsraten und eine stabile Währung. Bei Franken-Emissionen ist daher das Risiko im internationalen Vergleich tief, entsprechend mickrig sind die Coupons.

Oft zieht es Schweizer Investoren deshalb zu ausländischen Obligationen, die in einer Hochzinswährung ausgegeben werden. Dabei ist der Investor jedoch dem Währungsrisiko ausgesetzt, das bei Hochzinswährungen speziell stark ins Gewicht fällt und den Vorteil des höheren Zinses schnell zunichte machen kann.

Bei stark schwankenden Währungen wie zum Beispiel der türkischen Lira erwartet der Obligationär ebenfalls eine höhere Entschädigung.

Der Reinfall mit dem australischen Dollar

Wie negativ sich das Währungsrisiko auswirken kann, erfuhren diejenigen Käuferinnen und Käufer, die 2007 Festverzinsliche in australischen Dollars (AUD) kauften. Die Coupons von 6 bis 7,5 Prozent waren sehr attraktiv. Damals kostete der australische Dollar rund einen Franken, im Frühjahr 2009 nur noch 80 Rappen. Wer 2009 die Obligation vorzeitig verkaufte, verlor wegen des Währungsverlustes rund ein Fünftel seines Einsatzes.

- **Laufzeit.** Obligationen sind im Gegensatz zu Aktien befristet. Grundsätzlich gilt: Je länger Geld ausgeliehen wird, umso grösser ist die Wahrscheinlichkeit, dass der Emittent die Zinsen nicht zahlen und die Schulden am Schluss nicht tilgen kann (ausser bei sehr zuverlässigen Schuldnern wie Staaten). Deshalb sind Zinsen bei kurzfristigen Firmen-Obligationen meist tiefer als bei langfristigen. Die kurzfristigen Obligationen haben zudem geringere Kursschwankungen.

Anders ausgedrückt: Je länger ein Obligationär dem Emittenten Geld zur Verfügung stellt, umso grosszügiger will er entschädigt werden.

Fachleute unterscheiden zwischen kurz- und langfristigen Obligationen. Die kurzfristigen Obligationen haben in der Regel eine Laufzeit zwischen einem und drei Jahren. Alles unter einem Jahr wird als Geldmarktpapier bezeichnet (siehe Kapitel 2).

Anleihen mit einer Laufzeit ab drei Jahren sind hingegen langfristige Obligationen. Eine Laufzeit von zehn Jahren ist weit verbreitet, es gibt sogar 30-jährige Obligationen. Für Laufzeiten zwischen drei und sieben Jahren wird auch mal der Sammelbegriff «mittelfristige Obligationen» verwendet. Und manchmal gelten Laufzeiten zwischen einem und vier Jahren als kurzfristige Obligationen. Bei den Laufzeiten besteht also keine einheitliche Sprachregelung.

Was Anleger über Ratings wissen müssen

Die mächtigen Rating-Agenturen Standard & Poors, Moody's und Fitch stehen in der Kritik. Massive Fehleinschätzungen der grossen Rating-Agenturen gelten als eine

Fortsetzung auf Seite 60

So lesen Sie die Noten der Rating-Agenturen

Die grossen und bekannten Rating-Agenturen Moody's, Standard & Poors (S & P) sowie Fitch ermitteln für Investoren laufend die Kreditwürdigkeit von Obligationen-Herausgebern (Emittenten) und verteilen entsprechende Noten, sogenannte Ratings.

Die Ratings sind in einen Buchstabencode verpackt, der von Agentur zu Agentur leicht abweichen kann (S&P sowie Fitch haben identische Einteilungen).

Für Schuldner ist es wichtig, ein gutes Rating zu erhalten. Je besser das Buchstabenrating ausfällt, umso weniger Zins müssen sie den Gläubigern zahlen.

Die Notenskala der Rating-Agenturen finden Sie auch im Internet auf der Homepage des Schweizerischen Verbandes für Strukturierte Produkte (www.svsp-verband.ch) beim Stichwort «Emittentenbonität».

An der gleichen Stelle finden Sie auch die laufend aktualisierten Ratings aller Schweizer Banken (falls diese für ein Rating überhaupt gezahlt haben, was nicht alle Banken tun).

Die Übersicht im Kasten unten zeigt die Notenskalen der drei grossen Rating-Agenturen und ein paar Beispiele für die aktuellen Einstufungen von Firmen und Banken (Stand Herbst 2009).

In der Spalte «Beispiele für Emittenten» sehen Sie also, welche Firmen bzw. Banken von welcher Rating-Agentur wie eingeteilt sind.

Für das bessere Verständnis der Tabelle müssen Sie die Farben beachten. Firmen oder Banken zum Beispiel, deren Namen grün gedruckt sind, haben ihr Rating von der ebenfalls grün gedruckten Standard & Poors (S & P) erhalten, die rot gedruckten von Moody's, die gelb gedruckten von Fitch.

Risikokategorie	S&P	Moody's	Fitch	Beispiele für Emittenten
Für Investments empfehlenswert				
Höchste Bonität	AAA	Aaa	AAA	ZKB, ZKB, UBS London
Hohe Bonität, sehr hohe Kreditqualität, kaum höheres Risiko	AA+ AA AA–	Aa1 Aa2 Aa3	AA+ AA AA–	Basler KB, CS, HSBC USA Graubündner KB, UBS, Total Capital Novartis, UBS Jersey, CS
Gute Bonität, etwas höheres Risiko, Wirtschaftslage kann negative Konsequenzen haben	A+ A A–	A1 A2 A3	A+ A A–	Vontobel, Swiss Re, UBS CS, Swisscom, Zurich Insurance Sika, EFG Priv. Bank, PSP Swiss Prop.
Nur für spekulative Anleger				
Unterdurchschnittliche Bonität, Schuldner mittlerer Güte	BBB+ BBB BBB–	Baa1 Baa2 Baa3	BBB+ BBB BBB–	Unique Zürich, Elsevier Finance, Sony Geberit, Holcim, Vivendi Clariant, Dow Chemical, Alcoa Inc.
Sehr abhängig von wirtschaftlicher Gesamtlage, spekulativ	BB+ BB BB–	Ba1 Ba2 Ba3	BB+ BB BB–	Peugeot, Clariant, Hyundai Motor Fresenius, AIG, Aegon NV Petroplus, Commerzbank, UPM-Kymmene
Geringe Bonität, relativ hohes Ausfallrisiko, hochspekulativ	B+ B B–	B1 B2 B3	B+ B B–	Alcatel, Petroplus, Hertz Corp. ING Groep, Levi Strauss, AIG First Data, WestLB, Northern Rock
Geringe Bonität, höchstes Ausfallrisiko	CCC+ CCC CCC– CC/C	Caa Ca C	CCC+ CCC CCC– CC/C	Hertz Corp., TUI, Banco Macro Northern Rock, Argentinien, MGM Mirage Ford Motor, Kaupthing Bank Clear Channel, Citigroup
Schuldner in Zahlungsverzug oder bereits bankrott	D		D	Argentinien, Winstar Communications

QUELLE: VZ VERMÖGENSZENTRUM, STAND MITTE OKTOBER 2009

Fortsetzung von Seite 58

der Ursachen der Finanzmarktkrise von 2008. Den Notengebern wird vor allem vorgeworfen, dass sie die Risiken strukturierter Kreditprodukte unterschätzt und zu spät mit Neubewertungen reagiert haben.

So wurde die US-Investmentbank Lehman Brothers noch am 12. September 2008 mit einer A-Note beurteilt («gute Bonität», siehe Kasten auf Seite 59). Drei Tage später war die Bank zahlungsunfähig.

Im Fokus steht hier vor allem die Verbriefung von Hypotheken, die im Abschnitt zu den Asset Backed Securities beschrieben wird (Seite 75 ff.). Hier hätten die Rating-Agenturen komplett versagt, sagen Kritiker, weil sie auch denjenigen verschachtelten Finanzprodukten sehr gute Noten gaben, die im Grunde nur auf faulen Hypotheken beruhten.

Die Bewertungsfirmen sind zudem oft gleichzeitig Berater jener Banken, welche die Ratings in Auftrag geben.

Die Vermischung von Beratung und Prüfung der Kreditwürdigkeit ist denn auch der grösste Interessenkonflikt, dem sich die Rating-Agenturen ausgesetzt sehen.

Ein scharfer Kritiker der Rating-Agenturen ist der pensionierte Wirtschaftsprofessor Walter Wittmann. Für ihn ist klar: «Je mehr eine Bank zahlt, desto besser fällt das Rating aus.»

Klaus Spremann, Direktor des Swiss Institute of Banking and Finance der Universität St. Gallen, sagt dazu: «Was gut täte, wären Regeln, wie Interessenkonflikte zwischen Rating-Agentur und Auftraggeber besser bewältigt werden können.»

Das Europaparlament der EU verabschiedete im April 2009 als Reaktion auf die Missstände neue Regeln zur Überwachung der Bonitätswächter. Alle in Europa aktiven Notengeber sollen sich künftig bei den Finanzaufsichtsbehörden registrieren müssen. Zudem sollen sie ihre Bewertungsmethoden offenlegen und jährlich einen Transparenzbericht veröffentlichen. Hinzu kommen strenge Vorschriften zur Vermeidung von Interessenkonflikten.

Bis diese neuen Regeln umgesetzt sind, werden aber noch viele Bewertungen nach alter Manier erstellt. Alternativen zu den mächtigen Agenturen fehlen.

Benotungen der Agenturen oft nicht sehr aktuell

Die Einstufungen der Rating-Agenturen basieren auf Analysen von Geschäftsberichten oder auf Gesprächen mit Unternehmensvertretern. Die Bewertung sagt aber nichts über die Handelbarkeit eines Wertpapiers (Marktliquidität) aus und ist auch keine Anlageempfehlung. Die oft nicht sehr aktuellen Benotungen sollten nur als Ergänzung zu einer Eigenrecherche über einen Emittenten dienen.

Interessenten können die Bewertungen nach einer Registrie-

Fortsetzung auf Seite 62

«Eidgenossen»: Sichere Anlage in unsicheren Zeiten

Ein beliebtes Anlageinstrument in unsicheren Zeiten sind Bundesobligationen – oder «Eidgenossen», wie sie im Volksmund heissen.

Ihre Laufzeit beträgt zwischen 2 und 30 Jahren; 8 bis 13 Jahre sind am häufigsten.

Der Zins ist über die ganze gewählte Laufzeit fix und wird jedes Jahr gemäss Coupon ausbezahlt. Bei Ablauf der Obligation zahlt die Eidgenossenschaft die geschuldete Summe vollumfänglich zurück.

Der Zins ist jeweils tief, weil Schweizerische Bundesobligationen eine sehr sichere Anlage sind. Ein Verlust kann praktisch ausgeschlossen werden, da der Staat für die Obligationen geradesteht.

Der «Drang» zum sicheren Hafen. Gerade in Zeiten einer grossen Unsicherheit an den Finanzmärkten stürzen sich viele Anleger in den sicheren Hafen der «Eidgenossen». Das Resultat: Die Nachfrage ist gross, der Zins wird noch niedriger.

Der Emissionskalender für Schweizer Staats-Obligationen, also für «Eidgenossen», wird auf der Homepage der Eidgenössischen Finanzverwaltung (EFV) publiziert (www.efd.admin.ch, in der Suchmaske «Bundesanleihen» eingeben). Die EFV emittiert in der Regel monatlich neue Eidgenossen oder stockt bestehende auf.

Ein Direktbezug über den Bund ist nicht möglich, es braucht den Weg über eine Bank.

Die Stückelung liegt bei 1000 Franken oder beim Mehrfachen davon.

Der Ausgabepreis kann über 100 Prozent liegen. Wenn die Nachfrage gross ist, kann das übrigens dazu führen, dass Anleger mehr als den Nennwert von 100 Prozent zahlen müssen, weil die Tranchen im Auktionsverfahren unter die Leute gebracht werden. Unter Umständen sind Tranchen auch zu weniger als 100 Prozent erhältlich.

Konkret spielt sich das folgendermassen ab: Der Interessent gibt selber ein, zu welchem Preis er kaufen will, beispielswiese zu 102 Prozent. Zuerst erhalten dann alle, die mehr geboten haben, ihre Zuteilung. Falls danach noch etwas übrigbleibt, kommen die Interessenten mit 102 Prozent teilweise oder vollständig zum Zug.

Abhängig von der Nachfrage gibt es auch noch Zuteilungen für Anleger, die 101 Prozent geboten haben oder noch weniger.

Ist die Tranche vergeben, gehen alle, die weniger geboten haben, leer aus.

Interessenten wissen also, was sie zahlen, sind aber nicht sicher, ob sie den Zuschlag zum gebotenen Preis erhalten oder leer ausgehen. Möglich ist auch, dass sie zwar den Zuschlag erhalten, im Nachhinein aber feststellen müssen, dass sie mehr gezahlt haben als andere.

Infos über die Emissionsergebnisse finden Sie auf der Homepage der Schweizerischen Nationalbank (www.snb.ch → Medien → Bundesanleihen).

Bundesobligationen sind auch börsenkotiert und können deshalb jederzeit gekauft oder verkauft werden. Das lohnt sich aber häufig nicht, weil das mit Transaktionskosten verbunden ist und der Kurs ungünstig sein kann.

Die Kosten (Courtage für die Bank) für An- und Verkauf betragen – wenn der Auftrag über einen Kundenberater der Bank erfolgt – je zwischen 0,8 und 1,0 Prozent.

Ein Kostenbeispiel: Beim Kauf von Eidgenossen für 20 000 Franken fällt eine Bankgebühr (Courtage) von 160 Franken an.

Zudem zahlt der Inhaber seiner Bank Depotkosten – in der Regel zwischen 0,1 und 0,2 Prozent des Depotwertes. Die Minimal-Depotgebühren bewegen sich je nach Finanzinstitut zwischen 10 und 60 Franken.

Wer höhere Zinsen will, kann zu Obligationen von Kantonen oder grösseren Gemeinden greifen. Diese bieten ebenfalls einen guten Kapitalschutz und werfen teils etwas höhere Zinsen ab.

Fortsetzung von Seite 60

rung auf den Webseiten der Agenturen zum Nulltarif abrufen:

- www2.standardandpoors.com → register
- www.moodys.com → ratings news
- www.fitchratings.com → login options

Dieselben Noten sind meistens auch auf den Webseiten der Emittenten selber zu finden. Die Einstufungen stehen zudem in den Factsheets oder Termsheets der Obligationen oder der strukturierten Produkte.

Tipp: Bonitätseinstufungen können sich ändern, erkundigen Sie sich jeweils nach dem aktuellsten Stand.

TIPP

Ratings können eigene Recherche nicht ersetzen

Falls möglich und vorhanden, sollten neben externen auch bankeigene Ratings in den Anlageentscheid einbezogen werden. Nur grosse Finanzinstitute wie die Zürcher Kantonalbank (ZKB), Credit Suisse (für Kantone), Bank Vontobel oder UBS machen solche internen Ratings, allerdings nur von Schweizer Unternehmen.

Die ZKB zum Beispiel veröffentlicht in jedem Herbst ihren «Swiss Rating Guide, Inlandschuldner auf dem Schweizer Kapitalmarkt» mit einer Bonitätseinstufung von rund 110 Schweizer Banken, Firmen und Kantonen.

Aber auch bankeigene Ratings sind mit Vorsicht zu geniessen: Problematisch ist es, wenn zum Beispiel die Bank mit dem zu bewertenden Emittenten enge Geschäftsbeziehungen unterhält. Besonders heikel wird es, wenn Banken andere Banken benoten müssen. Daher sollte nach Einbezug von Ratings eine Eigenrecherche erfolgen.

Grundsätzlich gilt: Jede Recherche auf eigene Faust benötigt Zeit, Interesse und Fachwissen. Und auch die aktuellsten und vertrauenswürdigsten Informationen können Anleger leider nicht immer vor Verlusten bewahren – hoffentlich aber wenigstens Risiken minimieren.

Der Ausgabepreis muss nicht dem Nennwert entsprechen

Das Rating, die Laufzeit und die Währung bestimmen im Prinzip, welche Entschädigung (Zins) ein Emittent bieten muss, damit ihm Geld geliehen wird.

Punkto Entschädigung kann der Emittent jedoch auch mit dem Ausgabepreis spielen.

Ein Beispiel: Emittent A gibt eine fünfjährige Obligation mit einem Nennwert von 30 000 Franken und einem jährlichen Coupon von 3 Prozent auf den Markt. Per Emission zahlt der Obligationär A dem Emittenten A 30 000 Franken, erhält dafür fünf Jahre lang jedes Jahr eine Zinszahlung von 900 Franken (3 Prozent von 30 000 Franken Nennwert) und am Ende der Laufzeit den Nennwert von 30 000 Franken zurück.

Gesamthaft hat Obligationär A vom Emittenten A eine Entschädigung von 4500 Franken erhalten (5 x 900 Franken).

Anders Emittent B: Er gibt ebenfalls eine fünfjährige Obligation mit einem Nennwert von 30 000 Franken und einem Coupon von 3 Prozent heraus. Aber seine Kreditwürdigkeit (Rating) ist schlechter als die von Emittent A.

Um seine Obligation dennoch im Markt unterbringen zu können, bietet Emittent B sein Papier unter dem Nennwert an, beispielsweise für 29 000 Franken. Obligationär B gibt dem Emittenten B bei der Emission also 29 000 Franken, erhält fünf Jahre lang jedes Jahr eine Zinszahlung von 900 Franken (3 Prozent von 30 000 Franken Nennwert) und am Ende der Laufzeit den Nennwert von 30 000 Franken.

Die gesamte Entschädigung von Obligationär B ist damit höher und beträgt 5500 Franken (5 x 900 Franken plus 1000 Franken). Allerdings bei höherem Risiko wegen der schlechteren Bonität von Emittent B.

Die Differenz zwischen dem Emissionspreis der Obligation und ihrem Nennwert – im obigen Beispiel also 1000 Franken – nennt man im Finanzjargon «Abschlag» oder «Disagio». Dieser wird in Prozenten angegeben. Im Beispiel B handelt es sich um einen Disagio von 3,4 Prozent.

Wird eine Obligation *unter* dem Nennwert herausgegeben, spricht man von einer Emission «unter pari». Die Emission zu 100 Prozent des Nennwertes nennt man einfach nur «pari».

Liegt der Emissionspreis der Obligation *über* dem Nennwert («über pari»), so spricht man von «Aufschlag» oder «Agio».

So schwankt der aktuelle Kurs von Obligationen

Obligationen sind Wertpapiere, die auch während der Laufzeit gekauft und verkauft werden können. Sie können also *bei der* Emission gekauft und *bis* Verfall gehalten werden. Sie können aber auch *nach* Emission gekauft und/oder *vor* Verfall wieder verkauft werden.

Ein Käufer, der seit der Emission dabei ist, ist nicht gezwungen, das Papier bis zum Ende der Laufzeit zu halten. Und wer die Emission verpasst hat, kann auch später noch einsteigen.

Falls die Obligation über eine Börse gehandelt wird, unterliegt ihr aktueller Wert Schwankungen, es ergibt sich ein Handelskurs. Dieser kann höher oder tiefer sein als der Nennwert.

Nachfrage und Bonität steuern den aktuellen Kurs

Der Kursverlauf ergibt sich wie bei Aktien: Ist die Nachfrage gross, steigt der Kurs der Anleihe. Umgekehrt sinkt er. Zudem haben weitere Faktoren einen Einfluss auf den Kurswert einer Obligation – abhängig auch vom komplizierten Wechselspiel an den Finanzmärkten.

Bei Obligationen, die aus Anlegersicht sehr attraktiv sind, kann es durchaus sein, dass der Kurs schon unmittelbar nach der Emission von 100 auf beispielsweise 104 Prozent steigt.

Auch die Kreditwürdigkeit des Emittenten spielt für den Kurswert eine Rolle. Hat zum Beispiel ein Unternehmen mit gutem Rating eine Obligation emittiert und erleidet diese Firma einen geschäft-

Fortsetzung auf Seite 65

Schweizer Pfandbriefe: Geldanlage fast ohne Risiko

Wer keine Börsenexperimente eingehen und nur risikolose Anlagen tätigen will, ist mit Schweizer Pfandbriefen gut bedient. Im Jahr 2008 gab es Pfandbrief-Emissionen im Umfang von über 8 Milliarden Franken.

Die hohe Sicherheit hat allerdings einen im Vergleich zu anderen Obligationen tieferen Zins zur Folge.

Der Pfandbrief ist ein festverzinsliches, obligationenähnliches Wertpapier, das durch Grundpfandforderungen abgesichert ist. Es dient den Banken zur Refinanzierung des Hypothekargeschäfts. Die Verzinsung liegt in der Regel über derjenigen eines Anlagesparkontos und leicht über derjenigen von Kassenobligationen.

Im Gegensatz zu ihren amerikanischen Pendants – den Asset Backed Securities, siehe Seite 75 ff. – sind die europäischen Hypotheken-Obligationen wesentlich stärker gesetzlich reglementiert und dadurch auch viel sicherer. Schweizer Pfandbriefe sind jederzeit durch real existierende Grund- oder Faustpfandforderungen gedeckt. Sie gelten auch als mündelsicher, das heisst, ein Vormund darf das Geld seines Mündels in solche Papiere anlegen.

Zudem ist in der Schweiz die Ausgabe von Pfandbriefen stark eingeschränkt. Nur zwei Institute sind zur Ausgabe berechtigt: Die Pfandbriefzentrale der schweizerischen Kantonalbanken und die Pfandbriefbank schweizerischer Hypothekarinstitute.

Beide Pfandbriefinstitute werden von der Rating-Agentur Moody's mit der Höchstnote Aaa bewertet.

Fazit: Insbesondere Pfandbriefe aus der Schweiz gelten als sehr sichere Obligationen und eignen sich durchaus für vorsichtige Privatanleger. Europäische Pfandbriefe gelten je nach Land ebenfalls als sehr sicher, aber nicht durchgehend. Niederländische oder französische Pfandbriefe zum Beispiel haben nicht dieselben Sicherheitsstandards wie Schweizer Emissionen. Es gibt nur wenige Fonds, die auf sichere Pfandbriefe spezialisiert sind.

Das müssen Sie zum Kauf und Verkauf wissen. Neben Bundesobligationen sind Pfandbriefe die Titelkategorie mit dem höchsten Handelsvolumen im Schweizer Anleihenmarkt. Das hat unter anderem zur Folge, dass diese Wertschriftenkategorie auch in vielen Obligationen-Fonds enthalten ist.

Alle öffentlichen Serien sind an der Schweizer Börse kotiert, die Anleihen werden mit Laufzeiten von 1 bis 10 Jahren und in einer Stückelung von mindestens 5000 Franken gehandelt.

Pfandbriefe kaufen Sie am besten über Ihre Bank. Bei der Emission gelten «Einheitspreise» – jeder Anleger zahlt denselben Preis.

Ein Kostenbeispiel: Beim Kauf von Pfandbriefen für 20 000 Franken fällt eine Bankgebühr (Courtage) von 160 Franken an. Die Mindestgebühr beträgt zum Beispiel bei der Zürcher Kantonalbank 100 Franken.

Pfandbriefe werden aber auch an der Börse gehandelt. Die Kurse variieren im täglichen Börsenhandel. Notiert der Kaufkurs zum Beispiel bei 103,75, bedeutet dies, dass für diesen Pfandbrief an der Börse zurzeit 103,75 Prozent des Nennwerts bezahlt werden müssen. Grund: Dieser Pfandbrief hat einen Coupon (Verzinsung), der über jenem der aktuell emittierten Pfandbriefe liegt, und ist daher stärker gesucht.

Der Börsenhandel für Pfandbriefe läuft gleich ab wie bei Staats- und Unternehmensanleihen. Bei Kauf und Verkauf an der Börse fallen Handels- und Stempelgebühren an. Für die Aufbewahrung im Wertschriftendepot müssen der Bank jährlich Depotgebühren plus Mehrwertsteuer bezahlt werden.

Infos finden Sie im Internet unter www.pfandbriefzentrale.ch sowie unter www.pfandbriefbank.ch. Dort finden Sie auch die Auflistung der laufenden Anleihen mit Zinssatz, Laufzeit und Börsenkurs.

Fortsetzung von Seite 63

lichen Rückschlag, reagieren die Rating-Agenturen mit einem so genannten Downgrading. Das heisst, dem Unternehmen wird aufgrund des grösseren Risikos, dass es seinen Zahlungsverpflichtungen nicht nachkommen könnte, eine schlechtere Kreditwürdigkeitsnote verliehen.

Folge: Aufgrund des höheren Risikos wird kaum noch jemand diese Obligation kaufen wollen. Denn der Coupon wird in der Regel bei der Emission für die gesamte Laufzeit fixiert. Das Risiko ist nach einer Herabstufung also nicht mehr genügend entschädigt. Viele Anleger, welche diese Obligation bereits gekauft haben, möchten sie deshalb loswerden. Die Nachfrage sinkt, das Angebot steigt – und in der Folge verliert die Obligation an Wert.

Wenn sich die Marktzinsen ändern...

Für den Kurswert einer Obligation sind auch die Marktzinsen massgebend. Die kurzfristigen Marktzinsen eines Währungsraums sind hauptsächlich durch die entsprechenden Zentralbanken bestimmt. Hier spricht die Fachwelt auch von Leitzinsen.

In der Schweiz zum Beispiel werden die Leitzinsen weitgehend von der Schweizerischen Nationalbank gesteuert. Ist die Konjunktur schwach, senken die Zentralbanken in der Regel die kurzfristigen Marktzinsen. Damit wollen sie erreichen, dass Private wie auch Unternehmen vermehrt Kredite aufnehmen und dadurch die Konjunktur ankurbeln.

Läuft die Konjunktur hingegen auf Hochtouren, erhöhen die Zentralbanken die kurzfristigen Marktzinsen. So begegnen sie der Gefahr, dass sich die Wirtschaft überhitzt und sich Inflation aufbaut.

Mit der Verteuerung von Krediten versuchen die Zentralbanken, den Ausbau der Produktionskapazitäten der Firmen und den Konsum der Privaten «auf Pump» zu bremsen.

Die Änderung der kurzfristigen Marktzinsen hat vor allem Auswirkungen auf kurzfristige Obligationen.

...bewegen sich auch die Kurswerte der Obligationen

Dazu ein Beispiel: Der kurzfristige Marktzins liegt bei 5 Prozent. Ein Emittent gibt eine zweijährige Obligation A mit einem Coupon von 5 Prozent heraus. Nun senkt die Zentralbank den kurzfristigen Marktzins auf 4 Prozent, weil sie eine Überhitzung der Wirtschaft befürchtet.

Derselbe Emittent möchte nach der Zinssenkung eine weitere zweijährige Obligation B emittieren. Er stattet diese Neuemission aber angesichts der tieferen Marktzinsen nur noch mit einem Coupon von 4 Prozent aus.

Das hat Folgen für die Obligation A: Weil diese einen höheren Coupon zahlt als Obligation B, wird sie auf dem Markt stärker nach-

Fortsetzung auf Seite 67

TIPP

Der Marchzins: Zins und Rendite sind nicht das Gleiche

Wer eine Obligation bei deren Emission (Ausgabe) zu 100 Prozent kauft, jedes Jahr den Zinscoupon kassiert und die Anleihe bis zum Schluss hält, kennt seine Rendite zum Voraus: Sie entspricht dem vereinbarten Zins.

Doch wie berechnet sich die Rendite, wenn ein Käufer eine Obligation während der Laufzeit kauft? Diese «Rendite auf Verfall» wird wesentlich von zwei Faktoren bestimmt: vom aktuellen Kurswert zum Zeitpunkt des Kaufes und vom Marchzins.

Marchzins heisst: Wenn ein Käufer an einem 1. März eine Obligation kauft, deren Zinstermin jeweils am 31. August ist, so geht beim Verkauf der Anteil der bis dahin aufgelaufenen Zinsen an den Verkäufer.

Folge: Beim Zinstermin erhält zwar der Käufer den vollen Coupon ausbezahlt, aber ein Teil davon wurde schon vorher dem Verkäufer überwiesen.

Unter dem Strich kann also der Käufer nur den Zins für die zweite Jahreshälfte bzw. für sechs Monate von März (Kauf) bis August (nächster Zinstermin) für sich behalten.

Die andere Hälfte des Zinses (für das halbe vorangegangene Jahr) wird dem Verkäufer beim Verkauf gutgeschrieben; dieser Vorgang ist auch aus der Tabelle rechts ersichtlich.

Die Zinsfälligkeit ist jeweils aus dem Kotierungsinserat ersichtlich.

Wer das nicht beachtet und eine Obligation mit einem attraktiven Coupon kurz vor dem Zinstermin kauft, tappt in die Marchzinsfalle – denn fast der ganze Coupon für das vergangene Jahr geht an den Verkäufer.

Käufer sollten also versuchen, Obligationen kurz nach dem Zinstermin zu kaufen; Verkäufer sind umgekehrt daran interessiert, Obligationen kurz vor der Fälligkeit des Zinscoupons zu verkaufen.

Solche Renditeberechnungen für Käufer, die beide Komponenten berüchsichtigen, können Sie zum Beispiel auf der Homepage der Schweizer Börse anstellen: www.six-swiss-exchange.com. Sie finden den Rechner unter → Anleihen → Anleihenrechner.

Das Ergebnis entspricht dann der durchschnittlichen Rendite pro Jahr bis zum Ende der Laufzeit dieser bestimmten Anleihe. Sie ist wegen der geschilderten Marchzins-Abrechnungspraxis höher oder tiefer als der Nominalzins.

In der Tabelle auf der Seite rechts sehen Sie zwei Abrechnungsbeispiele und die unterschiedlichen Effekte des Marchzinses. Sie sehen dort auch die Gebühren, die anfallen können.

Die Steuerfalle. In diesem Zusammenhang ist noch Folgendes wichtig: Wer eine laufende Obligation kurz vor dem Zinstermin gekauft und wie geschildert den Marchzins dem Vorbesitzer «abgeliefert» hat, erhält beim Zinstermin trotzdem den vollen Coupon ausgezahlt – und muss nun den vollen Jahreszinsertrag als Einkommen versteuern, wenn dieser beim nächsten Zinstermin anfällt (siehe auch das Kapitel zu den Steuern auf Seite 160).

Aus steuerlicher Sicht kann das bedeuten, dass der bald einmal «eintrudelnde» Marchzins durch die höhere Steuerbelastung glatt aufgefressen wird.

Deshalb der **Tipp**: Ein Käufer sollte nur dann eine Obligation erwerben, wenn der Zinstermin noch mindestens zwei oder drei Monate in der Zukunft liegt.

Übrigens: Bei Dividenden von **Aktien** ist es anders. Sie stehen vollumfänglich demjenigen zu, der am Dividendenstichtag im Besitz der Aktie ist. Der Dividendenwert ist jeweils im Aktienkurs enthalten. Jede Aktie sinkt am Tag der Dividendenausschüttung praktisch um den Wert der Dividende. Beim Kauf kurz danach steht jeweils sogar im detaillierten Kursblatt «ex», was so viel bedeutet wie «ex Dividende», also nach Ausschüttung der Dividende.

Fortsetzung von Seite 65

gefragt – und folglich steigt ihr Kurswert.

Das Gegenteil geschieht bei einer Zinssteigerung: Steigt der kurzfristige Marktzins auf 6 Prozent, will niemand mehr die Obligation A kaufen, weil inzwischen ähnliche Obligationen mit höheren Zinsen erhältlich sind. Der Kurswert der Obligation A sinkt.

Die auf den ersten Blick paradoxe Konsequenz lautet also, dass fallende Zinsen zu steigenden Kursen von Anleihen führen, und steigende Zinsen haben fallende Kurse von Anleihen zur Folge.

Fazit: Wer in Tiefzinsphasen eine länger laufende Obligation mit einem vergleichsweise niedrigen Zinscoupon kauft, dem drohen bei einem vorzeitigen Verkauf Kursverluste, falls das allgemeine Zins-

Kauf und Verkauf einer Obligation: Zwei Beispiele

Die Tabelle zeigt, wie sich der aktuelle Kurs, der Verfallstermin, der Marchzins und der Verkaufszeitpunkt auf den Preis auswirken – jeweils aus der Sicht des Käufers und des Verkäufers. Die Daten galten für den den 17. Juli 2009. Bei der Bankgebühr (Courtage) handelt es sich um die Tarife der Zürcher Kantonalbank. Sie kann auch höher ausfallen.

Beispiel 1

3½% Europäische Investitionsbank
Rating AAA, Valor 987 874
Verfall: 28.1.2014
nächster Zinstermin: 28.1.2010
Nennwert: 20 000.–

Abrechnung für den Käufer	in Fr.
Preis beim aktuellen Börsenkurs von 107,35	21 470.–
Marchzins (28.1.2009 bis 17.7.2009 = 169 Tage) 3,5% von 20 000.– : 360 x 169	+ 328.61
Courtage für die Bank (0,4%)	+ 85.88
Börsengebühr (0,005%)	+ 2.–
Stempel/Umsatzabgabe (0,15%)	+ 32.70
Total Kaufpreis	**21 919.19**
Rendite auf Verfall für den Käufer	*1,811%*

Abrechnung für den Verkäufer	
Preis beim aktuellen Bösenkurs von 107,35	21 470.–
Marchzins vom Käufer für die 169 Tage	+ 328.61
Courtage für die Bank (0,4%)	– 85.88
Börsengebühr (0,005%)	– 2.–
Stempel/Umsatzabgabe (0,15%)	– 31.71
Total Erlös	**21 679.02**

Beispiel 2

2⅜% Europäische Investitionsbank
Rating AAA, Valor 2 180 394
Verfall: 10.7.2020
nächster Zinstermin: 28.1.2010
Nennwert: 20 000.–

Abrechnung für den Käufer	in Fr.
Preis beim aktuellen Börsenkurs von 96,30	19 260.–
Marchzins (10.7.2009 bis 17.7.2009 = 7 Tage) 2,375% von 20 000.– : 360 x 7	+ 9.24
Courtage für die Bank (0,4%)	+ 77.04
Börsengebühr (0,005%)	+ 2.–
Stempel/Umsatzabgabe (0,15%)	+ 28.90
Total Kaufpreis	**19 377.18**
Rendite auf Verfall für den Käufer	*2,763%*

Abrechnung für den Verkäufer	
Preis beim aktuellen Börsenkurs von 96,30	19 260.–
Marchzins vom Käufer für die 7 Tage	+ 9.24
Courtage für die Bank (0,4%)	– 77.04
Börsengebühr (0,005%)	– 2.–
Stempel/Umsatzabgabe (0,15%)	– 28.90
Total Erlös	**19 161.30**

niveau wieder steigt. Dagegen hilft nur eines: Die Anleihe bis zum Schluss halten.

Langfristige Obligationen zahlen attraktivere Coupons

Die langfristigen Marktzinsen sind hauptsächlich vom Markt bestimmt. Sie sind in der Regel höher als die kurzfristigen. Denn je länger jemand Geld ausleiht, desto höher ist sein Risiko, dass der Schuldner bis zum Zeitpunkt der vereinbarten Rückzahlung den Kredit nicht mehr bedienen kann, sprich in einen Liquiditätsengpass gerät oder gar Konkurs anmelden muss.

Aufgrund dieses höheren Risikos wird bei langfristigen Obligationen auch eine umso höhere Entschädigung gezahlt (siehe S. 58).

Änderungen der langfristigen Marktzinsen beeinflussen die Kurse der langfristigen Obligationen viel stärker, als es Änderungen der kurzfristigen Marktzinsen bei kurzfristigen Obligationen tun.

Bei den Marktzinsen – ob kurzfristig oder langfristig – spielen

CH-Aktien und -Obligationen: Wertentwicklung 1926 bis 2008

Die Grafik zeigt die *reale* Wertentwicklung für Schweizer Aktien und Obligationen; die Zahlen sind also inflationsbereinigt. Eine Erstinvestition von 100 Franken wäre demnach im Beobachtungszeitraum mit Obligationen auf 600 und mit Aktien auf 6982 Franken angestiegen.

Durchschnittlich rentierten Aktien in den letzten 82 Jahren real 5,25 % pro Jahr, Obligationen real 2,18 % pro Jahr. Die Grafik zeigt, dass die Kurse von Aktien stärker schwanken als diejenigen von Obligationen.

Auf realer Basis betrug der grösste Aktien*verlust* im Beobachtungszeitraum minus 37,83 % (im Jahr 1974), bei Obligationen minus 10,93 % (1973).

Die grösste reale Wert*zunahme* bei Aktien war plus 56,24 % (1985), bei Obligationen waren es plus 14,87 % (1976).

Bei der Darstellung handelt es sich übrigens um eine sogenannte logarithmische Skala, die grosse Wertbereiche und Wertunterschiede auf einen platzsparenden Raum «verkleinert».

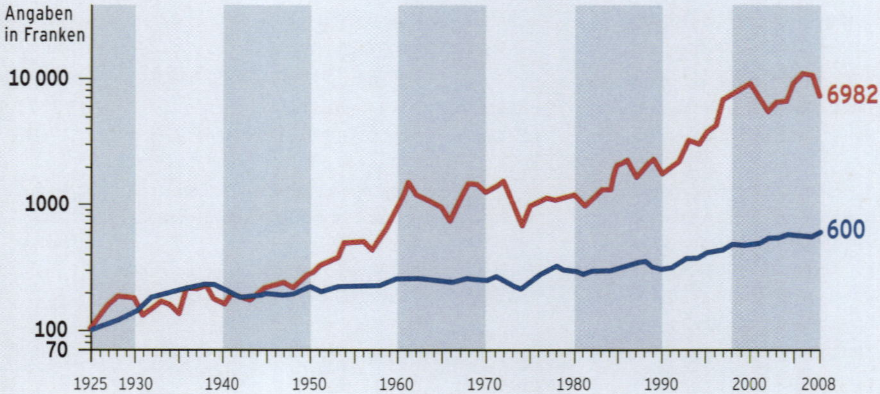

QUELLE: PICTET

auch die internationalen Zinsunterschiede eine grosse Rolle. Hat etwa die amerikanische Zentralbank die kurzfristigen Marktzinsen auf 3 Prozent gesenkt und liegen diese in der Schweiz bei 4 Prozent, sind Obligationen in Franken interessanter als in Dollar. Folglich werden viele Anleger ihre Dollar-Obligationen verkaufen und aufgrund des höheren Coupons Franken-Obligationen kaufen, was deren Kurse steigen lässt.

Wer bis zum Verfall hält, kann Kursschwankungen ignorieren

Wichtig für den Kurswert von Obligationen sind auch Währungsveränderungen. Der Franken ist für viele eine beliebte Fluchtwährung, wenn weltweit die Unsicherheit auf den Finanzmärkten wächst. In solchen Zeiten steigt auch die Nachfrage nach Franken-Obligationen, was sowohl ihren Kurswert steigert, als auch die Schweizer Währung etwa gegenüber dem Dollar stärker macht. Sind neben guten Aussichten für den Franken auch noch die Marktzinsen in der Schweiz höher, hat dies nochmals einen positiven Effekt auf Anlagen in Franken-Obligationen.

Fazit: Wer eine Obligation mit Nennwert 30 000 Franken gekauft hat und diese vor Verfall veräussert, kassiert unter Umständen sehr viel mehr als 30 000 Franken.

Möglich ist auch, dass man eine Obligation über die Börse für einen Kurswert von 40 000 Franken kauft, per Verfall aber doch nur den Nennwert von 30 000 Franken erhält.

Wichtig ist aber: Wer seine Obligationen bis Verfall – also während der ganzen Laufzeit – halten will, muss sich über solche Kursschwankungen während der Laufzeit keine Sorgen machen. Der aktuelle Kurs kann noch so schwanken – den Nennwert sowie den Zins erhält man immer, solange der Schuldner nicht in Zahlungsschwierigkeiten gerät.

Besser schlafen mit Obligationen...

Obligationenkurse schwanken in der Regel viel weniger stark als jene von Aktien – vor allem bei Obligationen von sehr sicheren Emittenten wie beispielsweise der Eidgenossenschaft (siehe Seite 61). Beim Obligationenkauf ist also das Verlustpotenzial viel geringer.

Dafür ist umgekehrt auch das Gewinnpotenzial bedeutend kleiner.

Eine alte Börsenweisheit lautet denn auch: «Mit Aktien lebt man besser, mit Obligationen schläft man besser.»

Im langfristigen Vergleich konnten Anleger mit Aktien viel mehr verdienen als mit Obligationen; das zeigt die Grafik auf der Seite links.

Spezielle Obligationen für wagemutige Anleger

Die Welt der Obligationen ist sehr vielfältig. Es gibt neben den klassischen Staats- und Unternehmens-Anleihen sehr viele Spezialfälle, Unterarten und Spielformen.

Die Kosten für ein Musterportfolio von rund 240 000 Franken

Was kostet es, ein Depot mit einem durchschnittlichen Bestand von 240 000 Franken zu halten, auf dem der Anleger ab und zu Aktien und Obligationen kauft bzw. verkauft?

Bei der Migros Bank zahlt er dafür Gebühren von insgesamt rund 800 Franken pro Jahr, wenn er via Internet handelt, oder rund 1200 Franken, falls er die Aufträge konventionell seinem Kundenberater erteilt (Stand Herbst 2009).

Das sind die Einzelheiten der Gebührenstruktur im konkreten Fall:

- Der Besitzer tätigt während der Beobachtungszeit von einem Jahr 6 Transaktionen mit Aktien und Obligationen in der Grössenordnung zwischen 500 und 50 000 Franken.
- Diese Transaktionen kosten bei der Migros Bank eine pauschale Fixgebühr (Courtage) von je 40 Franken via Internet oder je 100 Franken via Bankberater.
- Bei einem Kaufbetrag von 5000 Franken machen 100 Franken 2 Prozent aus – das ist relativ viel. Liegt der Transaktionsbetrag hingegen bei 50 000 Franken, sind es nur noch 0,2 Prozent – was günstig ist. Dies ist der Vor- bzw. Nachteil der Fixgebühr: Je höher die Transaktionssumme, desto günstiger der Kauf – und umgekehrt.

Tipp: Achten Sie darauf, dass Sie für Transaktionen nie mehr als 1 Prozent der Kauf-/Verkaufssumme als Courtage zahlen müssen.

Vergessen Sie aber nicht: Bei der Courtage haben die Banken in der Regel eine Mindestgebühr von 50 oder 100 Franken. Wer mit kleinen Summe handelt, zahlt sehr viel.

- Die Depotgebühr kostet hier bei einem durchschnittlichen Bestand von 240 000 Franken jedes Jahr 497 Franken oder 0,2 Prozent.
- In den 800 bzw. 1200 Franken sind auch die Börsengebühren und Stempelabgaben enthalten.

Wie gesagt: Das sind Zahlen der Migros Bank. Für den konventionellen Weg via Kundenberater ist die Migros Bank im Vergleich zur Konkurrenz sehr günstig. Für den Online-Handel gibt es günstigere Plattformen (siehe Kasten auf Seite 121).

Im Folgenden sind die wichtigsten aufgezählt:

■ Hochzins-Obligationen

Bei Obligationen von Emittenten mit sehr schlechter Kreditwürdigkeit ist nie klar, ob und wann die Zinsen gezahlt werden und ob der Anleger überhaupt den Nennwert am Laufzeitende zurückerhält.

Solche Emittenten kommen nur dann zu Geld, wenn sie einen sehr hohen Coupon zahlen. Im englischen Sprachgebrauch haben sich für diese Kategorie von Obligationen die Bezeichnungen «High Yield Bond» und «Junk Bond» eingebürgert. «High Yield» gibt einen Hinweis auf hohe Coupons, während «Junk» so viel bedeutet wie «Schrott».

Im deutschen Sprachraum spricht man daher auch von Schrott-Anleihen oder Schrott-Obligationen.

Herausgeber solcher Schrott-Papiere sind auch an ihren miesen Ratings zu erkennen (siehe Erläuterungen auf Seite 57).

Emittenten von Hochzins-Obligationen sind in erster Linie Unternehmen. Es gibt aber auch staatliche Emittenten, die mit sehr hohen Coupons locken.

Hochzins-Obligationen sind nicht nur aufgrund der hohen Coupons interessant. Solche Anleihen können auch einen sehr starken Anstieg des Kurswerts erfahren. Etwa wenn es einem Emittenten gelingt, ein gut laufendes, stabiles Geschäft aufzubauen. In solchen Fällen erhöhen die Rating-Agenturen die Ratings für das Unternehmen. Das Risiko sinkt, der Kurs steigt, während gleichzeitig ein hoher Coupon winkt.

Umgekehrt existieren auch riskante Obligationen, die bei der Emission noch nicht als solche eingeschätzt wurden. Hier war der Schuldner ursprünglich ein gesundes Unternehmen und hat «normale» Obligationen mit einem «normalen» Zins emittiert. Doch irgendwann hat die Firma aufgrund grosser geschäftlicher Probleme eine starke Herabstufung des Ratings erfahren. Die Obligationen von solchen Firmen werden damit sehr riskant, zahlen aber keinen dem hohen Risiko entsprechenden Coupon.

Vor Beginn der Restrukturierung im Jahr 2002 war ABB ein Beispiel dafür, und das Rating des Konzerns fiel gemäss Moody's bis auf B1 – also auf Schrott-Niveau.

Fazit: Hochzins-Obligationen sind sehr spekulativ und riskant und daher für unerfahrene Anleger nicht geeignet. Wer trotzdem zu Anleihen aus der Hochzins-Kategorie greift, sollte sich vor dem Kauf sehr intensiv über die Firma informieren oder nur Geld einsetzen, das durchaus an der Börse verlorengehen darf.

Variante: Es existieren diverse Fonds, die auf bestimmte Branchen, Regionen oder gar Ratings spezialisiert sind.

- **Schwellenländer-Obligationen**

In diese Kategorie fallen Staats-Obligationen aus den Schwellen-

TIPP

Hochzins-Anleihen an unbekannte Firmen? Hände weg!

2005 haben viele Anlegerinnen und Anleger Obligationen der Zürcher Finanzgesellschaft Swisskap gezeichnet. Swisskap lockte mit einem Zins von jährlich 5,75 Prozent für ihre 40-Millionen-Euro-Anleihe. Versprochen wurden Investitionen «in wertbeständige, vollvermietete Immobilien». Zum Vergleich: Fünfjährige Kassenobligationen der Banken rentierten zum damaligen Zeitpunkt nur gerade mit rund 1,5 Prozent.

Die Zeitschrift K-Geld warnte denn auch: «Es droht der Totalverlust.»

Der ist inzwischen eingetroffen: Im Februar 2009 wurde über Swisskap der Konkurs eröffnet. 2008 beliefen sich die eingeleiteten Betreibungen gegen die Gesellschaft auf 17,9 Millionen Franken. Es ist nicht anzunehmen, dass die Obligationäre aus dem Konkurs noch Geld erhalten. Gegen die Verwaltungsräte läuft ein strafrechtliches Ermittlungsverfahren. Und eine deutsche Anlegergemeinschaft will wegen Kapitalanlagebetrugs klagen.

Das Beispiel zeigt: Wer sich von unüblich hohen Zinsen locken lässt, geht ein hohes Risiko ein – nicht nur mit Aktien vom Graumarkt, sondern auch mit Firmen-Anleihen.

Und: Die Swisskap hat die Anleihen selber verkauft, ohne eine Bank einzuschalten. Wer solche «Direktkäufe» tätigt, geht ein hohes Risiko ein.

Tipps:

- Die Finanzzeitschrift K-Geld berichtet immer wieder über aktuelle Angebote, von denen Anleger besser die Finger lassen.
- Auf der Homepage des K-Tipp (www.ktipp.ch) finden Sie laufend aktualisierte Warnlisten zu dubiosen Finanzangeboten, schlechten Finanzberatern und unseriösen Geldanlagefirmen.

TIPP

Infos zu laufenden und neuen Anleihen

Weil die meisten Anleihen auch an der **Börse** gehandelt werden, findet sich auf der Homepage der Schweizer Börse fast das gesamte aktuelle Angebot – über 4800 Titel (www.six-swiss-exchange.com). Unter dem Stichwort «Anleihen» finden Sie sämtliche Emittenten mit ihren derzeit laufenden Obligationen sowie Laufzeit, Zins und aktuellem Kurs des einzelnen Titels.

Bei vielen Einzeltiteln können Sie beim Stichwort «Stammdaten» auch das Kotierungsinserat einsehen, das unter anderem das Rating enthält.

Unter «Stammdaten» erfahren Sie von den einzelnen Titeln auch die kleinste handelbare Einheit, die Sie kaufen können, sowie die Zinshäufigkeit (zum Beispiel «1x pro Jahr»). Auch der Rückzahlungstermin ist angegeben.

Infos zu **Neuemissionen** erhalten Sie bei Ihrer Bank oder in Finanzzeitungen (etwa der «Neuen Zürcher Zeitung» oder «Finanz und Wirtschaft»). Schweizer Banken haben eine umfassende Liste aller anstehenden inländischen und ausländischen Emissionen. Zudem verfügen Banken bei diversen Emissionen über fixe Zuteilungen, aus denen sie ihre Kunden bedienen können (siehe Kasten auf Seite 76).

ländern wie Brasilien, die neuen EU-Mitglieder oder Süd-Korea. Schwellenländer-Obligationen wurden früher vor allem in Dollars oder Euros emittiert, neuerdings kommen immer öfter auch Obligationen in den entsprechenden Landeswährungen auf den Markt.

Die Obligationen von Schwellenländern zahlen meist einen hohen Zins. Denn in den Schwellenländern ist die politische und wirtschaftliche Situation noch nicht so stabil wie in den Industrienationen. Dadurch ist das Risiko höher, was ein Anleger natürlich mit einem höheren Coupon entschädigt haben will. Bei Emissionen in der entsprechenden Landeswährung kommt noch ein hohes Währungsrisiko dazu.

Umgekehrt könnten die Renditechancen bei Schwellenländer-Obligationen sehr gross sein – nicht nur wegen der hohen Coupons. Denn durch die Einbindung in die globale Weltwirtschaft stabilisiert sich in diesen Ländern langsam die politische und wirtschaftliche Situation, was langfristig mit einem sinkenden Zinsniveau einhergeht.

Fazit: Schwellenländer-Obligationen sind für Laien sehr riskant und als Einzeltitel nur für erfahrene Anleger geeignet, die einen langfristigen Anlagehorizont haben. Wie bei Hochzins-Obligationen ist es vor dem Kauf unbedingt nötig, sich sehr gut über die einzelnen Emittenten zu informieren.

Dass Warnungen vor Schwellenländer-Obligationen keine leeren Worte sind, hat Argentinien bewiesen. Das südamerikanische Land ist ab 1998 in eine schwere Finanzkrise geraten und hatte 2002 die Coupon-Zahlung und sogar die Schuldentilgung eingestellt.

Damals waren Argentinien-Obligationen in der Höhe von 43 Milliarden Dollar ausstehend. Viele Gläubiger mussten auf einen grossen Teil ihrer Guthaben verzichten. Darunter befanden sich sehr viele private Gläubiger aus Europa – auch aus der Schweiz. Inzwischen hat sich die argentinische Wirtschaft erholt, der Staat emittiert wieder Obligationen.

Inflationsgeschützte Obligationen

Wenn die Inflation hoch ist, frisst die Teuerung den Zins auf. Mit inflationsgeschützten Obligationen lässt sich das verhindern. Denn die Auszahlung am Ende der Laufzeit ist inflationsbereinigt: Der ausbezahlte Betrag entspricht der ursprünglichen Kaufkraft der Anlage, weil er um die Geldentwertung aufgestockt wird.

Doch diese Absicherung ist nicht gratis, denn sie wird durch eine schlechte Verzinsung erkauft. Bleibt die Teuerung also stabil oder sinkt sie gar, ist der Anleger gegenüber einer normalen Obligation mit besserem Zins auf der Verliererseite. Zieht die Inflation dagegen über Erwarten an, profitiert er von der sicheren Rendite.

Inflationsgeschützte Obligationen wurden bisher nur von Staaten emittiert. Der Markt für inflationsgeschützte Obligationen wird von Dollar- und Euro-Emissionen dominiert, und es gibt noch keine Franken-Produkte (aber entsprechende Fonds).

Inflationsgeschützte Obligationen sind nicht nur als Schutz gegen die Inflation gut zu gebrauchen; sie haben seit 2000 auch renditemässig besser abgeschnitten als vergleichbare herkömmliche Staats-Obligationen.

Inflationsgeschützte Obligationen werden bisweilen auch als Floating Rate Notes emittiert (siehe Seite 78f.). Das heisst, dass sich nicht nur die Schlussauszahlung, sondern auch der Zinscoupon an die Inflation anpasst.

Fazit: Inflationsgeschützte Obligationen sind in der Regel sichere Obligationen und können von Privatanlegern durchaus als Einzelobligationen gekauft werden. Da es noch keine Franken-Produkte gibt, besteht ein Währungsrisiko. Bequemer als der Kauf von Einzelobligationen ist die Fonds-Lösung. Es existieren diverse Fonds, die auf bestimmte Währungsräume spezialisiert sind.

Wandel-Obligationen

Eine ganz spezielle Kategorie sind Wandel-Anleihen. Die auch als Convertibles oder Wandler bezeichneten Wertpapiere werden – nur von Unternehmen – zunächst als «normale» Obligationen mit einem Coupon auf den Markt gebracht.

Zusätzlich sind Wandel-Obligationen aber mit einer Option ausgestattet – einem Recht, während einer bestimmten Frist die Obligation zu einem bestimmten Preis in Aktien des Unternehmens umzutauschen (zu wandeln).

Für die Anleger hält diese Konstruktion viele Vorteile bereit. Denn solange nicht gewandelt wird, fliessen regelmässige Zinszahlungen. Durch die Bevorzugung von Gläubigern geniessen Anleger mit Wandel-Obligationen zudem einen gewissen Schutz vor einem Zahlungsausfall des Emittenten.

Erwartet ein Anleger, dass der Kurs der Aktien des Unternehmens steigen wird, kann er vom Wandel-Recht Gebrauch machen. Allerdings nur, wenn der in der Option festgelegte Wandel-Kurs erreicht ist und nur während der festgelegten Wandel-Frist.

Der Kurs der Aktie des Unternehmens muss daher erst ein gewisses Niveau erreichen, damit man vom Wandel-Recht Gebrauch machen kann. Gegen unten sind somit die Verlustrisiken begrenzt,

CHECKLISTE

Die Wahl der richtigen Obligation: Die wichtigsten Punkte

- **Das Wichtigste:** Achten Sie auf die **Bonität** des Schuldners. Zinszahlungen und Rückzahlungen von Anleihen sind nur gewährleistet, wenn der Schuldner stabil und zahlungskräftig ist und das auch bleibt. Kaufen Sie keine Anleihe, die nicht mindestens ein «A» in der Bonitätseinstufung hat.
- Streuen Sie das Emittentenrisiko! Wer sein Geld nur einem einzigen Herausgeber anvertraut, geht ein unnötiges Klumpenrisiko ein. Vorsichtige Anleger verteilen das Risiko auf verschiedene Anleihen.
- Kaufen Sie Obligationen gestaffelt und mit verschiedenen Laufzeiten, damit nicht alle gleichzeitig verfallen und Sie plötzlich eine Menge Geld wiederanlegen müssen.
- Lassen Sie sich nicht von **hohen Zinsen** (Coupons) blenden. Damit verbunden ist immer ein erhöhtes Ausfallrisiko.
- Bei Obligationen in ausländischen Währungen nehmen Sie ein Währungsrisiko in Kauf. Je höher der Zins, desto höher ist in der Regel auch das Währungsrisiko. Wer auf Sicherheit bedacht ist, zeichnet Anleihen jenes Landes oder jener Währungszone, in der er dauerhaft wohnt und seinen Lebensunterhalt bestreitet.
- Insbesondere **Staats-Obligationen** aus den Industrienationen gelten als sehr sicher und können von Privatanlegern durchaus als Einzeltitel gekauft werden. Das betrifft insbesondere die «Eidgenossen».
- Anleihen von **Kantonen, Gemeinden und internationalen Organisationen** sind in der Regel sicher. Dennoch ist insbesondere bei Emissionen von Gemeinden und internationalen Organisationen eine vertiefte Informationsbeschaffung nötig.
- Die Vielfalt an **Unternehmens-Obligationen** ist sehr gross. Die intensive Informationsbeschaffung ist beim Kauf von Einzelobligationen in jedem Fall nötig. Für Privatanleger ohne grosse Finanzkenntnisse drängt sich die Fondslösung auf. Der Markt bietet unzählige Fonds, die auf Unternehmens-Obligationen aus bestimmten Branchen oder Regionen spezialisiert sind.
- Ob Anlegerinnen und Anleger besser mit Staatsobligationen bzw. Anleihen von staatsnahen Betrieben oder mit Unternehmensobligationen fahren, hängt vom jeweiligen konjunkturellen Umfeld ab.
- Die in diesem Kapitel aufgeführten speziellen Obligationen (Seite 69ff.) haben eines gemeinsam: Für Privatanlegerinnen und Privatanleger ohne vertiefte Kenntnisse ist es sehr schwierig, an die nötigen Informationen zu gelangen, die es für einen Kauf braucht. In vielen Fällen sind die entsprechenden Angaben auch schwer zu verstehen.
- Privatanleger ohne vertiefte Kenntnisse sollten keine Einzeltitel, sondern entsprechende **Anlagefonds** kaufen; es gibt sie für die meisten Obligationen-Kategorien. So müssen sich Laien nur noch für die Kategorie entscheiden; die Wahl der (hoffentlich besten) Einzeltitel übernimmt dann das Fonds-Management. In Fonds ist zudem das Ausfallrisiko auf viele Emittenten verteilt.
- Es gibt auch diverse Fonds, die auf Staatsanleihen bestimmter Länder, Regionen oder Währungsräume spezialisiert sind. Aber: Weil das Risiko von Staats-Obligationen sehr klein und die Rendite entsprechend gering ist, bleibt nach Abzug der Fondskosten oft kein Ertrag mehr übrig.

gegen oben die Gewinnchancen aber offen. Man spricht hier auch von einem asymmetrischen Chancen-Risiko-Profil. Allerdings kann nicht zurückgewandelt werden.

Wandel-Obligationen zahlen in der Regel tiefere Coupons als vergleichbare herkömmliche Obligationen. Zudem ist das Kursverhalten von Wandel-Obligationen sehr schwer zu bestimmen, da hier zusätzlich zur Kreditwürdigkeit des Unternehmens, dem Marktzins, der Inflationserwartung und der Währungsbewegung auch der Kurs der Aktie und der sogenannte Options-Wert eine Rolle spielen.

Fazit: Wandel-Obligationen sind vom Risiko her irgendwo zwischen Staats-Obligationen und Aktien einzuordnen, haben aber historisch gesehen ein besseres Chancen-Risiko-Verhältnis. Als Einzelobligation sind sie für Privatanleger aber nur bedingt geeignet, da eine vertiefte Informationsbeschaffung nötig ist. Zudem sind die Produkte eher kompliziert.

Es existieren diverse Fonds mit Wandel-Obligationen, die auf bestimmte Währungsräume spezialisiert sind.

Der ehemalige Wirtschaftsprofessor Walter Wittmann schreibt kritisch: «Wandelanleihen sind meist ein sehr gutes Geschäft für das entsprechende Unternehmen, nicht aber für den Anleger.»

■ Asset Backed Securities

Die Immobilienkrise in den USA und die darauffolgende weltweite Finanzkrise von 2008/2009 haben eine Obligationen-Kategorie schlagartig berühmt gemacht: die Asset Backed Securities (ABS).

Diese Art von Anleihen gibt es in den USA schon seit den 1970er-Jahren. Dabei handelt es sich im Prinzip um eine «Verbriefung» von Krediten, was vor allem im Hypothekarbereich Anwendung findet. Diese Obligationen werden auch als Mortgage Backed Securities (MBS) bezeichnet.

Und so funktioniert(e) es: Sehr viele Immobilieneigentümer nehmen für den Kauf einer Liegenschaft einen Hypothekarkredit bei einer Bank auf, werden also zum Schuldner gegenüber einem Finanzinstitut. Die Bank erhält vom Kreditnehmer dafür regelmässige Zahlungen – den Hypothekarzins.

Wundersame Verwandlung eines Kredits in ein Wertpapier

Hat ein Finanzinstitut sehr viele Hypothekarkredite an einen bestimmten Typus von Hypothekarschuldnern vergeben – beispielsweise an Private mit ähnlicher Kreditwürdigkeit oder an Unternehmen aus einem bestimmten Dienstleistungsbereich –, entsteht für sie ein Klumpenrisiko.

Denn falls gerade diese Gruppe von Schuldnern in eine finanzielle Misere gerät und die Hypothekarkredite nicht mehr zahlen kann, könnte die Bank in Bedrängnis geraten.

Um das Risiko zu streuen, bündeln die Finanzinstitute die Hypothekarkredite von ähnlichen Schuldnern, verpacken (verbrie-

Fortsetzung auf Seite 77

TIPPS

Hinweise zum Kauf und Verkauf von Obligationen

Kauf bei Neuemission

- Obligationen aus Emissionen kann man in den meisten Fällen nur über eine Bank «zeichnen», also kaufen. Selbst «Eidgenossen» sind nicht direkt über die Bundestresorerie zu zeichnen. Online sind nur bereits börsengehandelte Anleihen zu kaufen.
- In der Regel erfolgt die Ausgabe zum Nennwert von 100 Prozent. Der Ausgabepreis kann aber auch leicht darunter oder darüber sein.
- Infos zur Neuemission von Pfandbriefen und «Eidgenossen» finden Sie in den Kästen auf den Seiten 61 und 64.
- Die Zürcher Kantonalbank verlangt zum Beispiel für den Kauf einer inländischen Neuemission im Wert von 50 000 Franken eine Courtage von 0,8 Prozent des Emissionspreises, also 400 Franken. Eine zusätzliche Emissionsabgabe fällt hier nicht an. Die Depotgebühr für ein Jahr beträgt dann 100 Franken.
- Ist absehbar, dass die Marktzinsen stark steigen werden, empfiehlt es sich, den Kauf einer Obligation aufzuschieben und Emissionen mit höheren Coupons abzuwarten.
- Bei Anleihen mit sehr vorteilhaften Emissionsbedingungen (etwa von Unternehmen) kann es vorkommen, dass das Emissionsvolumen wegen zu grossem Interesse aus der Anlegerschaft überzeichnet ist. Im schlechtesten Fall kriegen diese Investoren keine Obligation aus der Emission, sondern können nur auf dem Markt zu inzwischen gestiegenem Kurs einkaufen.
- Passen Sie auf, wenn Sie Neuemissionen direkt beim Emittenten kaufen. Oft sind es unseriöse Herausgeber, die ihre Anleihen oder ähnliche Produkte direkt an den Mann bringen.

Kauf von laufenden Obligationen an der Börse (Transaktionskosten)

- Eine typische Kaufabrechnung für eine laufende Obligation sehen Sie in der Tabelle auf Seite 67. Der Käufer zahlt also nebst dem eigentlichen Kaufpreis auch eine von der Anlagesumme abhängige Courtage an die Bank, die eidgenössische Umsatzabgabe (oft Stempelgebühr genannt) sowie eine kleine Börsengebühr.
- Bei dieser Abrechnung auf Seite 67 beläuft sich die Courtage der Bank auf 0,4 Prozent. Es können aber auch 0,9 Prozent oder mehr sein.

  Bei Obligationen im Wert von 100 000 Franken kassieren etwa UBS und Credit Suisse 900 Franken.

  Bei elektronischer Auftragserteilung an die Bank oder an einen Online-Broker gelten erheblich tiefere Ansätze als beim Weg über den Bankberater.
- Ausgabe- und Rücknahmegebühren fallen bei Obligationen keine an (aber bei Obligationen-Fonds, siehe Seite 121 f.). Hingegen ist beim Handel über die Börse die eidgenössische Stempelabgabe fällig; diese entfällt beim Kauf direkt aus Emission.
- Der Kauf und Verkauf über ein Online-Portal ist – ob Einzelobligation oder Obligationen-Fonds – billiger (siehe Kasten auf Seite 121).
- Wer Obligationen im Portefeuille hat, muss auch Depotgebühren bei der Bank zahlen. Die Depotkosten bewegen sich bei tiefen Depotwerten zwischen 0,18 (ZKB) und 0,25 Prozent (CS) jährlich. Hinzu kann eine jährliche Gebühr pro Position kommen.

  Einen Kostenüberblick sehen Sie im Kasten auf Seite 70.
- Bei Obligationen mit hohem Coupon sind die Risiken wie auf Seite 70 f. erwähnt höher und somit auch die Kursschwankungen grösser. Bei grösseren Kurseinbrüchen ist es ratsam, bis zum Verfall zu warten und sich den Nennwert auszahlen zu lassen (falls der Schuldner eine gute Bonität hat). Bei Kursgewinnen von mehreren Prozentpunkten kann hingegen ohne weiteres vor Verfall verkauft werden.

Fortsetzung von Seite 75

fen) sie in Asset Backed Securities und verkaufen diese unüberschaubaren Kreditbündel unter klangvollen Namen an der Börse.

Anders ausgedrückt: Finanzinstitute geben handelbare Wertpapiere heraus, die durch die bei den Banken aufgekauften Kreditforderungen abgesichert sind.

Das Zauberwort ist also die Verbriefung – die Verwandlung eines Kredits in ein handelbares Wertpapier.

So weit, so gut. Doch Ende 2007 haben Asset Backed Securities ihre Unschuld verloren. Denn aufgrund der bis 2007 sehr tiefen Markt- und Hypothekarzinsen in den USA haben sehr viele Private auch mit schlechter Kreditwürdigkeit – aus dem sogenannten Subprime-Segment – Hypothekarkredite in Anspruch genommen.

Vielfach wurden Häuslebauern ohne jegliches Eigenkapital und Lohnnachweis Hypothekarkredite zu sehr günstigen Konditionen fast nachgeworfen, weil die Banken im konjunkturell guten Umfeld hohe Gewinne witterten.

Auch diese Hypothekarkredite wurden verbrieft und an der Börse als verschachtelte und höchst komplexe Produkte verkauft. Gleichzeitig bezeichneten die Rating-Agenturen diese Subprime-Wertschriften und die daraus geschnürten unüberschaubaren Kreditbündel fälschlicherweise als sehr sicher.

In der Folge stiegen viele Banken weltweit in den Subprime-Markt ein. Angesichts der teilweise sehr hohen Coupons wurde vernachlässigt, diese Asset Backed Securities bankintern einer genaueren Risikoanalyse zu unterziehen.

Verschlimmernd kam hinzu, dass der Versicherungskonzern AIG diese Risiken auch noch quasi gegen Ausfall versicherte, sie also noch sicherer erscheinen liess.

Das Dumme war nur: Die AIG war finanziell gar nicht in der Lage, für die vielen Absicherungen geradezustehen.

Experte fordert ein Verbot der Verbriefungen

Als sich die Konjunktur in den USA verlangsamte, konnten sehr viele Hypothekarschuldner aus dem Subprime-Segment die Hypothekarzinsen nicht mehr zahlen.

Als erste gerieten in der Folge diejenigen Banken in grosse Schwierigkeiten, die unter der Hypothekarkundschaft viele Schuldner mit schlechter Kreditwürdigkeit hatten. Dann aber auch Institute, die Asset Backed Securities aus dem Subprime-Segment gekauft hatten.

In der Folge hat sich die Immobilienkrise in den USA sogar zu einer globalen Finanzkrise ausgeweitet, von der weite Teile der Weltwirtschaft betroffen wurden.

Inzwischen fordert der pensionierte Wirtschaftsprofessor Walter Wittmann schlicht ein Verbot solcher Verbriefungen.

Das sei «ein entscheidender Beitrag zur Bekämpfung der organisierten Verantwortungslosigkeit, wie sie in der Finanzbranche üblich ist».

Fazit: Solange das Vertrauen der professionellen Anleger in diese Obligationen-Kategorie nicht zurückgekehrt ist, sollten Privatanleger Asset Backed Securities nicht kaufen – weder als Einzelobligation noch als ABS-Fonds.

■ Null-Coupon-Obligationen

Bei Null-Coupon-Obligationen gibt es keine Zinszahlung; dafür werden sie weit unter dem Nennwert herausgegeben, sodass dem Anleger bis zum Ende der Laufzeit als Ersatz ein Kursgewinn winkt. Null-Coupon-Obligationen werden auch als Zero-Bonds bezeichnet.

Die Funktionsweise dieser Obligationen ist einfach, wie der Vergleich mit einer «normalen» Anleihe, wie zum Beispiel einer Staats-Obligation, aufzeigt: Eine herkömmliche Obligation mit einer Laufzeit von 5 Jahren und einem Nennwert von 10 000 Franken zahlt einen Zins von 2 Prozent pro Jahr. Beim Verfall erhält der Obligationär den Nennwert von 10 000 Franken plus Zinsen in der Höhe von insgesamt 1000 Franken.

Eine vergleichbare Null-Coupon-Obligation mit einer Laufzeit von 5 Jahren, einem Nennwert von ebenfalls 10 000 Franken und einer angenommenen Verzinsung von 2 Prozent kostet beim Kauf nur Fr. 9090.90.

Resultat: Bei der herkömmlichen wie auch bei der Null-Coupon-Obligation beträgt die Rendite mit 10 Prozent über fünf Jahre genau gleich viel.

Bei der Null-Coupon-Obligation muss also beim Kauf weniger Kapital aufgewendet werden, dafür entfallen die jährlichen Couponeinnahmen. Am Ende der Laufzeit gelangt dann der ganze Null-Prozenter zum Nominalwert zur Rückzahlung.

Die Differenz zum Ausgabepreis gilt nicht als Kapitalgewinn, sondern als Zinsertrag, die Summe ist also steuerpflichtig (siehe das Kapitel 8 zu den Steuern).

Fazit: Null-Coupon-Obligationen sind als Einzelobligationen für Privatanleger prinzipiell geeignet, sie benötigen aber eine vertiefte Informationsbeschaffung und Recherchenarbeit. Es existieren in der Schweiz keine entsprechenden zugelassenen Fonds.

■ Floating Rate Notes

«Floating» bedeutet sinngemäss übersetzt «sich frei bewegend». Floating Rate Notes oder Floater sind daher Obligationen, deren Coupon sich verändert, bei denen die Höhe der Zinszahlung also variabel ist.

Das klingt auf den ersten Blick kompliziert. Aber fast jeder Wohneigentümer hatte schon mit Krediten mit variablem Coupon zu tun. Denn im Prinzip handelt es sich bei einer Hypothek mit variablem Zins ebenfalls um eine Floating Rate Note.

Typische Vertreter der Floater sind Obligationen, deren Coupons zum Beispiel an den Libor (London Interbank Offered Rate) oder Euribor (Euro Interbank Offered Rate) gekoppelt sind. Das sind Referenzzinssätze, zu denen sich Banken untereinander kurzfristig Geld ausleihen.

Der Coupon eines Floaters kann zum Beispiel «Libor plus 0,25%» lauten.

Floating Rate Notes sind angezeigt, wenn man von steigenden Zinsen ausgeht. Weil das Zinsniveau in der Regel von der Inflation abhängt, können Anleger sich mit Floatern bis zu einem gewissen Grad gegen die Teuerung schützen.

Umgekehrt sinkt natürlich bei fallenden Zinsen auch der Coupon von Floating Rate Notes.

Fazit: Als Einzelobligationen für Privatanleger sind Floating Rate Notes prinzipiell geeignet, Käufer benötigen aber vertiefte Informationen und eine klare Erwartung bezüglich des zukünftigen Zinsniveaus. Es existieren keine entsprechenden Fonds.

Kommt noch dazu: Floating Rate Notes werden praktisch nur von Emittenten aus der Finanzbranche herausgegeben; da sind Anleger also auf das «Wohlergehen» dieser Branche angewiesen, es besteht somit ein Klumpen- sowie ein Emittentenrisiko.

■ Sonstige Formen

Neben den klassischen Obligationen gibt es viele Sonderformen. Dazu gehören sogenannte Katastrophen-Obligationen von Versicherungen oder Rückversicherern, Perpetuals (Obligationen mit unbeschränkter Laufzeit), Obligationen mit Stufen-Coupon (der Coupon erhöht sich von Jahr zu Jahr), Floating Rate Notes mit Maximal- und Minimal-Coupon usw.

Die Lösung mit Anlagefonds ist bequemer – aber teurer

Wer keine Zeit hat und auch nicht das nötige Fachwissen für den Kauf von Einzelobligationen, sollte zu Obligationen-Fonds greifen (siehe Kapitel 5). Bei diesen Finanzinstrumenten delegiert der Anleger die Informationsbeschaffung und alle Entscheidungen bezüglich Kauf und Verkauf von Einzelobligationen an das Fonds-Management.

Während sich der Kauf eines Fonds für Staats- und auch für Unternehmens-Obligationen mit sehr gutem Rating nicht unbedingt aufdrängt, ist die Fonds-Lösung für die meisten anderen Kategorien ratsam. Vor allem bei Hochzins-Obligationen, Schwellenländer-Obligationen, noch mehr aber bei Wandel-Obligationen muss das Fachwissen sehr gross sein.

Die Fonds-Lösung ist zudem bequemer – denn nach Verfall einer Einzelobligation müssen Anleger nach neuen Anleihen Ausschau halten; das müssen sie nicht, wenn sie Fonds halten.

Freilich arbeitet das Fonds-Management nicht gratis. Insbesondere bei Obligationen von Emittenten mit sehr gutem Rating sind die Renditechancen nicht besonders hoch. Gehen bei einem entsprechenden Anlagefonds noch hohe Management-Gebühren weg, schmilzt die ohnehin geringe Rendite weiter.

4 Aktien – der Klassiker für Anleger
Grosse Chancen, grosse Risiken

Aktienkurse können explodieren und dem gewieften Anleger grosse Freude bereiten. Doch wehe, wenn die Firma in Schieflage gerät: Dann stürzen die Kurse ab und vernichten im schlimmsten Fall das ganze eingesetzte Geld. In diesem Kapitel steht, was Laien über Aktieninvestitionen wissen und beachten sollten.

In den Kapiteln 1 und 3 wurde es schon detailliert angesprochen und aufgezeigt: Aktien versprechen höhere Renditen als Obligationen, sind aber auch riskanter. Es kann also durchaus angezeigt sein, auf Aktien zu setzen. Die entscheidende Frage lautet dann: Welches Papier kaufen? Und wie lange halten? Und wann wieder verkaufen? Soll man Einzeltitel kaufen oder Anlagefonds?

In diesem Kapitel geht es um Einzeltitel, also um Aktien eines ganz bestimmten Unternehmens. Anlagefonds, die auf einen ganzen Korb von Einzeltiteln setzen, sind in Kapitel 5 auf Seite 96 ff. beschrieben.

Aktien werden gehandelt und sind daher grossen Wertschwankungen unterworfen. Der jeweilige Handelskurs drückt aus, wie die Anleger den Zustand der betref-

Die Rechte der Aktionäre

Jede Aktie stellt einen Anteil am betreffenden Unternehmen dar, ist also ein Beteiligungspapier.

Wer Aktien kauft, wird zum Miteigentümer einer Firma und erwirbt so ein Stimm- und Wahlrecht sowie einen Anspruch auf die Dividende, also auf einen Anteil am Gewinn (falls eine Dividende ausgeschüttet wird).

Die Aktionärsrechte können Einschränkungen unterliegen. So gibt es bei etlichen Aktiengesellschaften Stimmrechtsbeschränkungen.

Ein Beispiel: Ein Aktionär besitzt gemäss dem Total des Nennwerts seiner Aktien 40 Prozent des Aktienkapitals. Die Statuten dieser Aktiengesellschaft sehen aber vor, dass kein Aktionär mehr als 30 Prozent der Stimmen auf sich vereinigen darf. Damit will das Unternehmen verhindern, dass ein Investor zu viel Macht bekommt.

An den Generalversammlungen hat die Stimme von (Klein-)Aktionären kaum Gewicht. Meistens sind es die Grossanleger wie beispielsweise Pensionskassen oder eine reiche Investorenfamilie, die ihre Forderungen per Stimmrecht durchsetzen.

Wer hingegen über einen Anlagefonds Aktien eines Unternehmens besitzt, delegiert damit seine Stimme an das Fondsmanagement.

Formell ist zwischen Namenaktien und Inhaberaktien zu unterscheiden. Besitzer von Namenaktien werden im Aktienbuch der Firma eingetragen; so kann die Firma eine gewisse Kontrolle über Kauf und Verkauf ihrer Titel ausüben.

Namenaktien sind sicher in der Handhabung, ein Diebstahl würde dem Dieb nichts nützen, weil Namenaktien nur mit Unterschrift handelbar sind.

Inhaberaktien sind häufiger und ohne Einschränkungen handelbar, weil sie auf den jeweiligen Besitzer (Inhaber) lauten (siehe Kasten auf Seite 87). Sie sind also so riskant wie Banknoten und müssen gut «gehütet» werden.

Die früher noch häufigeren Genussscheine und Partizipationsscheine haben heute keine grosse praktische Bedeutung mehr.

fenden Firma bzw. ihre Aussichten beurteilen.

Der jeweilige aktuelle Aktienkurs nimmt also die Zukunft gleichsam vorweg:

- Hat das Unternehmen gut gearbeitet oder glauben die Investoren, dass es in Zukunft sehr erfolgreich geschäften wird, steigt der Kurs oder er bleibt zumindest stabil.
- Arbeitet ein Unternehmen schlecht oder sind die Zukunftsaussichten düster, sinkt der Kurs der Aktie. Falls das Unternehmen Konkurs anmelden muss, ist in der Regel sogar das ganze investierte Geld verloren.
- Nebst den harten Fakten haben auch Gerüchte immer wieder einen (zumindest vorübergehenden) Einfluss auf die Aktienkurse, ebenso die Psychologie und andere Faktoren. Angst und Gier sind vielerorts ebenso wesentliche Triebfedern des Anlegerverhaltens und können die Aktienkurse beeinflussen.

Und grosse Akteure an den Börsen finden immer wieder Mittel und Wege, um die Kurse im eigenen Interesse zu manipulieren.

Aktienbesitzer werden Miteigentümer des Unternehmes

Aktienkurse können also aus unterschiedlichen Gründen steigen oder sinken. Und der aktuelle Kurs entspricht nicht immer dem tatsächlichen «fairen» Wert des betreffenden Unternehmens (abgesehen davon, dass es enorm schwierig ist, den realen Wert genau zu bestimmen).

IN DIESEM KAPITEL

Aktionäre haben aber stets attraktive Chancen auf Gewinne – müssen aber im schlimmsten Fall auch den Totalverlust verkraften können.

Mit Aktien werden Aktionäre zu Miteigentümern der Firma und haben bestimmte Rechte (siehe Kasten auf der Seite links). Wer hingegen eine Obligation eines Unternehmens kauft, gibt diesem einen Kredit (siehe Seite 54ff.).

Der Finanzexperte und Professor Erwin W. Heri meint: «Die Erfahrung zeigt, dass Aktienkäufe eine leicht höhere Rendite bringen, als wenn man der Unternehmung festverzinsliches Geld gibt, etwa in Form einer Obligation.»

Fortsetzung auf Seite 83

Aktien: Wertentwicklung in den vergangenen Zehnjahresperioden

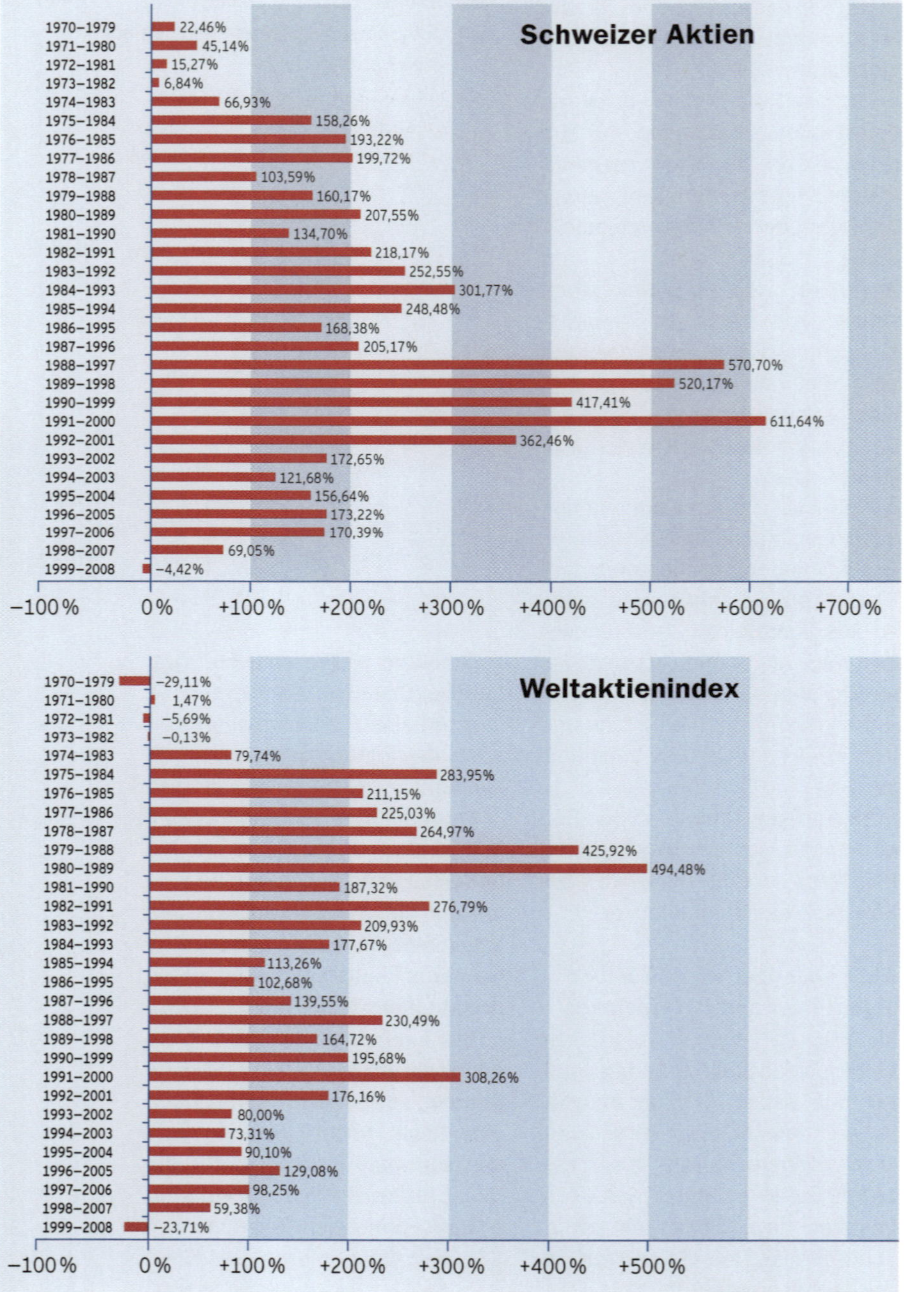

QUELLE: VZ VERMÖGENSZENTRUM/BLOOMBERG

Fortsetzung von Seite 81

Die wichtigsten Grundsätze beim Investieren in Aktien

Der persönliche Anlageerfolg wird erfolgversprechender, wenn Kleinanlegerinnen und -anleger die folgenden Regeln beachten:

- **Investieren Sie langfristig.**

Wer in Aktien investiert, braucht einen Anlagehorizont von zehn Jahren oder mehr. Die Grafik auf der Seite links zeigt, dass in den meisten Zehnjahresperioden eine positive Rendite zu erzielen war – aber nicht immer.

Anders ausgedrückt: Je länger der Anlagehorizont ist, desto geringer wirken sich kurzfristige Schwankungen des Kurses auf den Anlageerfolg aus.

Erläuterung zur Grafik links

Wer Aktien lange genug hält, erzielte zumindest in der Vergangenheit meistens einen Gewinn. Das untermauert diese Balkengrafik für den Weltaktienindex (MSCI World) und für einen Korb von ausgewählten Schweizer Aktien (MSCI Switzerland).

Die Grafik zeigt die prozentuale Entwicklung in der betreffen Zehnjahresperiode, gerechnet in Schweizer Franken. Betrug der Zuwachs beispielsweise 494 Prozent, so heisst dies, dass aus 100 Schweizer Franken in den betreffenden zehn Jahren 594 Franken wurden. Dargestellt ist also die Gesamtentwicklung und nicht etwa eine jährliche Durchschnittsrendite.

Die Berechnungen gehen davon aus, dass die jeweiligen Dividenden reinvestiert wurden. Die Teuerung ist nicht berücksichtigt.

- **Diversifikation reduziert das Risiko.**

Auch beim Kauf von Einzeltiteln gilt die Maxime, die schon in Kapitel 1 aufgestellt wurde: Streue das Risiko und lege nie alle Eier in den gleichen Korb!

Auch Firmen, die heute als erfolgreiches Aushängeschild der Wirtschaft gelten, können unvermittelt in Schieflage geraten – aus welchen Gründen auch immer.

Dieses firmenspezifische Risiko beeinflusst den Aktienkurs mehr als jede andere Risikokomponente – und es lässt sich reduzieren, indem man seine Mittel auf mehrere Unternehmen verteilt.

Mehr noch: Auch die einzelnen Märkte (z. B. USA, Japan und die Schweiz) können sich unterschiedlich entwickeln. Bei einer geschickten Diversifikation sind also die Aktienpositionen auch international gestreut.

Gar optimal wird die Diversifikation, wenn der Anleger auch verschiedene Branchen berücksichtigt (siehe Kasten auf Seite 85).

Beachten Sie jedoch: Um ein Aktienportefeuille wirklich breit streuen zu können, sollte die Anlagesumme für Aktien mindestens 400 000 bis 500 000 Franken betragen. Und: Um eine angemessene Risikostreuung zu erzielen, benötigt ein internationales Portfolio etwa 50 Einzeltitel.

Für kleinere Beträge bieten sich Fonds an (siehe Kapitel 5).

- **Kaufen und halten.**

Trachten Sie nicht nach kurzfristigem Gewinn! Aktienkurse sind einem ständigen Auf und Ab unterworfen. Hektischer Aktivismus ist für Normalsparer fehl am Platz – zumal auch Profis nicht immer den richtigen Einstiegs- bzw. Ausstiegszeitpunkt erwischen.

Untersuchungen haben gezeigt: Verpasst man nur wenige Handelstage, an denen starke Aufwärtsbewegungen stattfanden, kann sich dies sehr negativ auf das Aktienportfolio auswirken.

Die Konsequenz daraus gipfelt im nächsten Grundsatz:

- **Gestaffelt einsteigen.**

Kurzfristige Unsicherheiten und unterschiedlichste Einflussfaktoren haben zur Folge, dass es schier unmöglich ist, den optimalen Zeitpunkt für einen Aktienkauf und -verkauf zu finden. Ob man heute schon kaufen oder vorerst noch abwarten soll – das weiss niemand. Und diejenigen, die es zu wissen vorgeben, sind oft Scharlatane.

Vernünftig ist deshalb diese Einstellung: Wenn ich mich schon mal für Aktien entschieden habe (und einen langfristigen Anlagehorizont habe), so kaufe ich sie dann, wenn ich das nötige Geld dazu habe.

Die Grafik mit den Zehnjahresperioden auf Seite 82 kann in dieser Hinsicht ermutigend wirken.

Fortsetzung auf Seite 86

Wie Herr und Frau Schweizer ihr Geld anlegen

Im Jahr 2008 hat das Institut für schweizerisches Bankwesen der Uni Zürich 2000 Schweizerinnen und Schweizer im Alter zwischen 18 und 74 Jahren zu ihrem privaten Anlageverhalten befragt. Dabei zeigte sich, dass das Geld im durchschnittlichen Haushalt so auf die verschiedenen Anlageklassen verteilt ist:

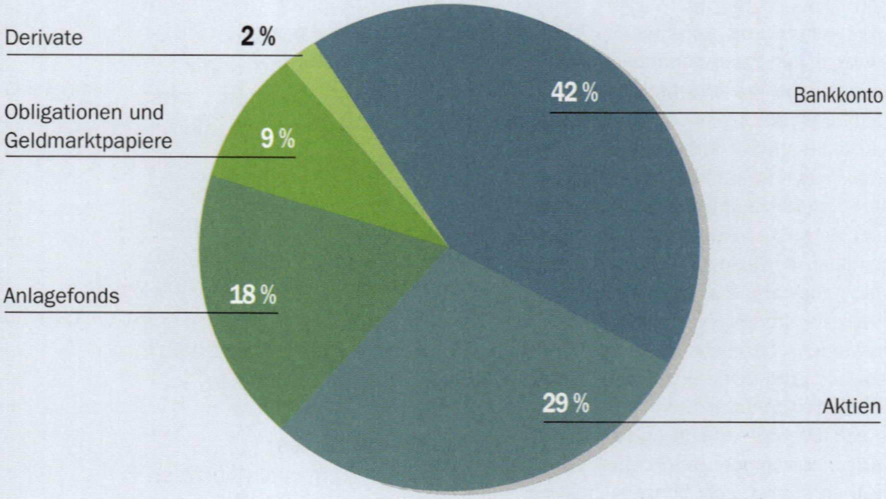

In diese Kategorien werden Aktien eingeteilt

Unternehmen sind unterschiedlich gross. Für Börsianer gilt die Börsenkapitalisierung als Massstab, also die Anzahl Aktien multipliziert mit dem Kurswert pro Aktie. Unternehmen mit grosser Börsenkapitalisierung werden Blue Chips genannt, mittelgrosse sind Mid-Caps, kleine Small-Caps; die Aktien von kleineren und mittleren Firmen werden auch als Nebenwerte bezeichnet.

Häufig ist auch die Unterscheidung nach Region. Meist erfolgt die Kategorisierung der Regionen nach Ländern (Schweiz, Deutschland, USA, Japan usw.)

Auch die Aufteilung nach Kontinenten ist üblich.

Oft wird zwischen Unternehmen aus den Industrienationen und denjenigen aus den Schwellenländern unterschieden. Zu den Industrieländern zählen die USA, die Länder Westeuropas und Japan. Schwellenländer zählen nicht mehr zur Dritten Welt, aber auch noch nicht zu den Industrienationen. Dazu gehören viele Länder Lateinamerikas und im Fernen Osten sowie alle neuen EU-Staaten.

Die bekanntesten Schwellenländer sind Brasilien, Russland, Indien und China, die sogenannten BRIC-Staaten.

Aussichten und Gefahren in Schwellenländern. In den Industrienationen sind die Volkswirtschaften weit fortgeschritten. Das Banken- oder das politische System sind normalerweise stabil und die Inflation ist niedrig.

In vielen Schwellenländern hingegen befindet sich das Finanzsystem erst im Aufbau. Zudem können die Haushalte in den Schwellenländern wegen hohen Inflationsraten häufig nicht richtig planen, was die Umsätze der Unternehmen unsicher macht. Und auch die Gefahr von politisch bedingten Enteignungen ist in vielen Schwellenländern deutlich grösser als in den Industrienationen.

Folglich sind Investitionen in den Schwellenländern risikoreicher. Umgekehrt verheissen sie aber auch grosse Gewinne. Viele Unternehmen aus den Industrienationen verlagern die Produktion beispielsweise nach Osteuropa oder China, weil dort die Löhne noch niedrig sind. Die Bewohner dieser Länder verdienen und konsumieren in der Folge immer mehr. Das kann den dortigen Unternehmen zugute kommen.

Zudem gibt es viele an Rohstoffen reiche Schwellenländer. Energie- bzw. Agrarrohstoffe, Metalle usw. sind vor allem wegen des wirtschaftlichen Booms in China und Indien sehr begehrt. Aktien von Rohstoffunternehmen haben deswegen eher gute Renditeaussichten.

Schliesslich ist auch die Unterteilung nach Sektoren oder Branchen geläufig. Eine weitverbreitete Einteilung sieht zum Beispiel so aus:

- Energie (Erdöl, Erdgas usw.)
- Roh-, Hilfs- und Betriebsstoffe (z. B. Chemie, Baustoffe, Verpackung, Bergbau, Forstprodukte)
- Industrie (z. B. Luftfahrt, Elektrische Geräte, Maschinen, Verkehr, Transport)
- Nicht-Basiskonsumgüter (z. B. Auto, Freizeitgüter, Hotels, Bekleidung, Medien, Einzelhandel)
- Basiskonsumgüter (z. B. Nahrungsmittel, Pflegeprodukte)
- Gesundheitswesen (z. B. Biotechnologie, Pharmazeutika)
- Finanzwesen (z. B. Banken, Versicherungen, Immobilienverwaltung)
- Informationstechnologie (z. B. Computer, Internet, Software)
- Telekommunikation
- Versorgungsbetriebe (z. B. Strom-, Gas- und Wasserversorgung).

Gemessen an der Börsenkapitalisierung sind die Sektoren Gesundheit und Finanzdienstleistungen an der Schweizer Börse am grössten. Das ist nicht überall so. Deutschland zum Beispiel ist traditionell sehr industriebetont, während etwa Grossbritannien sehr finanz- und energielastig ist.

Was der Aktienindex aussagt

Ein Aktienindex gibt die durchschnittliche Kursentwicklung aller gehandelten Aktien einer bestimmten Aktienkategorie an. Das können die Aktien aller Börsenschwergewichte (Blue Chips) eines Landes sein oder alle Aktien aus einer bestimmten Region oder einer bestimmten Branche (siehe auch Kasten auf der vorhergehenden Seite). Der Index ist also ein Barometer, das das Auf und Ab an den Börsen oder sonstigen Handelsplätzen widerspiegelt.

In der Schweiz sind die Aktien der 20 grosskapitalisierten Blue Chips von ABB bis Zurich Financial im Swiss Market Index (SMI) vereinigt. Die genaue Zusammensetzung und deren Gewichtung kann sich ändern.

Die aktuelle Zusammensetzung und die Gewichtung für den SMI-Index sehen Sie jederzeit aktuell auf www.six-swiss-exchange.com unter → Aktien und → Indices.

Dort finden Sie auch die entsprechenden Angaben zum Swiss Leader Index (SLI), der die 30 grössten Titel des Schweizer Aktienmarktes umfasst.

Der Swiss Performance Index (SPI) ist noch breiter gefasst; er widerspiegelt zurzeit 226 Aktientitel (alle Angaben Stand Herbst 2009). Der SPI gilt deshalb als Gesamtmarktindex für den Schweizer Aktienmarkt.

Auch diese Liste finden Sie auf www.six-swiss-exchange.com unter → Aktien und → Indices.

In Deutschland heisst der wichtigste Index Deutscher Aktienindex (Dax), in den USA Dow Jones Industrial, in Japan Nikkei, in Grossbritannien FTSE-100.

Die Aktien der 50 führenden Unternehmen der Euro-Zone werden im Dow Jones Euro Stoxx 50 zusammengefasst. Die aktuelle Zusammensetzung finden Sie auf http://deutsche-boerse.com.

Im Dow Jones Stoxx 50 figurieren dagegen auch europäische Unternehmen *ausserhalb* der Euro-Zone – darunter Grossbitannien und die Schweiz.

Im DJ Stoxx 50 waren Ende August 2009 sechs Schweizer Unternehmen gelistet: Nestlé, Novartis, Roche, UBS, Credit Suisse und ABB.

Gemessen an der Börsenkapitalisierung betrug der Anteil dieser Schweizer Unternehmen am gesamten DJ Stoxx 50 rund 16 Prozent.

Fortsetzung von Seite 84

Der Blick in die Vergangenheit zeigt nämlich, dass Einstiegs- und Ausstiegszeitpunkt über eine lange Zeit betrachtet nur einen geringen Einfluss auf die Gesamtrendite haben. Das Timing spielt also eine untergeordnete Rolle.

Eine weitere Konsequenz daraus: Wer gestaffelt einsteigt, also in mehreren Anläufen dazukauft, kann verhindern, dass er alle «Eier» zum schlechtesten Zeitpunkt in seinen Korb legt.

Erwin W. Heri, Professor für Finanzmarkttheorie an der Uni Basel, formuliert es so: «Versuchen Sie nicht, den ‹richtigen Moment› zu erwischen – es gibt ihn nicht.»

Eine weitere Konsequenz daraus: Wenn selbst Profis nur selten in der Lage sind, den jeweiligen Aktienindex zu schlagen, so gelingt dies Privatanlegern erst recht nicht – und Kleinanleger sollten deshalb von vornherein nicht Einzeltitel kaufen, sondern Indexfonds bzw. ETFs (siehe Kapitel 5).

■ **Kosten minimieren.**
«Hin und Her macht Taschen leer»: Diese Regel gilt auch, wenn Sie Aktien kaufen. Mit ständigem Kaufen und Verkaufen können Sie zwar Kursschwankungen während des Tages ausnützen – doch diese Strategie ist wagemutigen Vollblut-Börsianern vorbehalten.

Denn bei jedem Kauf und Verkauf werden Gebühren und Abgaben an Banken, Börsen und Staat fällig, was die Rendite schmälert (siehe Kasten auf Seite 70). Nehmen Sie deshalb Aktien nur mit langfristiger Perspektive in Ihr Depot auf.

- **Ignorieren Sie die «heissen Tipps».**

Selbsternannte Börsengurus, Anbieter von Börsenbriefen und gewisse Anlegermagazine verbreiten immer wieder «heisse Tipps» und empfehlen Firmen, deren Aktien angeblich knapp vor dem Durchstarten sind.

Seien Sie skeptisch! Oft sind hier Kurstreiber am Werk, die in die eigene Tasche wirtschaften.

Die Zeitschrift K-Geld hat beispielsweise Ende 2008 über den Börsenbrief «Investor Alert» berichtet, der die Aktien des kanadischen Unternehmens Triangle Petroleum empfahl; dieses sucht nach Öl- und Gasquellen.

Die Rede war von «heissen Projekten», von einem «gigantischen Potenzial», von einer «extrem unterbewerteten» Aktie und von einer «glänzenden Zukunft». Der Aktienkurs werde sich «in kürzester Zeit nach oben katapultieren».

Börsenbrief verbreitete bezahlte Werbung

Ein Schweizer liess sich von den Lobeshymnen blenden und kaufte Triangle-Aktien für total 18 472 Franken. Kurze Zeit später waren seine Anteile keine 1000 Franken mehr wert.

Der Anleger hatte einen winzigen verräterischen Hinweis übersehen, der am Schluss der Börsenbrief-Ausgabe zu lesen war. Dort stand, der Herausgeber des

Aktien werden nicht in Papierform ausgeliefert

Bei Aktien, die an der Börse gehandelt werden, findet heute keine physische Übergabe statt. Das wäre viel zu aufwendig und zudem unsicher, da die meisten an der Börse gehandelten Aktien sogenannte Inhaberaktien sind. Das heisst: Wer die Aktie in den Händen hält, dem gehört sie automatisch.

Die Aktien der an Schweizer Börsen gelisteten Unternehmen werden vielmehr zentral in einem Tresor der Firma SIX SIS AG (früher Segaintersettle) in Olten verwahrt. So muss bei einem Kauf bzw. Verkauf lediglich im Börsen- und Bankensystem vermerkt werden, wer der neue Eigentümer ist.

Jeder Aktionär könnte theoretisch von seiner Bank verlangen, dass sie ihm die entsprechenden Aktien physisch liefert. Das kostet aber viel Geld und birgt wie gesagt ein hohes Diebstahlrisiko.

Börsenbriefes erhalte selber ein Entgelt in Form von Aktien «für verschiedene PR-Massnahmen, zu denen auch diese Ausgabe des Investor-Alert-Newsletters zählt».

Im Klartext hiess das: Dieser Börsenbrief verbreitete im Fall Triangle Petroleum Werbung gegen Geld. Und er hatte damit ein starkes eigenes Interesse daran, dass die Aktie im Wert steigt.

Auch andere Börsenportale übernahmen diese Empfehlung – kommentarlos.

In der Regel werden auf diese Art und Weise Aktien gepusht, die nicht an den offiziellen Börsen gehandelt werden, sondern an ausserbörslichen Handelsplätzen. Da ist grosse Vorsicht geboten.

Die deutsche Zeitschrift «Finanztest» berichtete in Ausgabe 10/09 über den «Börsenguru» Markus Frick, gegen den Anklage erhoben worden sei. Der gelernte

TIPP

Misstrauen Sie Aktienverkäufern, die sich am Telefon melden!

Es kommt immer wieder vor: Am Telefon melden sich Verkäufer von Aktien und stellen hohe Renditen in Aussicht, weil sie angeblich Insiderinformationen hätten. Davon dürfen Sie sich niemals blenden lassen. Denn seriöse Vermittler von Finanzanlagen und Geldberater melden sich nicht telefonisch.

Der Grund: Wenn sich solche dubiosen «Finanzberater» melden, haben sie in der Regel Aktien im Angebot, die sehr riskant sind. Und sie locken mit angeblich fast sicheren hohen Gewinnen – ohne auf die beträchtlichen Risiken aufmerksam zu machen.

In der Regel gehören die angebotenen Aktien in die Kategorie der Private Equity oder Private Placement. Gemeint ist Risikokapital für junge Unternehmen in Form von Aktien. Wer solche Aktien kauft, beteiligt sich an einem Jungunternehmen – in der Hoffnung, dass die neue Firma dereinst floriert und die Aktien an Wert gewinnen (siehe Kapitel 7, Seite 153ff.).

Doch solche Aktien sind Wagniskapital und extrem riskant – zumal sie nicht an der normalen Börse gehandelt werden. Solche Investitionen sind nichts für Kleinsparer, weil das junge Unternehmen auch komplett scheitern kann. Und dann ist das ganze investierte Geld verloren. Beispiele gibt es genug, die Finanzzeitschrift K-Geld berichtet laufend über solche Fälle.

Deshalb ist klar: Kaufen Sie keine Aktien von Telefonverkäufern, die Ihnen das Blaue vom Himmel versprechen. Häufig bieten Betrüger an, einen kleinen Betrag probeweise zu investieren. Einige Wochen später berichten sie von grossen Gewinnen, um Kunden zu noch höheren Investitionen zu bringen. Häufig sind die Verkäufer penetrant und drängen auf einen schnellen Abschluss wegen einer angeblich laufenden «Aktion». Auch das ist sehr verdächtig.

Vergessen Sie auch nicht: Selbst in seriösen Börsenforen oder auf Börsen-Newsletters tummeln sich Aktienbetrüger.

Tipp: Auf der Homepage des K-Tipp (www.ktipp.ch) finden sich laufend aktualisierte Warnlisten, die vor unseriösen Finanzberatern warnen und vor Finanzangeboten, von denen Sie besser die Finger lassen.

Bäcker habe Empfehlungen in Börsenbriefen und über telefonische Hotlines verbreitet; die heissen Tipps hätten sich weitgehend auf Aktien von unbekannten Unternehmen bezogen. Ihm wird vorgeworfen, mit seinen Ratschlägen eigene wirtschaftliche Interessen verfolgt zu haben. Als Folge von Fricks Empfehlungen schossen Rohstoff-Aktien in die Höhe, heute haben diese Titel nur noch einen Bruchteil ihres einstigen Werts.

«Geheimtipps» kann es im Grunde gar nicht geben

Auch in seriösen Tages- oder Wochenzeitungen und Magazinen finden sich immer wieder «Geldonkel», die konkrete Titel empfehlen oder Ratschläge erteilen. Schlaue Anleger lassen hier Skepsis walten.

Eine weitverbreitete Theorie besagt nämlich: Märkte sind «informationseffizient», das heisst: Im aktuellen Kurs einer Aktie sind alle verfügbaren Informationen bereits berücksichtigt. Anders ausgedrückt: Es gibt gar keine weiteren Infos oder «Geheimtipps», die für den Aktienkurs von Relevanz sein könnten.

Es gibt viele Strategien – aber keine einzige kann Gewinne garantieren

In der Finanzwelt werden diverse Aktienstrategien herumgereicht, mit denen an der Börse Gewinne zu erzielen seien. Manchmal sind solche Strategien erfolgreich – doch oft versagen sie.

Sicher ist: Wer sich an die am Anfang dieses Kapitels aufgezählten Grundsätze hält, fährt ebenso gut wie mit einer der diversen Strategien. Trotzdem sind sie hier kurz und summarisch aufgezählt:

- Eine Möglichkeit ist, einfach den **zyklischen Wellen** zu folgen. Dazu sollte man aber einschätzen können, wann an den Börsen ein Zyklus beginnt und endet. Man müsste also wissen, wann der untere Wendepunkt aus dem Tief erreicht ist – und wann auf dem Höhepunkt der Abschwung ins nächste Tief beginnt.

Die Herde steigt ein, wenn es schon zu spät ist

Schon im 19. Jahrhundert haben Mathematiker erkannt, dass die Aktienkurse gewissen Wellen folgen, es also Wiederholungen gibt. Mit der daraus entstandenen sogenannten Chartanalyse wird versucht, diese Wendepunkte kurzfristig zu bestimmen.

Allerdings sind Charts sehr kompliziert und fast nur für Profis richtig zu interpretieren. Zudem sind viele Finanzfachleute davon überzeugt, dass die technische Analyse eher im Bereich der Esoterik als der Wissenschaft anzusiedeln sei.

Noch besser fährt man, wenn man **antizyklisch handelt**, also schon dann kauft, wenn sich ein Aufschwung erst abzeichnet, und dann verkauft, wenn sich ein Börsentief erst ankündigt. Doch wer weiss schon zuverlässig, was wann der Fall ist? In der Realität ist eher der emotional gesteuerte Anleger anzutreffen, der der Herde folgt, wie die Grafik auf Seite 18 zeigt.

Und so funktioniert der Herdentrieb: Wenn es Zeichen für einen Aufschwung gibt, steigen zuerst die sogenannten institutionellen Anleger ein – etwa Verwalter von Pensionskassen oder grosse Vermögensverwalter; das treibt die Kurse an.

Später springen die etwas mutigeren und/oder erfahrenen Privatanleger auf den Zug auf. Und oft genug gehen die unerfahrenen Privatanleger erst kurz vor dem Ende eines Booms an die Börse, wenn die Aktienkurse ihr Maximum erreicht haben und schon wieder vor einem Einbruch stehen.

Die Suche nach dem «inneren Wert»

- Anerkannter ist die **Fundamentalanalyse**. Diese sucht den «inneren Wert» eines Unternehmens, der bekanntlich nicht dem aktuellen Kurswert entsprechen muss. Hier wird also unterstellt, dass eine an der Börse gehandelte Aktie nicht «real» oder «fair» bewertet ist.

Mittels Analyse der Unternehmensergebnisse (für die Vergangenheit) und Ertragsprognosen (für die Zukunft) versuchen die Fachleute, diesen inneren Wert annähernd zu bestimmen.

Ist der aktuelle Aktienkurs unter dem inneren Wert des Unternehmens, ist die Aktie unterbewertet, somit günstig und damit ein Kauftipp.

Im umgekehrten Fall ist die Aktie überbewertet und deshalb zu teuer.

Ob der Blick zurück oder doch eher nach vorne die bessere Methode ist, um ein Unternehmen «fair» zu bewerten, ist unter Experten umstritten.

Hoffen auf Unternehmen mit viel «Substanz» ...

■ Die Verfechter der sogenannten **Value-Strategie** setzen eher auf die Fundamentalwerte der Vergangenheit, die Growth-Strategen versuchen vor allem die künftigen Erträge zu prognostizieren. «Value» steht dabei für «Wert» und «Growth» für «Wachstum».

Die Verfechter der Value-Strategie legen ihren Fokus auf Unternehmen, die viel «Substanz» haben und deren Aktien vorübergehend unterbewertet sind.

Denn Unternehmen mit Substanz haben sich bereits am Markt etabliert, erwirtschaften solide Gewinne und verfügen über einen bekannten Markennamen.

Aber: Hat ein anderes Unternehmen aus der gleichen Branche schlechte Zahlen publiziert, wird oft der gesamte Sektor «abgestraft», weil die Investoren ähnlich schlechte Ergebnisse auch bei andern befürchten. Darunter können dann unverschuldet auch die Aktien von Unternehmen mit viel Substanz leiden – was zu einer Unterbewertung führt.

Für die Herausfilterung von Value-Titeln verwenden die Analysten eine Reihe von Kennzahlen. Die wohl bekannteste ist das Kurs-Gewinn-Verhältnis (KGV), daneben gibt es auch das Kurs-Umsatz-Verhältnis (KUV), das Kurs-Cashflow-Verhältnis (KCV) oder das Kurs-Buchwert-Verhältnis (KBV). Sie werden hier nicht näher erläutert. Interessierte finden eine gute Erklärung im Internet unter http://boersenlexikon.faz.net.

Einer der berühmtesten Value-Vertreter ist der amerikanische Börsenguru und Multimilliardär Warren Buffett. Seine Ratschläge sind charakteristisch für die Value-Strategie: «Strebe nicht nach dem schnellen Dollar. Suche Unternehmen, deren Aktien du ein ganzes Leben halten kannst.» Und: «Kaufe nur Aktien von Unternehmen, deren Geschäftsmodell und Produkte du verstehst.»

Buffetts Tipps können Sie auf Deutsch im Internet nachlesen unter www.valueinvesting.de.

... oder auf Firmen mit guten Gewinnaussichten

■ Die Vertreter der **Growth-Strategie** konzentrieren sich auf Unternehmen, die über hervorragende Gewinnaussichten verfügen – vergangenheitsbezogene Analysen interessieren sie weniger.

In den Fokus von Growth-Anlegern geraten oft junge, dynamische und innovative Firmen aus der Technologiebranche (Informatik, Kommunikation und Biotechnologie).

Das können durchaus Unternehmen sein, die noch keinen Franken verdient haben – Haupt-

Fortsetzung auf Seite 92

CHECKLISTE

In Aktien investieren: Die wichtigsten Tipps

- Informieren Sie sich umfassend über das Wirtschaftsgeschehen und die Börsen. Dazu dienen Tageszeitungen und Wochen- bzw. Monatspublikationen, aber auch Analyseberichte von Banken. Versuchen Sie, sich eine eigene Meinung zu bilden, damit Sie nicht auf Tipps von anderen angewiesen sind.
- Nutzen Sie auch das Internet als Informationsquelle. Wichtige Informationen und Börsianer-Diskussionen finden Sie auf www.cash.ch, www.fuw.ch, www.nzz.ch (→ Finanzen), www.swissquote.ch, www.wallstreet-online.de, www.aktienboard.de, www.ariva.de, www.onvista.de oder www.aktiencheck.de.

  Bedenken Sie aber, was zum Beispiel Cash.ch selber schreibt: «Die Forumsbeiträge können gefälscht, erfunden oder nicht fundiert sein, sind nicht überprüft und stammen möglicherweise auch nicht vom angegebenen Absender. Sie sollten daher nie als Grundlage für Anlageentscheide benutzt werden, sondern sind lediglich zur Unterhaltung bestimmt.»
- Halten Sie Aktien langfristig und lassen Sie sich nicht dazu verführen, täglich zu kaufen und zu verkaufen. Mit einem solchen «Daytrading» kommen Sie kaum auf einen grünen Zweig. Untersuchungen zeigen, dass die durchschnittliche Rendite für Privatanleger bei mehrjähriger Anlagedauer um so höher ist, je weniger sie ihr Depot umschichten.
- Verfolgen Sie aber dennoch den Kurs Ihrer Aktien. Diese Information finden Sie vielleicht in Ihrer Tageszeitung, sicher aber im Internet. Auf www.swissquote.ch zum Beispiel können Sie unzählige Aktien anwählen und sich deren Kursverlauf in der Vergangenheit und weitere Kennzahlen und aktuelle Daten anzeigen lassen. Lassen Sie sich dadurch aber nicht zu wildem Aktivismus verleiten.
- Nutzen Sie die Zusatzinstrumente und Analysen, die Sie auf Online-Plattformen finden.
- Kauf und Verkauf von Aktien erfolgen über die Bank (am Schalter, telefonisch oder schriftlich) oder über eine Internet-Handelsplattform (siehe Kasten auf Seite 121).
- Was der Handel mit Aktien über die Bank (und deren Aufbewahrung) ungefähr kostet, sehen Sie in der Übersicht im Kasten auf Seite 70. Denken Sie daran, dass Online-Portale in der Regel günstiger sind.
- Achten Sie auf die Kosten und wechseln Sie allenfalls die Bank; ins Gewicht fällt vor allem die Bankgebühr (Courtage). Ob Sie für eine Aktien-Transaktion im Wert von 50 000 Franken 50 oder 500 Franken zahlen, macht mit der Zeit einen grossen Unterschied. Dazu kommen noch Depotgebühren für die Aufbewahrung der Titel.

  Beachten Sie, dass auch beim Transfer von Wertschriften von einer Bank zur anderen «Zügelgebühren» anfallen. Gemäss einer Übersicht der Zeitschrift Saldo kostet der Transfer – je nach Bank – üblicherweise zwischen 50 und 100 Franken pro Titel.
- Arbeiten Sie mit Stop Loss. Damit deponieren Sie eine Verkaufsorder, die automatisch ausgelöst wird, wenn die Aktie eine von Ihnen festgelegte Schwelle unterschreitet.

  Der ehemalige Wirtschaftsprofessor Walter Wittmann schreibt: «Auf Absicherung von Aktien darf man nie verzichten. Dazu braucht es nicht komplizierte und teure Finanzinstrumente. Die einfachste und bewährteste Strategie ist: stets mit Stop-Loss-Aufträgen operieren und diese bei steigenden Kursen regelmässig nach oben anpassen.»
- Kaufen Sie nur Einzeltitel, wenn Ihr Vermögen gross genug ist; 400 000 bis 500 000 Franken sollten es schon sein. Sonst greifen Sie besser zu Anlagefonds oder ETFs.
- Bilden Sie keine Klumpenrisiken; denken Sie beim Kauf von Einzeltiteln an die Regeln der Diversifikation (siehe Seite 15).
- Misstrauen Sie sogenannten Börsenweisheiten und sonstigen Sprüchen – wie gescheit diese auch klingen mögen. Sie sind für seriöse Anlageentscheide nicht brauchbar.

Fortsetzung von Seite 90

sache die Gewinnaussichten stimmen.

Der Growth-Investor setzt also auf sein Gespür für Trends. Wer mit der Growth-Strategie Erfolg haben will, muss demnach kein Profi sein. Es genügt, Augen und Ohren für Trends offen zu halten, gepaart mit ein wenig gesundem Menschenverstand.

Ein Beispiel: Der Klimawandel und die Verknappung der Erdölreserven haben aus Aktien von Solartechnik- und Windenergiefirmen Kursraketen gemacht. Verbunden allerdings – wie immer in solchen Fällen – mit der Gefahr der Blasenbildung und deren Platzen.

Mit Growth-Aktien lässt sich sehr viel Geld verdienen, umgekehrt ist auch das Risiko eines kompletten Absturzes grösser als bei der Value-Strategie. Diese Erfahrung haben viele Investoren während der Technologieblase um die Jahrtausendwende gemacht. Damals erzielten die Aktien von jungen Technologieunternehmen innert kürzester Zeit Traumrenditen. Die meisten dieser Firmen sind mittlerweile untergegangen. Einige wenige wie Yahoo und Ebay blieben aber bestehen und ziehen inzwischen sogar das Interesse von Value-Anlegern auf sich.

Viele Growth-Anleger gehen auch von «langen Wellen» aus, die von grundlegenden technischen Innovationen wie zum Beispiel dem Internet ausgelöst werden. Wer langfristig auf diese sogenannten Kondratjew-Zyklen setzt, könnte also viel Geld verdienen.

Allerdings ist heute noch weitgehend unklar, welches die nächste Innovation sein wird, die eine neue lange Welle auslöst, und wann das geschehen wird.

So kommen Dividendenjäger auf ihre Rechnung

■ Nahe verwandt mit der Value-Strategie ist die **Dividenden-Strategie**. Anleger, die diesen Ansatz als erfolgreich einschätzen, setzen auf Unternehmen, die ihre Gewinne in besonders hohem Mass in Form von Dividenden an die Anleger weitergeben.

Das sind oft Unternehmen mit viel Substanz. Diese sind traditionell in den Sektoren Konsumgüter, Finanzen, Industrie, Grundstoffe und Telekommunikation zu finden.

■ Anhänger der **Trading-Strategie** handeln kurzfristig und setzen auf kurzfristige Schwankungen. Sie gehen davon aus, dass sie die Signale aus der Wirtschaft und Unternehmensnachrichten richtig deuten können. Kleinanleger verfügen nicht über diese Informationen und sollten deshalb von dieser Strategie die Finger lassen.

Machen Aktienkurse sowieso, was sie wollen?

Fazit: Solche und ähnliche Strategien können hilfreich sein, wenn man über die notwendigen Informationen verfügt. Sie können aber ebenso gut versagen – weil ja Pro-

Fortsetzung auf Seite 94

TIPP

Von Schneeballsystemen und anderen geplatzten Träumen

Es passiert immer wieder: Unseriöse Vermittler locken Ahnungslose mit einer Superrendite, die es gar nicht geben kann. In der Regel platzt die Seifenblase, und das Geld der Anleger ist grösstenteils verloren.

Ein typisches Beispiel: Die Firma Private Commercial Office (PCO) des deutschen Geschäftsmannes Ulrich Engler. Angeblicher Sitz der Firma: Cape Coral in Florida (USA).

Schon im November 2006 warnte die österreichische Finanzmarktaufsicht vor Geldgeschäften mit der PCO.

Im Februar 2007 stand es auch im K-Tipp. Unter dem Titel «Fünf Prozent pro Monat? Hände weg!» war von einer unseriösen Geldanlage die Rede. Schon damals konnte man in Internet-Foren sehr kritische Stimmen zu Engler und seiner PCO lesen. Auch Betrugsverdacht wurde geäussert.

Das hinderte einen Vermittler aus Rüti ZH nicht, weiterhin PCO-Anlagen zu empfehlen. Im Juli 2007 verkaufte er einer Frau aus dem Kanton St. Gallen eine Investition mit angeblicher Traumrendite.

Die Frau überwies 70 000 US-Dollar, dafür garantierte ihr die PCO schriftlich 5 Prozent Zins – pro Monat!

Die Anlage war fix auf sieben Jahre befristet. Nach Ablauf dieser Zeit hätte die Anlegerin laut Unterlagen die unglaubliche Summe von 4 216 957 Dollar erhalten. Von einem Risiko habe der Vermittler nicht gesprochen, sagt die Betroffene.

Die Rendite war zu schön, um wahr zu sein. Inzwischen ist Ulrich Engler untergetaucht, die Strafverfolgungsbehörden sind aktiv geworden – auch in der Schweiz. Die Investoren müssen wohl den grössten Teil ihres Geldes vergessen.

Für Experten ist klar: Niemand kann auf dem Kapitalmarkt konstant eine solche Rendite erzielen. im Grundsatz gilt jede Anlage, die mehr als 3 Prozent pro Jahr verspricht, als risikobehaftet.

Die Untersuchungsbehörden gehen deshalb davon aus, dass Engler ein System aufgezogen hat, das im Wesentlichen nur Gelder von Anlegern umverteilte – also ein klassisches Schneeballsystem.

Illegale Schenkkreise. Zu warnen ist in diesem Zusammenhang auch vor den sogenannten Schenkkreisen. Sie versprechen Geldgierigen zum Beispiel, innerhalb von kurzer Zeit mit 120 000 Franken beschenkt zu werden, wenn sie selber zuerst 15 000 Franken verschenken.

Die wundersame Geldvermehrung beruht auf einem System mit Kreisen: Ein Schenkkreis ist wie eine Pyramide aufgebaut und besteht beispielsweise aus vier einzelnen Kreisen. Wer allein in der Mitte steht, muss sich Mitspieler suchen und wird danach von den Mitgliedern des äussersten Kreises beschenkt. Daraufhin teilt sich der Schenkkreis in zwei Kreise und wird durch neue Personen, die zum Schenken bereit sind, ergänzt. So entstehen immer mehr Kreise.

Das Spiel geht aber nicht auf: Bereits in der 15. Runde müssten bei diesem Beispiel eine halbe Million Menschen mitmachen, um die Gewinne zu garantieren. Solche Schneeballsysteme sind also zum Scheitern verurteilt, und das Anwerben anderer Teilnehmer ist illegal.

Schenkkreise treten immer wieder unter anderen Namen auf – etwa als «Alternative Finanzierungsmethode für Kleingewerbler», «Tischversammlung» oder «DFF-Bildung».

Wer ein Angebot für einen Schenkkreis erhält, kann sich für rechtliche Auskünfte an die Lotterie- und Wettkommission (Comlot) wenden. Sie bewilligt und beaufsichtigt die in der Schweiz durchgeführten Lotterien und Wetten. Und sie schreitet bei illegalen Aktivitäten ein. Die Adresse: Lotterie- und Wettkommission, Aarbergergasse 29, 3011 Bern, Telefon 031 313 13 03, www.comlot.ch.

Fortsetzung von Seite 92

gnosen bekanntermassen schwierig sind.

Anders formuliert: Es gibt keine nützlichen Strategien. Ein darauf aufbauender und etwas ernüchternder Ansatz ist der «Random Walk». Danach machen Aktienkurse eh, was sie wollen, und eine Strategie bringt überhaupt nichts.

An der Spitze der Verfechter dieser These steht der US-Wirtschaftsgelehrte Burton Malkiel. Er provozierte die Finanzwelt mit der Behauptung, dass ein blinder Affe, der mit Dartpfeilen auf eine Liste mit Aktien wirft, ein erfolgreicheres Aktienportfolio zusammenstellen könne als ein Profi mit ausgeklügelten Strategien.

Der Basler Finanzprofessor Erwin W. Heri hat es im Interview mit dem «Tages-Anzeiger» so formuliert: «Der Kern des Erfolgs ist und war schon immer: Disziplin. Das heisst eine langfristige Strategie definieren und dabei bleiben. Das heisst kaufen und halten. Denn ich weiss nicht, wann die guten und wann die schlechten Jahre kommen. Und ich kenne niemanden, der es wirklich weiss.»

4
Aktien

5 Breit diversifiziert dank Anlagefonds
Der bequeme Einstieg ins Abenteuer Börse

Anlagefonds haben viele Vorteile. Doch auch hier gilt es, die Spreu vom Weizen zu trennen. Denn viele Fonds sind zu teuer und für Kleinanleger ungeeignet. Und andere locken mit Versprechen, die sie nicht halten können.

Anlagefonds haben für Kleinanlegerinnen und -anleger eine Reihe von Vorteilen:

- Fonds sind **Sammelbecken** von Geldern von vielen einzelnen Anlegern; zusammen bilden die Anleger eine Interessengemeinschaft. Jedem Anleger gehört ein Teil des Fondsvermögens. Die Fondsleitung bündelt dieses Geld und investiert es in viele verschiedene Wertschriften, Immobilien oder andere Anlageklassen (etwa Rohstoffe, Gold oder Kunst).
- Fondskäufer kommen damit in den Genuss einer **professionellen Vermögensverwaltung**: Der Manager oder ein Team von Spezialisten trifft die Anlageentscheide aufgrund von klar definierten Kriterien, wählt dann die entsprechenden (hoffentlich) renditeträchtigen Wertpapiere aus und überwacht sie. Die Kurse der gekauften Titel ergeben zusammen (nach Abzug der Kosten) den Kurs des entsprechenden Fondsanteils.
- Damit erfolgt eine **Risikostreuung** (Diversifizierung): Fällt der Kurs eines bestimmten Papiers stark (zum Beispiel weil dieses Unternehmen schlecht gewirtschaftet hat), so können die anderen Aktien im Portefeuille des Fonds diesen Ausfall ausgleichen oder sogar überkompensieren. Der Wert eines Fonds schwankt also bedeutend weniger stark als der Wert einer einzelnen Aktie oder Obligation.

Dazu kommt: Gemäss Kollektivanlagengesetz dürfen die meisten Anlagefonds von einer einzelnen Firma nur so viele Aktien kaufen, dass deren Wert insgesamt zehn Prozent des Fondsvermögens nicht übersteigt.

Fazit für den Fondskäufer: Bei Einzeltiteln ist das Risiko eines Fehlgriffs sehr hoch, Fonds begrenzen das Risiko. Und man spart Zeit, weil man sich nicht selber um die Verwaltung des investierten Kapitals kümmern muss.

Mit Anlagefonds sind Anleger also schon mit kleinen Beiträgen

TIPP

Die Fondsranglisten von K-Geld

Die Zeitschrift K-Geld veröffentlicht jedes Jahr im Dezember eine grosse Fondsrangliste. Analysiert werden 25 Fondskategorien, dargestellt ist jeweils die durchschnittliche Rendite pro Jahr in den vergangenen drei Jahren. Die Ranglisten umfassen jeweils die besten 13 bis 19 Fonds. Auch die Gesamtkostenquote TER ist angegeben.

Wichtig: Hat ein Fonds in der Vergangenheit eine gute Performance erzielt, so ist das keine Garantie dafür, dass er auch in Zukunft bei den Spitzenreitern sein wird. Das kann unter anderem dann passieren, wenn das Fondsmanagement wechselt.

Zwei vorsichtige Aussagen scheinen jedoch allgemeingültig zu sein: Die besten Fonds des Vorjahres schlagen die schlechtesten auch im Folgejahr – vor allem deshalb, weil viele schlechte Fonds auch schlecht bleiben.

Fondsranglisten werden auch in anderen Medien regelmässig veröffentlicht. Das Gesagte gilt auch für diese Aufstellungen.

breit diversifiziert. Wer als Anleger eine ähnliche Diversifikation mit Direktanlagen erreichen will, muss aus Kostengründen eine Anlagesumme von mindestens einer halben Million Franken haben – und es braucht erst noch viel Fachwissen.

- Fonds sind ein **einfacher Zugang zur Börse** – und damit eine gute Gelegenheit für alle jene Anlegerinnen und Anleger, die ihr Geld nicht auf dem Sparbüchlein lassen und mehr aus ihrem Sparbatzen herausholen wollen.

Gleiche Chancen für «Grosse» und «Kleine»

- Fondskäufer sind schon mit **kleinen Beträgen** dabei, oft schon mit weniger als 100 Franken. Wer hingegen direkt Aktien kaufen will, muss unter Umständen tief in die Tasche greifen.

  Extremes Beispiel: Eine Aktie der Firma Lindt & Sprüngli kostete im Sommer 2009 über 23 000 Franken.

- Kleinanleger haben mit Fonds die **gleichen Chancen** wie Grossinvestoren. Denn: Ob ein Sparer 1000 Franken in einen Fonds steckt oder eine Million – jeder einzelne Fondsanteil ist im gleichen Masse an der Wertsteigerung des Fonds beteiligt. Die Rendite ist gemessen am einzelnen Fondsanteil für alle gleich.
- Zwar sollten Fondskäufe und damit Engagements in Wertpapiere in der Regel mit einer langfristigen Optik getätigt werden. Dennoch ist es möglich, Fondsanteile **jederzeit zum aktuellen Rücknahme-**

IN DIESEM KAPITEL

Anlagefonds und Einlagensicherung

Wer Anteile von Anlagefonds hält, muss sich um deren Sicherheit im Falle einer Bankenpleite keine Sorgen machen – denn sie sind «konkursfest». Das heisst: Fondsanteile sind Sondervermögen, die von einem allfälligen Bankenkonkurs gar nicht betroffen wären, weil die Anteile nicht zur Konkursmasse gehören und damit dem Kunden direkt zurückgegeben beziehungsweise auf eine andere Depotbank übertragen werden (siehe auch Seite 48 ff.).

Die Einlagensicherung der Banken muss hier also gar nicht greifen.

Das Gesagte gilt auch für die an der Börse gehandelten Indexfonds (ETFs, siehe Seite 109 ff.) sowie die Fondskategorie namen ETSF (siehe Seite 118 f.).

Beispiel: Wer auf einem Fondskonto der UBS Anteile gelagert hat, erhält diese Anteile zurück, falls die UBS pleitegehen sollte. Dies gilt selbst für die UBS-eigenen Fonds, die von ihr selber aufgelegt wurden. Mit anderen Worten: Anteile gelten auch dann als Sondervermögen, wenn die Fondsleitungsgesellschaft Konkurs macht.

Allerdings: Vor Kursverlusten sind Fonds nie geschützt. Sollte die UBS pleitegehen, so müssten Besitzer von Aktienfonds, in denen UBS-Aktien enthalten sind, entsprechende Einbussen hinnehmen.

preis zu verkaufen. Der Sparer kann also stets über sein Geld verfügen (allenfalls muss er seine Fondsanteile mit Verlust verkaufen, um zu Bargeld zu kommen).

- Die verschiedenen Fondskategorien erlauben es dem vorsichtigen Anleger auch, nebst seinen Investitionen im Heimatland Schritte ins Ausland oder in bestimmte Branchen bzw. Anlagethemen zu tun – ohne sich gleich für einen bestimmten Einzeltitel entscheiden zu müssen.

Fonds bieten auch **Zugang zu speziellen Märkten**, die dem Kleinanleger für Direktanlagen verschlossen sind und besondere Sachkenntnisse voraussetzen.

- Für jede Anlagekategorie und jede **persönliche Risikoneigung** gibt es geeignete Fonds.

Wer viel Risiko eingehen will, kauft beispielsweise Aktienfonds, die ihr Geld in die Hightech-Branche investieren. Vorsichtige hingegen wählen Obligationenfonds mit einem eher tiefen Risiko oder praktisch risikolose Geldmarktfonds in der einheimischen Währung (siehe Kasten auf Seite 105).

Wer insgesamt viel investieren kann, wählt mit Vorteil einen Mix aus verschiedenen Fondskategorien. Wer wenig anlegen kann, hat gemischte Fonds (sogenannte Strategiefonds) zur Verfügung (siehe Seite 106 ff.).

Fonds haben viele Vorteile – aber auch etliche Nachteile

Die Attraktivität der Fonds darf aber nicht darüber hinwegtäuschen, dass sie auch Nachteile haben:

- Wer Fonds kauft, setzt sich dem Auf und Ab der Börsen aus. Steigen die Kurse der von den Geldprofis gekauften Wertpapiere, erhöht sich das Fondsvermögen und damit im gleichen Mass auch der Wert der Anteile des Kleinsparers.

Doch auch das Gegenteil ist möglich. Gerade die Jahre 1999 bis 2001 sowie 2007 bis 2009 haben das drastisch vor Augen geführt. Fährt nämlich die Börse in den Keller, sinkt der Wert der Fondsanteile gleichermassen, und

Fortsetzung auf Seite 100

Das sind die besten Fondsgesellschaften

Die Tabelle zeigt die 30 besten Fondsgesellschaften für Aktienfonds, gemessen an ihrer Anzahl Top-Fonds. Dazu hat das VZ Vermögenszentrum die Fonds der jeweiligen Kategorie nach Rendite und Sicherheit rangiert; Fonds, die bei diesem Prozess im ersten Ranglisten-Drittel landeten, heissen hier Top-Fonds.

In der Tabelle landeten dann diejenigen Fondsgesellschaften vorne, die gemessen an ihrer Zahl bewerteter Fonds den grössten prozentualen Anteil an Top-Fonds haben. Lesebeispiel: Spitzenreiter Vitruvius hat 7 Fonds, die in die Auswahl kamen. Von diesen landeten 6 bzw. 85,71 Prozent im ersten Top-Drittel.

Berücksichtigt wurden nur Gesellschaften, die mindestens 5 Fonds im Alter von mindestens 3 Jahren im Angebot haben. Bewertet wurden 12 weitverbreitete Aktienfondskategorien von Aktien Schweiz bis Nebenwerte Nordamerika.

Die Bank Sarasin fehlt, weil sie zu wenig Fonds hat, die den Kriterien entsprechen.

Die Tabelle verdeutlicht, dass Schweizer Fondsgesellschaften in diesem Vergleich gesamthaft betrachtet nicht besonders gut abschneiden. Die meisten figurieren nicht unter den ersten 30.

Fondsgesellschaft	**Anzahl bewertete Fonds**	**Anzahl Top-Fonds**	**Anzahl Top-Fonds in %**
Vitruvius	7	6	85,71 %
Alger	6	5	83,33 %
First State	6	5	83,33 %
Baring	9	7	77,78 %
Aberdeen	7	5	71,43 %
Henderson Horizon	7	5	71,43 %
M&G	9	6	66,67 %
Threadneedle	20	13	65,00 %
Capital International	5	3	60,00 %
Union Investment	10	6	60,00 %
MFS Meridian	12	7	58,33 %
DWS	24	14	58,33 %
GAM	14	8	57,14 %
Comgest	11	6	54,55 %
Lyxor	10	5	50,00 %
Blackrock	21	10	47,62 %
iShares	17	8	47,06 %
Swisscanto	13	6	46,15 %
Franklin Templeton	23	10	43,48 %
Vanguard	7	3	42,86 %
Fidelity	33	14	42,42 %
Goldman Sachs	17	7	41,18 %
Ignis	5	2	40,00 %
Mirabaud	5	2	40,00 %
Morgan Stanley	15	6	40,00 %
T. Rowe Price	8	3	37,50 %
Pictet	24	9	37,50 %
BNP Paribas	17	6	35,29 %
JPMorgan	38	13	34,21 %
Falcon	6	2	33,33 %
Schweizer Fondsgesellschaften, die nicht unter den 30 besten sind:			
Credit Suisse	31	9	29,03 %
Clariden Leu	9	2	22,22 %
UBS	51	11	21,57 %
Raiffeisen	5	1	20,00 %
ZKB	5	1	20,00 %
SwissLife	9	0	0,00 %

QUELLE: LIPPER INVESTBASE PLUS/VZ VERMÖGENSZENTRUM, STAND HERBST 2009

Fortsetzung von Seite 98

der Anleger verliert Geld, wenn er seinen Anteil während dieser Phase verkauft.

Die Performance oder Wertentwicklung eines Fonds setzt sich übrigens nicht nur aus der Kursveränderung der darin enthaltenen Wertpapiere zusammen, sondern umfasst auch die Zinsen oder Dividenden von Erträgen, die ausgeschüttet oder wieder im Fonds investiert wurden. Allerdings kommen noch Kosten ins Spiel, die die Performance deutlich schmälern.

■ Wer Fonds kauft, sollte in der Lage sein, das Geld langfristig liegen zu lassen – vor allem dann, wenn der Kurs nach unten driftet. Die Devise heisst dann aussitzen, statt die Nerven zu verlieren. Investoren brauchen einen langen Atem – inbesondere bei Aktienfonds.

■ Hat sich der Fondskäufer einmal für einen bestimmten Fonds entschieden, hat er nichts mehr zu sagen. Die Fondsmanager bestimmen in eigener Regie, welche Titel sie ins Körbchen legen. Bei dieser täglichen Anlagepolitik können Fondseigner nicht mitreden. Die Fondsleitung muss sich nur an die im Prospekt beschriebene generelle Anlagepolitik halten.

Anleger haben also mit ihrem Fondsanteil kein Mitspracherecht wie Aktionäre bei einem Unternehmen.

Wie das Geld auf die verschiedenen Fondsklassen verteilt ist

Im Jahr 2008 hat das Institut für schweizerisches Bankwesen der Uni Zürich 2000 Schweizerinnen und Schweizer im Alter zwischen 18 und 74 Jahren zu ihrem privaten Anlageverhalten befragt. Untersucht wurde auch, wie die Fondsbesitzer ihr Geld nach Fondskategorien aufgeteilt haben:

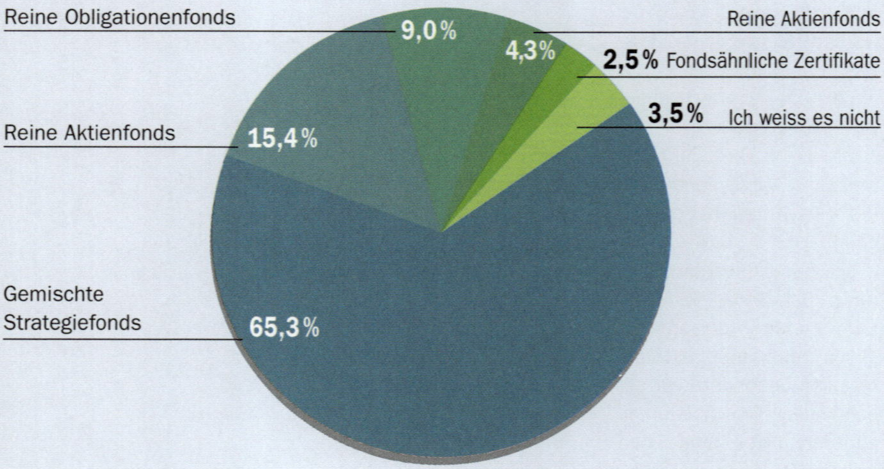

Fondssparer können nur hoffen, dass die Fondsleitung eine glückliche Hand hat und keine Amateure am Werk sind – oder sie müssen die entsprechenden Fondsanteile sofort verkaufen.

- Das Fondsgeschäft ist so unübersichtlich, dass der Laie oft überfordert ist – nicht nur beim Kauf, sondern auch beim Überwachen seines Engagements.

In der Schweiz sind zurzeit (Stand Herbst 2009) rund 3800 Fonds zum Vertrieb zugelassen, darunter rund 330 mit ausländischem Domizil. Anleger haben also die Qual der Wahl.

Selten Mehrrendite – trotz teils hohen Kosten

- Fonds schlagen den Referenzindex langfristig nur selten; sie sind also selten besser als der Durchschnitt des jeweiligen Marktes.

Ein solcher Index ist zum Beispiel der SPI, der «Swiss Performance Index», der angibt, wie sich der Durchschnitt von rund 230 Schweizer Aktien entwickelt. Nur wenige Aktienfonds, die in Schweizer Aktien investieren, haben in der Vergangenheit eine bessere Wertsteigerung erzielt. Der Grund liegt auch darin, dass bei Anlagefonds Kosten anfallen.

«In der Vergangenheit haben die aktiv gemanagten Fonds ihre höheren Gebühren selten durch eine Mehrrendite rechtfertigen können», untermauert Matthias Weber von der Fondsbewertungsgesellschaft «Ifund Services».

Diese Aussage gilt inbesondere für Aktienanlagen in die grossen, klassischen Märkte wie Schweiz, Europa oder USA. Je exotischer der Markt aber ist (Beispiel Asien/Pazifik), desto grösser ist die Chance, dass gewiefte Fondsma-

FRAGE

Kann ich beim Fondshandel eine Limite setzen?

Ich möchte Anlagefonds nur dann verkaufen, wenn der Preis stimmt. Und zu meiner Absicherung möchte ich sie mit einem Stop Loss versehen. Geht das bei Anlagefonds?

Nein. Eigentliche Limiten zu setzen ist nur bei Exchange-Traded Funds (ETFs) möglich. Denn sie werden permanent an der Börse gehandelt (siehe Seite 109 ff.).

Für die meisten anderen Anlagefonds hingegen stellt der Fonds-Herausgeber nur einmal täglich einen Kurs aufgrund des aktuellen Inventarwerts. Bei solchen Fonds ist deshalb grundsätzlich nur ein sogenannter «bestens»-Auftrag möglich. Das ist der ganz normale Verkaufsauftrag ohne Angabe einer Preislimite. Das bedeutet, dass der Fondsverkauf so schnell wie möglich ausgeführt werden muss – und zwar zum Preis, der an diesem oder am nächsten Tag festgelegt wird (siehe Kasten auf der nächsten Seite).

Sie können zwar auch bei gewöhnlichen Fonds einen Stop-Loss-Auftrag geben. Sie legen zum Beispiel fest, dass Ihre Fondsanteile dann sofort verkauft werden sollen, wenn der Kurs von 100 Franken unterschritten wird.

Doch aufgepasst: Stop-Loss-Aufträge sind gefährlich. Denn sie werden ausgelöst, sobald die eingegebene Limite unterschritten wird. Der Verkauf wird sofort vollzogen – auch wenn der Preis inzwischen noch weiter unter Ihre festgelegte Verkaufsmarke gerutscht sein sollte. Wenn es dumm läuft, werden dann Ihre Anteile mit der Stop-Loss-Grenze von 100 beispielsweise zu 70 Franken verkauft, falls die Börse eine rasante Talfahrt hingelegt hat. Und darauf haben Sie keinen Einfluss mehr. Sie können dann nicht sagen: «Halt, bei 70 will nicht verkaufen.»

nager mit einem glücklichen Händchen besser abschneiden als der Index.

Eine Konsequenz daraus könnte lauten: Indexfonds kaufen (siehe Seite 108ff.).

FRAGE

Wurde ich beim Fondsverkauf über den Tisch gezogen?

Ich habe meiner Bank am 12. Januar den Auftrag gegeben, meine Fondsanteile sofort zu verkaufen. Am 14. Januar erhielt ich von der Bank folgende Verkaufsabrechnung mit dem Datum 13. Januar: «Wir haben Ihre Fondsanteile am 12. Januar verkauft zum Kurs von Fr. 120.86.» Im Kursteil meiner Zeitung war aber am 12. Januar für diesen Fonds ein Kurs von Fr. 123.61 ausgewiesen. Hat die Bank hier etwas abgezweigt?

Nein. Diese Abrechnungsart stösst Anlegern immer wieder sauer auf. Sie ist aber in der Fondsindustrie Usanz.

So ist das Vorgehen: Ihr Verkaufsauftrag wurde von der Bank am 12. Januar ins System eingegeben. Sie hatten also Anrecht auf den Nettoinventarwert (NAV) vom 12. Januar. Damit ist der Preis eines Fondsanteils gemeint. Dieser Preis errechnet sich aus dem aktuellen Wert des Fondsvermögens geteilt durch die Anzahl Fondsanteile.

Der Nettoinventarwert kann jedoch erst am folgenden Arbeitstag berechnet werden – in Ihrem Fall am 13. Januar –, weil erst mit Börsenschluss vom 12. Januar die Werte der einzelnen Elemente im Fonds wie Aktien, Obligationen usw. bekannt waren.

Ein Institut kann also erst morgen bestimmen, welchen Wert der Fondsanteil heute hat. Weil es die Kurse auch nicht vorher an die Zeitung geben kann, sind die in den Zeitungen veröffentlichten Zahlen bereits zwei Arbeitstage alt.

Tipp: Wer sich schneller über die Fondsanteil-Preise informieren will, nutzt am besten Online-Dienste (siehe Seite 120); sie sind einen Tag schneller als Zeitungen und publizieren den Nettoinventarwert des Vortags.

- Fondssparen ist nicht gratis. Es fallen Kauf- und in einigen Fällen auch Rücknahmegebühren an, dazu laufende Gebühren für die Arbeit des Fondsmanagements (Management Fee) und für den Kauf und Verkauf von Wertpapieren im Fonds.

Dazu kommen in der Regel noch Verkaufs- und Depotgebühren der Banken, weil der Fondssparer seine Anteile über eine Bank kaufen und in einem Depot lagern muss (siehe Ausführungen auf Seite 120ff.).

Trotz des Booms, den Fondsanlagen in den letzten Jahren erlebt haben, sollten die Anleger aber nicht vergessen, dass Fonds in erster Linie Produkte sind, mit denen Banken und Fondsgesellschaften Geld verdienen wollen. Deshalb lohnt sich ein genauer Vergleich zwischen einzelnen Produkten und Anbietern.

Es gibt auch Vermögensverwalter, die einzig auf Fonds setzen: Sie nehmen ihrem Kunden die schwierige Fondsauswahl ab – was allerdings die Kosten in die Höhe treiben kann, weil ja auch Vermögensverwalter nicht gratis arbeiten.

Das sind die wichtigsten Fondskategorien

- **Aktienfonds**

Bei reinen Aktienfonds investiert die Fondsleitung das Kapital hauptsächlich in Aktien. Aktienfonds können nach verschiedenen Kriterien wie Branchen (Beispiel Biotechnologie), geografischen

Absolute-Return-Fonds: In der Bewährungsprobe versagt

Fonds mit den Namen «Absolute Return», «Total Return» oder «Target Return» klingen nach Sicherheit und positiven Erträgen. Sie wurden 2003 lanciert.

Die Verantwortlichen für diese Fonds versprechen mit dieser Bezeichnung, auch in schlechten Zeiten Gewinne zu erzielen. Sie locken mit Vorgaben wie «defensive Anlage mit positiver Rendite in jeder Wirtschaftslage» und stellen in Aussicht, dass Anleger bei einem Verkauf jederzeit mindestens ihre Investition zurückerhalten. In den Verkaufsgesprächen war in der Vergangenheit oft von hoher Sicherheit die Rede.

Die Renditen sollen auf einer stetig wechselnden Kombination unterschiedlicher Strategien beruhen, beispielsweise in einem breiten Spektrum von Anlageklassen, die von Aktien und Obligationen bis zu Derivaten und Optionen reichen.

Manche Fondsmanager arbeiten auch mit den anrüchigen und teils verbotenen Leerverkäufen: Bei Kursschwächen verkaufen sie Aktien, die sie noch nicht besitzen. Diese müssen sie dem Käufer zu einem bestimmten Termin liefern und kurz davor effektiv kaufen. Sie hoffen, die Titel billiger einkaufen zu können, als sie sie verkauft haben, um so einen Gewinn zu erzielen. Sie spekulieren also auf fallende Kurse.

Absolute-Return-Fonds weisen keinen Kapitalschutz auf, die Banken empfehlen sie trotzdem konservativen Investoren: «Die Fonds sind interessant für alle Anleger, die spekulative Strategien vermeiden wollen», hiess es etwa bei der Credit Suisse.

Auch Leuten, die beispielsweise ein Erbe sicher anlegen wollten, wurden Total-Return-Fonds angedreht.

Doch ihre erste Bewährungsprobe haben die Fonds nicht bestanden. Sie haben in der Finanzkrise von 2008 nicht wie versprochen Gewinne eingefahren, sondern happige Verluste.

Schlimm erwischt hat es den Absolute Return Bond Fund der UBS. Deshalb hat die UBS die Notbremse gezogen und den Fonds in einen weniger risikoreichen Money Market Fund überführt – eine geordnete Liquidation. Seit seiner Eröffnung im 2006 hatte der Fonds 41,2 Prozent an Wert eingebüsst.

Tipp: Auf dem Markt gibt es weiterhin Absolute-Return-Fonds – sowohl für Aktien als auch für Obligationen. Lassen Sie sich also von den Verlockungen und den blumigen Marketingsprüchen nicht blenden. Solche Bezeichnungen sind irreführend, weil sie den riskanten Charakter der Anlagestrategie verschleiern.

Übrigens: Ein ähnliches Versprechen (positive Rendite in jedem Marktumfeld) haben auch die sogenannten 130/30 Fonds abgegeben. Auch dieses Konzept hat in der turbulenten Börsenkrise von 2008 versagt.

Der unabhängige Fondsgeschäft-Kenner Peter Spinnler sagte im Januar 2009 im «Tages-Anzeiger»: «Bei den Absolute-Return-Fonds wurde ganz klar zu viel versprochen. Ich kann den Anlegern nur raten, nicht auf Verkäuferversprechungen zu hören, sondern ausschliesslich Finanzprodukte zu kaufen, die sie selber verstehen. Bei alternativen Fonds zum Beispiel wissen mitunter nicht mal die Berater genau, was sie ihren Kunden empfehlen oder ins Depot legen. Es ist eben so, dass die Herausgeber nicht Nachfrage-getrieben handeln: Sie entwickeln und vertreiben primär Produkte, die für sie selbst lukrativ sind.»

Regionen (Beispiel Osteuropa), speziellen Themen (Beispiel Nachhaltigkeit, Infrastruktur oder Wasser) oder auch nach der Grösse von Unternehmen ausgerichtet sein (Beispiel Small-Caps, also kleine Unternehmen).

Reine Aktienfonds sind riskanter als Anlagefonds, die auch Obligationen enthalten. Im Erfolgsfall verdient der Anleger damit aber auch mehr Geld.

■ Branchen-Aktienfonds

Branchenfonds eignen sich für Anleger, die einen speziellen Wirtschaftssektor als besonders attraktiv einschätzen und vom erwarteten Wachstum dieser Branche profitieren wollen. Dazu zählen etwa die Agrarwirtschaft oder die Rohstoffbranche oder der Biotechnologie- bzw. Pharmasektor.

Bei den Branchenfonds reagieren die Banken immer wieder auf kurzlebige Modetrends, was Sie als Anleger getrost ignorieren können (siehe «Checkliste» auf Seite 124).

■ Regionen-Aktienfonds

Bei diesen Anlagefonds investiert die Fondsleitung in Aktien von Unternehmen einzelner geografischer Regionen. Meist zeichnen sich diese Regionen durch ein hohes Wirtschaftswachstum aus, was bedeutet, dass die dort ansässigen Unternehmen hohe Gewinne und entsprechend gute Aktienkurse erzielen.

Zu den Regionen-Aktienfonds zählen etwa Schwellenländer- oder Asien-Fonds, die in den letzten Jahren teilweise sehr hohe Renditen erwirtschaftet haben.

■ Geldmarktfonds

Geldmarktfonds gelten als sehr sichere Wertpapiere, weil sie ihr Geld erstklassigen Schuldnern kurzfristig zur Verfügung stellen. Für das erhaltene Kapital zahlen die Schuldner einen marktüblichen Zins, der dem Fonds und damit auch den Anlegern zugute kommt.

Weil in diesem Ratgeber die Sicherheit von Anlagen im Vordergrund steht, werden Geldmarktfonds im Kasten auf der Seite rechts näher beleuchtet.

Anleger können diese Fonds in diversen Währungen halten. Geldmarktfonds in Fremdwährungen sind jedoch risikoreicher als in Schweizer Franken, weil vor allem

Fortsetzung auf Seite 106

Valor und ISIN-Nummer

Sämtliche Wertschriften sollen eine weltweit eindeutige und einheitlich aufgebaute Identifikation bzw. Kennziffer tragen; deshalb wurde 2003 die ISIN eingeführt. Das Kürzel steht für International Securities Identification Number. Auch Fonds erhalten deshalb eine ISIN.

Die ISIN-Kennziffer ist eine zwölfstellige Buchstaben-Zahlen-Kombination und wird so gebildet:

- Zu Beginn steht ein Länderkürzel mit zwei Buchstaben. Schweizer Fonds tragen vorne ein CH.
- Die folgende NSIN (Nationale Kennnummer) setzt sich aus zwei bis vier Nullen zusammen, gefolgt von der bisherigen nationalen Kennnummer (in der Schweiz Valor).
- Die letzte Ziffer ist eine Prüfziffer.
- Beispiel: Ein Weltaktienfonds von Swisscanto hat die ISIN-Nummer CH0000700911. Der Valor lautet 70091.

Die ISIN soll allmählich die verschiedenen nationalen Kennnummern ersetzen (in der Schweiz den Valor, in Deutschland zum Beispiel die Wertpapier-Kennnummer WKN).

Allerdings: Der herkömmliche Valor ist nicht verschwunden. Man findet ihn noch häufig in Zeitungen, und selbst auf Fonds-Factsheets ist er nach wie vor regelmässig zu sehen. Und auch beim Umgang mit Online-Brokern ist er noch geläufig.

Geldmarktfonds: Eine gute Parklücke, aber nicht sehr attraktiv

Geldmarktfonds sind insbesondere während Börsenkrisen sehr beliebt, denn sie gelten als sehr sichere Investition.

Geldmarktfonds investieren in alle Formen von Wertpapieren, die Zinsen zahlen. Dazu gehören Obligationen von Staaten, staatsnahen Organisationen, Pfandbriefanstalten, Unternehmen und Banken.

Die Fonds können auch spezielle Formen von Zinspapieren enthalten. Zum Beispiel Floating Rate Notes, also Obligationen mit flexiblem Zins (siehe dazu die Ausführungen auf Seite 78f.).

Die Fondsmanager achten auch darauf, dass die Wertpapiere eine kurze Laufzeit haben. Die kurzen Laufzeiten sind der markanteste Unterschied zu normalen Obligationenfonds.

Der Grund dafür: Je kürzer die Laufzeit, desto kleiner ist die Wahrscheinlichkeit, dass ein Schuldner (also ein Emittent) seinen Zahlungsverpflichtungen nicht nachkommen kann.

Zudem schwanken kurzfristige Obligationen weniger stark im Kurs als langfristige, falls sich das allgemeine Zinsniveau ändert.

Die Fondsmanager legen in geringerem Mass auch in sehr kurzfristige Geldmarktinstrumente an. Zum Beispiel in Tagesgelder. Das sind Gelder, die 48 Stunden nach Einzahlung wieder abhebbar sind (siehe Kasten auf Seite 44).

Mit Geldmarktfonds werden Anleger nicht reich. Geldmarktfonds haben zwei entscheidende Vorteile: Sie sind bereits in kleiner Stückelung erhältlich, teils schon für weniger als 100 Franken. Und man kann die Fondsanteile jederzeit verkaufen, sie bieten also eine hohe Flexibilität, weil der Anleger praktisch täglich über sein Geld verfügen kann.

Doch kurzfristige Obligationen von sehr guten Emittenten mit hoher Bonität zahlen in der Regel tiefe Zinsen. Nach Abzug der Inflation ist die Rendite vielfach sogar negativ.

Von November 2005 bis Oktober 2009 haben Geldmarktfonds im Schnitt pro Jahr zwischen 1,2 und 1,8 Prozent abgeworfen.

Es gibt auch Geldmarktfonds, die riskante Strategien fahren – und prompt verlieren. Diese Fondsmanager investierten lange Zeit sogar in verbriefte US-Hypotheken von zweifelhaften Schuldnern – ins sogenannte Subprime-Segment. Diese Hypotheken bzw. ABS-Papiere standen am Anfang der aktuellen Finanzmarktkrise und werden mittlerweile auch als «Giftmüll» bezeichnet (siehe Ausführungen auf Seite 75ff.).

Rendite hängt von Strategie und Gebühren ab. Die Rendite wird nicht nur von der Strategie des Fondsmanagements beeinflusst, sondern auch von den Gebühren.

In erster Linie fällt die Managementgebühr ins Gewicht. Denn das Kaufen und Verkaufen von Wertschriften sowie die Leitung eines Fonds kosten Geld. Das wird dem Fondsvermögen belastet und schmälert die Rendite.

Hinzu kommen Gebühren der Bank wie Transaktions- und Depotgebühren. Nach Abzug der Inflation und aller Gebühren lohnen sich daher viele Fonds nicht, wenn man sie rein aus der Renditesicht betrachtet.

Tipp: Achten Sie auf eine tiefe jährliche Managementgebühr. Einige Fonds verwenden die Masszahl Total Expense Ratio (TER, siehe Seite 122f.), andere z. B. «pauschale Verwaltungskommission» oder schlicht «Verwaltungsgebühr».

Die meisten Fonds weisen diese Zahl auf dem Factsheet (evtl. Termsheet genannt) oder im Verkaufsprospekt aus.

Und noch ein Ratschlag: Meiden Sie Produkte, bei denen Sie der Fondsgesellschaft beim Kauf eine hohe Ausgabekommission zahlen müssen. Eine geringe Kommission ist gerechtfertigt, wenn die jährliche Managementgebühr sehr tief ist.

Rücknahmekommissionen sollten gar keine anfallen.

Fortsetzung von Seite 104

bei einem kurzfristigen Rückzug des Geldes Kursverluste drohen.

■ Obligationenfonds

Obligationenfonds investieren in festverzinsliche Wertpapiere. Dabei wird das Fondsvermögen auf verschiedene Schuldner wie Staaten oder Unternehmen verteilt. Obligationenfonds reagieren zwar auch auf das jeweilige Zinsumfeld am Markt, doch fallen die Kursschwankungen wegen der Vielfalt der enthaltenen Obligationen und den unterschiedlichen Laufzeiten oft schwächer aus als bei Direktanlagen in Anleihen.

Es gibt Obligationenfonds in Schweizer Franken und in den wichtigen ausländischen Währungen wie Euro und Dollar (oder mit einem Währungsmix).

Einige Fachleute betonen, die Rendite von Obligationenfonds sei schlechter als diejenige von Direktanlagen in festverzinsliche Wertpapiere.

■ Strategiefonds

Anlagestrategiefonds werden auch Anlagezielfonds, Portfoliofonds oder Mischfonds genannt. Sie investieren sowohl in Aktien als auch in Obligationen (in Ausnahmefällen auch in andere Anlagekategorien) und sind deshalb eine bequeme Variante für Einsteiger.

Gemischte Fonds sind aus diesem Grund auch für diejenigen Sparer das Richtige, die gar nicht so hohe Summen aufbringen können, dass sich eine Aufteilung ihres angelegten Geldes in verschiedene Anlagefonds lohnen würde.

Strategiefonds sind auch passiven Anlegern zu empfehlen, die ihr Risiko nicht selber mit verschiedenen Fonds streuen wollen, sondern diese Arbeit dem Fondsmanagement überlassen möchten.

Mischfonds erkennen Sie im Namen oft an den Bezeichnungen «Portfolio» oder «Strategy».

Bei der Auswahl von Strategiefonds ist in erster Linie der Aktienanteil entscheidend (siehe Kasten auf der Seite rechts).

Übrigens: Viele Strategiefonds haben Aktienanteile von 80 Prozent und mehr – sind also im Grunde gar keine Mischfonds mehr. Anleger sollten also die Wertentwicklung von solchen offensiven gemischten Fonds am reinen Aktienindex MSCI World messen.

Das Fazit daraus kann nur heissen: Wer ohnehin schon viel Risiko auf sich nehmen kann und will, sollte gleich in weltweit operierende Aktienfonds investieren und die offensiven und oft teuren Mischfonds links liegen lassen.

Wer hingegen sein Risiko effizient mit einem Mischfonds streuen will und eine sinnvolle Mischung von Aktien und Obligationen anstrebt, sollte nur Mischfonds mit einem Aktienanteil zwischen 25 und 70 Prozent wählen.

Tipp für den Kauf: Viele Banken bieten nur hauseigene Fonds an, der Kauf von anderen – vielleicht erfolgreicheren – Fonds von ande-

Fortsetzung auf Seite 108

TIPP

Strategiefonds: So treffen Sie die richtige Wahl

Anlagestrategiefonds unterscheiden sich vor allem beim Aktienanteil (der übrigens nicht starr sein muss, sondern innerhalb einer gewissen Breite schwanken kann):

- **Defensive Mischfonds** investieren grösstenteils in die als eher sicher geltenden Obligationen und halten den riskanteren Aktienanteil relativ tief – bei rund 5 bis 30 Prozent. Aus dem Namen eines gemischten Fonds ist der Aktienanteil und damit sein Risiko oft nicht ersichtlich. Bezeichnungen, die auf eine tiefe Aktienquote hinweisen, sind «Zinsertrag», «Einkommen», «Fixed Income», «Income», «Conservative» oder «Yield».

Wegen ihres geringen Aktienanteils sind die «Defensiven» kleineren Kursschwankungen ausgesetzt. Im Gegenzug sind sie auch keine Renditeraketen. Geld verlieren kann man mit ihnen aber trotzdem.

- **Ausgewogene gemischte Fonds** gewichten Aktien stärker, haben aber immer noch einen ansehnlichen Anteil an Obligationen. Diese Gewichtung kann sich je nach Börsenlage auch leicht oder stark verschieben. Der Aktienanteil liegt hier in der Regel zwischen 30 und 60 Prozent (in der Tabelle sind sie in zwei Kategorien unterteilt). Die gebräuchlichen Bezeichnungen der ausgewogenen Mischfonds lauten «Ausgewogen» oder «Balanced».
- **Offensive gemischte Fonds** sind stark aktienlastig (kurzfristig können sie sogar bis 100 Prozent Aktien enthalten) und haben im Vergleich mit den anderen gemischten Fonds (Strategiefonds) am wenigsten Obligationen im Portefeuille.

Die typischen Bezeichnungen in den Namen der offensiven gemischten Fonds sind «Kapitalgewinn», «Growth», «Wachstum», «Dynamic» oder «Aggressive».

Auf den Aktienanteil achten. Dass sich die drei Arten von gemischten Fonds punkto Rendite-Erwartung und Risiko unterscheiden, hat für den Anleger einen grossen Vorteil: Er kann die Wahl des Produkts von seiner persönlichen Anlagestrategie abhängig machen (siehe Kapitel 1). Die Grafik unten zeigt die jeweilige Anlagedauer je nach Aktienanteil, die möglichen durchschnittlichen Renditen sowie das Risiko.

Die vier Anlagekategorien für Strategiefonds im Überblick

	Kategorie Aktien 5–30	Kategorie Aktien 30–45	Kategorie Aktien 45–60	Kategorie Aktien 60–90
Aktienanteil (Ziel)	5% bis 30%	30% bis 45%	45% bis 60%	60% bis 90%
Geeignet für Anlagen	ab 4 Jahren	ab 6 Jahren	ab 8 Jahren	ab 10 Jahren
Renditeziel langfristig[1]	ca. 4,5%	ca. 5,2%	ca. 6,0%	ca. 6,5%
Risiko[2]	–8% bis +17%	–12% bis +23%	–17% bis +29%	–21% bis +34%
Beispiel nach 1 Jahr:[3] **Anlage von 100 000.–**	92 000.– bis 117 000.–	88 000.– bis 123 000.–	83 000.– bis 129 000.–	79 000.– bis 134 000.–

1 Angabe pro Jahr. Basierend auf Indexentwicklungen der Vergangenheit. Wertentwicklungen in der Vergangenheit sind keine Garantie für zukünftige Erträge.
2 Ausgedrückt als Schwankungsbandbreite der Rendite (Basis: doppelte Standardabweichung basierend auf Indexentwicklung der Vergangenheit).
3 Bei einer angenommenen Investition von Fr. 100 000.– liegt der Depotwert nach 1 Jahr mit einer Wahrscheinlichkeit von 95% im genannten Bereich.

QUELLE: VZ VERMÖGENSZENTRUM

Fortsetzung von Seite 106

ren Anbietern ist dann bei dieser Bank teuer.

■ Indexfonds.
Klassische Indexfonds legen ihr Vermögen genau so an, wie der entsprechende (Referenz-)Index gewichtet ist. Indexfonds entwickeln sich somit praktisch gleich wie der betreffende Index.

Indexfonds werden auch als passiv gemanagte Fonds bezeichnet, weil das Management keine eigene Auswahl aufgrund von irgendwelchen Theorien und Prognosen trifft, sondern nur diejenigen Titel hält, die den Index ausmachen. Das Ziel ist es, nicht schlechter abzuschneiden als der als Referenz gewählte Index.

Oftmals sind gemäss Fondsreglement ausdrücklich gewisse Abweichungen zugelassen, sodass die effektive Gewichtung der Titel im Fonds von derjenigen des Referenzindex abweichen kann.

Indexfonds sind also nicht abhängig von der Qualität des Fondsmanagements und fallen auch nicht ab, wenn ein guter Fondsmanager zur Konkurrenz wechselt.

Allerdings: Auch bei Indexfonds fallen Gebühren an. Diese liegen zwar tiefer als bei aktiv gemanagten Fonds, bewirken aber doch, dass Indexfonds punkto Performance quasi automatisch leicht unter dem betreffenden Index liegen.

Grosse Palette an herkömmlichen Indexfonds

Die Palette an klassischen Indexfonds reicht inzwischen von den bekannten Aktienindexen über Indexe auf Rohstoffe, Edelmetalle oder Aktien, die einen bestimmten Investmentstil verkörpern, bis hin zu Indexfonds, die eine bestimmte Branche oder eine geografische Region abdecken.

Indexfonds sind also für Leute geeignet, die die Chancen der Aktienmärkte nutzen möchten, sich aber nicht um die Auswahl eines geeigneten Fonds kümmern wollen.

Es kommt sehr oft vor, dass herkömmliche – aktiv gemanagte – Aktienfonds schlechter abschneiden als der betreffende Index (siehe Seite 101 f.). Dies ist ein Grund mehr, zu Indexfonds zu greifen – natürlich nur, wenn man überzeugt

STICHWORT

Index

Ein Index ist eine Kennzahl für die Entwicklung einer bestimmten Wertpapierkategorie, beispielsweise von Aktien, Währungen oder Rohstoffen (siehe auch Kasten auf Seite 86).

Oft umfasst ein Index nur einen Teilbereich eines Gesamtmarktes, wie etwa Aktien Nordamerika, Blue Chips (Börsenschwergewichte) oder Small- und Mid-Caps (börsenkotierte kleinere und mittelgrosse Unternehmen).

Der Index kann aber auch die Entwicklung einer Branche darstellen, wie etwa die US-Technologiebörse Nasdaq.

Inzwischen gibt es für fast jede Anlagekategorie einen eigenen Index.

Die bekannteste «Herstellerin» von Indexen ist MSCI (Morgan Stanley Capital International). Infos dazu finden Sie auf deren Homepage (www.mscibarra.com).

ist, dass sich der betreffende Index in der Zukunft nach oben entwickeln wird.

Wichtig: Im Prinzip sind klassische Indexfonds ganz «normale» Fonds. Es werden also Anteile gekauft und verkauft, wobei pro Tag nur ein einziger Kurs festgesetzt wird.

Es gibt aber eine bestimmte Kategorie von Indexfonds, deren Anteile an der Börse gehandelt werden – die ETFs.

Börsengehandelte Indexfonds – die ETFs

ETF ist die Abkürzung für Exchange-Traded Fund. Es handelt sich dabei um börsengehandelte Indexfonds ohne Laufzeitbeschränkung, die zu günstigen Bedingungen einen Index passiv nachbilden (also keine aktive Titelselektion betreiben). Dafür kommen sehr viele Indexe in Frage.

ETFs sind also einerseits ganz normale Indexfonds, die ihr Vermögen im Prinzip so anlegen, wie der entsprechende Referenzindex gewichtet ist.

Indexfonds sollen sich somit gleich wie der betreffende Index entwickeln – zum Beispiel der Schweizer SMI, eine Rohstoffbörse, eine Obligationenkategorie oder eher exotische Indexe wie Infrastruktur, Agrarprodukte, Vietnam, Taiwan oder Südkorea.

Das Management wählt die Titel also nicht selber aus, es handelt sich um ein passives Management.

Bewegt sich zum Beispiel der Schweizer Aktienindex SMI um ein Prozent nach oben, so steigt im

TIEFE KOSTEN – HÖHERE RENDITE

Die Tabelle zeigt, wie eine tiefere Gesamtkostenquote (TER, siehe Seite 122f.) langfristig eine höhere Rendite ermöglicht. Beim aktiv gemanagten Fonds im Beispiel liegt die TER bei 1,5%, beim ETF bei 0,35%. Daraus resultiert bei einem Investment von 100 000 Franken nach fünf Jahren eine Netto-Mehrrendite von 6491 Franken. Nach zehn Jahren wäre der Unterschied 15 109 Franken, nach 20 Jahren 40 964 Franken.

	Aktiv gemanagter Fonds mit Anlagefokus Schweiz	**Indexfonds (z. B. UBS 100 Index-Fund Switzerland)**	**Exchange-Traded Fund (z. B. auf den SMI)**
Investitionssumme	100 000.–	100 000.–	100 000.–
Gesamtkostenquote (TER)[1]	1,50%	0,60%	0,35%
Anlagehorizont (in Jahren)	5	5	5
Angenommene Bruttorendite	4%	4%	4%
Nettorendite	2,5%	3,4%	3,65%
Saldo nach 5 Jahren	113 141.–	118 196.–	119 632.–
Mehrertrag		**5055.–**	**6491.–**

1 Ohne Berücksichtigung von Ausgabe- und Rücknahmespesen bzw. Courtagen und Spreads

QUELLE: WWW.ETFEXPLORER.COM

Prinzip auch der Kurswert eines SMI-ETFs um ein Prozent.

Im Unterschied zu den anderen Indexfonds werden aber ETFs an der Börse gehandelt. Man nennt sie deshalb oft auch Indexaktien.

Basis für den Handel ist der laufend berechnete Nettoinventarwert NAV (Erläuterungen zum NAV im Kasten auf Seite 102).

ETFs sind schon in kleinen Stückelungen erhältlich – teils auch schon ab 50 Franken (wobei sich eine so kleine Investition wegen der Kaufgebühren auf keinen Fall lohnt).

Seit einigen Jahren erleben ETFs einen grossen Aufschwung. An der Schweizer Börse stehen zurzeit (Herbst 2009) gut 260 Produkte zur Auswahl. Dafür sind drei Gründe ausschlaggebend:

- ETFs sind transparent.
- ETFs bringen in sehr vielen Fällen eine bessere Performance als aktiv verwaltete Fonds (siehe Ausführungen auf Seite 101 f.).
- ETFs sind günstig. Weil diese Fonds auf ein aktives Management des angelegten Geldes und damit auf einen grossen und teuren Analyseaufwand für die Auswahl der besten Titel verzichten, liegt die Gesamtkostenquote TER der in der Schweiz zum Börsenhandel zugelassenen ETFs ledig-

RANGIERUNG NACH STERNEN: ETF-PRODUKTE IM VERGLEICH

Die Tabelle zeigt das Sterne-Rating der Zürcher Bewertungsfirma Fundexplorer – und zwar für die ETFs auf Schweizer Aktien. Vergeben werden maximal fünf Sterne.

Die Gesamtkostenquote TER ist in der Gesamtbeurteilung mit 25 Prozent gewichtet. 30 Prozent zählt das Risiko, welches sich aus der Abbildungsmethode (Replikation) und der Preisschwankung ergibt. Ausführungen zur Abbildungsmethode finden Sie im Kasten auf der Seite rechts. Weitere Bewertungskriterien sind zum Beispiel die Grösse und das Alter des Fonds, die Handelbarkeit oder die Höhe der zugeflossenen Neugelder.

Auf ihrer Webseite www.etfexplorer.com bietet Fundexplorer laufend aktualisierte Bewertungen aller an der Schweizer Börse gehandelten Indexfonds an. Zudem sind auch Bewertungen aller in Deutschland gehandelten ETFs abrufbar. Der Online-Zugang kostet 15 Franken pro Monat.

Name	Anbieter	Valor	Index[1]	TER[2]	Abbildungsmethode[3]	Rating
Xmtch (CH) on SMI	Credit Suisse	889 976	SMI	0,38%	Klassisch	*****
UBS-ETF SMI	UBS	1 714 271	SMI	0,35%	Klassisch	****
db x-trackers SMI	Deutsche Bank	2 825 604	SMI	0,30%	Swapbasiert[3]	****
iShares SMI (DE)	Barclays Global	1 210 415	SMI	0,52%	Klassisch	***
UBS-ETF SLI	UBS	3 291 273	SLI	0,35%	Klassisch	***
Xmtch (CH) on SLI	Credit Suisse	3 176 893	SLI	0,40%	Klassisch	***
Comstage ETF SMI	Commerzbank	4 878 600	SMI	0,25%	Swapbasiert[3]	**
db x-trackers SLI	Deutsche Bank	3 613 620	SLI	0,35%	Swapbasiert[3]	**

1 Siehe Erläuterungen auf Seite 86; 2 Siehe Erläuterungen auf Seite 122 f.; 3 Siehe Erläuterungen auf Seite 111

QUELLE: FUNDEXPLORER, STAND 9.11.2009

lich bei meist 0,1 bis 0,9 Prozent pro Jahr; im Schnitt sind es bei Aktien-ETFs 0,5 Prozent, bei Obligationen-ETFs 0,2 Prozent.

ETFs sind auch günstig, weil die Anbieter wenig Werbeaufwand betreiben und den Verkäufern keine oder nur geringe Verkaufsprovisionen zahlen.

Die jährlichen TER-Gesamtkostenquoten von aktiv verwalteten Fonds betragen dagegen meist zwischen 1,2 und 2 Prozent pro Jahr (siehe Tabelle auf Seite 123).

Auch eine allfällige Erfolgsbeteiligung für die erzielte Performance eines Fonds (Performance Fee) entfällt bei ETFs. Diese kann in Einzelfällen bei aktiv verwalteten Fonds bis zu 20 Prozent des Gewinns ausmachen.

Ausgabe- und Rücknahmekommissionen gibt es ebenfalls nicht, weil ja an der Börse gekauft wird.

Das heisst aber auch: Unter Berücksichtigung der Kosten, die dem Fonds belastet werden, bleiben auch ETFs leicht unter dem zugrundeliegenden Index zurück.

Der Handel mit ETFs läuft den ganzen Tag

ETFs können wie Aktien jederzeit an der Börse zu den für Aktien üblichen Spesen gekauft werden. Das heisst: Der Käufer/Verkäufer muss nur der Bank Gebühren für die Ausführung von Käufen und Verkäufen zahlen (sogenannte Courtagen).

Die Grössenordnung dieser Courtage liegt je nach Bank zwischen 0,1 und 1 Prozent der Handelssumme (wobei es oft Min-

ETFs: Zwei Methoden, neue Produkte

Bei ETFs gibt es zwei verschiedene Arten, um den Index abzubilden.

- Bei der klassischen Methode kauft der ETF genau diejenigen Wertpapiere, die im zugrundeliegenden Index enthalten sind. Und zwar im gleichen Verhältnis wie im Index.
- Bei der synthetischen Replikation hingegen kaufen die Fondsgesellschaften einen beliebigen Aktienkorb und koppeln diesen an ein kompliziertes Tauschgeschäft mit einer Bank. Konkret: Die Bank erhält die Rendite dieses beliebigen Aktienkorbs, dafür garantiert sie der Fondsgesellschaft die exakte Rendite des Index.

Solche Kontrakte – im Fachjargon Swap genannt – bergen ein Risiko, denn sie werden wertlos, falls die Bank pleitegeht. Damit schleicht sich ein Emittentenrisiko in den ETF – das allerdings auf 10 Prozent des Fondsvermögens begrenzt ist, weil solche derivativen Instrumente nicht mehr als 10 Prozent des Fondsvermögens ausmachen dürfen. Rund die Hälfte der ETFs sind synthetisch repliziert.

Punkto Rendite unterscheiden sich die beiden Abbildungsmethoden nicht wesentlich.

Mehr Risiko. Der Markt für Exchange-Traded Funds (ETFs) entwickelt sich rasant – doch nicht alle Entwicklungen sind ein Segen für die Anleger. Neuerdings gibt es zum Beispiel sogenannte Short-ETFs: Sie spekulieren auf fallende Indexe.

Neu gibt es auch Hebelprodukte, die Derivate beimischen und dadurch den Gewinneffekt verdoppeln können. Macht beispielsweise ein Aktienindex 2 Prozent vorwärts, macht der Anleger mit einem gehebelten ETF einen Gewinn von 4 Prozent. Allerdings besteht dann auch ein doppeltes Verlustrisiko, falls sich der Index unerwartet in die entgegengesetzte Richtung bewegt.

Solche Produkte sind teurer und nur für Kurzfrist-Spekulanten interessant, die von Schwankungen an der Börse profitieren möchten; für den langfristigen Aufbau von Vermögen und damit für Normalsparer eignen sie sich nicht.

Die Finanzmarktaufsicht der USA meinte 2009, diese ETF-Produkte seien für Privatinvestoren nicht geeignet.

desttarife von zum Beispiel 50 Franken gibt).

Wie schon gesagt: Der Handel mit ETFs läuft den ganzen Tag, weshalb Anleger während des Tages mit Kauf- oder Verkaufsaufträgen auf aktuelle Entwicklungen reagieren können. Bei herkömmlichen, nicht an der Börse kotierten Fonds finden Ausgabe und Rücknahme durch die Fondsgesellschaft meist nur einmal täglich statt (siehe Kasten auf Seite 102).

Wobei zu sagen ist: Langfristig ausgerichtete Anleger geben nicht permanent Kauf- und Verkaufsaufträge.

Im Internet finden Interessierte auf www.sfa.ch unter «Publikationen» eine ETF-Broschüre mit vielen Infos. Weiterführende Angaben sind auf der Vergleichsplattform www.etfexplorer.com erhältlich (siehe Kasten auf Seite 110) sowie auf www.swissfunddata.ch oder www.six-swiss-exchange.com.

Auch ETF-Käufer müssen eine Wahl treffen

Bei allen Vorteilen der ETFs: Der Anleger sollte auch hier wissen, auf welchen Trend er mit ETFs setzen will.

Welcher Index steigt in nächster Zeit? Wie gross soll der Aktien- und wie gross der Obligationenanteil sein? Wie soll das Portfolio geografisch bzw. währungsmässig verteilt werden?

Versierte Anleger können übrigens auch mit strukturierten Produkten auf Indexe setzen (siehe Kapitel 6). Solche Index-Zertifikate sind aber im Gegensatz zu ETFs keine geschützten Sondervermögen. Es handelt sich rechtlich gesehen um Schuldverschreibungen des Herausgebers. Will heissen: Geht der Herausgeber (Emittent) pleite, ist auch sein Zertifikat nichts mehr wert.

Tipps für den Kauf von börsengehandelten Indexfonds

- Verlangen Sie ausdrücklich ETFs. Berater und Vermögensverwalter haben an einem Verkauf wenig Interesse, weil sie mit der Vermittlung solcher kostengünstigen Produkte wenig bis nichts verdienen.
- Es gibt immer mehr ETFs, die den gleichen Index abbilden. Für die Auswahl können Sie sich an der Sterne-Bewertung auf www.etfexplorer.com orientieren (siehe Kasten auf Seite 110).
- Beim Kauf von ETFs müssen Sie keinen Ausgabeaufschlag zahlen, dafür Courtagen der Bank (plus Börsengebühren). Achten Sie generell darauf, dass die Bankencourtage beim Kauf oder Verkauf eines Finanzprodukts nicht mehr als 1 Prozent der Kaufsumme ausmacht. Sonst sollten Sie die Bank wechseln oder anfangen, übers Internet zu handeln.
- Achten Sie beim Kauf von ETFs auf den sogenannten Spread, also auf die Spanne zwischen Ankaufs- und Verkaufspreis. Die beiden Preise werden so festgesetzt, dass der Unterschied bis 2 Prozent ausmachen kann. Es gibt Anbieter, die mit einer tiefen Gesamtkostenquote (TER) arbeiten, dafür beim Spread kräftiger zulan-

gen; andere machen es genau umgekehrt.

Beträgt der Spread zum Beispiel ein Prozent, muss der Index um ein Prozent zulegen, bis der Käufer nur allein diesen Abschlag aufgeholt hat.

Langfristig orientierte Investoren achten bei ETFs eher auf tiefe jährlich wiederkehrende Kosten (TER) und nehmen dafür einen höheren Spread in Kauf.

Die «langweilige» Indexrendite ist oft gar nicht so schlecht

Und zum Schluss noch eine Erkenntnis der Börsenpsychologie (siehe auch Seite 18): Viele Anleger schätzen ihre Fähigkeiten sehr hoch ein und sagen sich: «ETF? Nein danke, mit dem Marktdurchschnitt gebe ich mich nicht zufrieden, ich bin sehr sachkundig und kann mehr und kaufe deshalb keine langweiligen ETFs.»

Das ist eine gefährliche Selbstüberschätzung und führt in der Regel zu höheren Verlusten als der Marktdurchschnitt bzw. zu geringeren Gewinnen.

Denn die Indexrendite ist oft gar nicht so schlecht. Und manch einer wäre froh gewesen, wenn er in der Vergangenheit wenigstens die Indexrendite erzielt hätte bzw. nicht mehr verloren hätte als der Index.

Auch aus diesem Grund lautet eine oft gehörte pauschale Anlagestrategie für Laien: Kaufe ein paar Obligationen von stabilen Schuldnern oder Obligationenfonds für den sicheren Ertrag und dazu noch einen ETF (zum Beispiel auf den SMI) als Renditeoptimierer. Dann bist du unter dem Strich gut bedient.

Es drohen überflüssige und teure neue Produkte

Der amerikanische Autor David F. Swensen äussert sich in seinem Buch «Erfolgreich investieren – Strategien für Privatanleger» kritisch zur Zukunft der ETFs. Bisher seien damit «hochwertige Leistungen zu angemessenen Preisen» geboten worden.

Doch der ETF-Markt scheine den gleichen anlegerfeindlichen Pfad einzuschlagen wie die traditionelle Investmentfonds-Industrie, die nur «übermässige Profite auf Kosten der Anlegerinteressen» verfolge. Konkret: «Die Hauptdarsteller der

Fortsetzung auf Seite 118

Thesaurierend oder ausschüttend?

Es gibt Fonds, die alle anfallenden Erträge (zum Beispiel Obligationenzinsen und Aktiendividenden) laufend reinvestieren; sie sind «thesaurierend».

Das Gegenteil sind «ausschüttende» Fonds; sie zahlen die Erträge meist einmal jährlich an die Besitzer der Fondsanteile aus. Über die Höhe der Ausschüttung entscheidet das Fondsmanagement.

Gerade bei Obligationenfonds haben die Anleger häufig die Wahl zwischen der thesaurierenden und der ausschüttenden Tranche.

Diese Information findet sich auch auf dem Factsheet. Der Fonds, dessen Factsheet auf Seite 114 abgedruckt ist, ist ausschüttend. Ausschüttende Fonds sind also für Anleger sinnvoll, die auf ein regelmässiges Einkommen angewiesen sind.

Wer langfristig investiert und kein Einkommen braucht, wählt thesaurierende Fonds. Die Wertsteigerung von thesaurierenden Fonds ist wegen des Zinseszinseffektes tendenziell höher.

Anlagestrategiefonds | ausschüttend

Swisscanto (LU) Portfolio Fund Balanced A

August 2009 | Ausgabe Schweiz

Swisscant

Valoren-Nummer: 1092981 | ISIN-Nummer: LU0112803316 | Bloomberg: SWCPBAL LX | Reuters: SWCA3

1 Beschreibung

Der Fonds investiert weltweit in Aktien, Obligationen und Geldmarktinstrumente. Der Aktienanteil liegt dabei zwischen 30% und 50%. Mit der breiten Streuung von Aktien und Obligationen reduziert sich das Risiko im Vergleich zu einer Investition in eine Einzelanlage.

2 Profil/Eignung

Dieser Fonds eignet sich für Anleger, die

- auf den Ertrag von Obligationen bauen und gleichzeitig von Aktienkursgewinnen profitieren möchten.
- sowohl an Kapitalwachstum als auch an regelmässigem Einkommen interessiert sind.
- einen langfristigen Anlagehorizont im Auge haben.
- bereit sind, Kursschwankungen in Kauf zu nehmen.
- ein gewisses Risiko in Kauf nehmen wollen.

Mit der Anlage sind Risiken, insbesondere diejenigen von Wert- und Ertragsschwankungen, verbunden. Weiter unterliegen Anlagen in Fremdwährungen Wechselkursschwankungen. Die Risiken sind im Einzelnen im Verkaufsprospekt dargelegt.

Risiko

tief hoch

4 Indexierte Performance in CHF 31.07.(

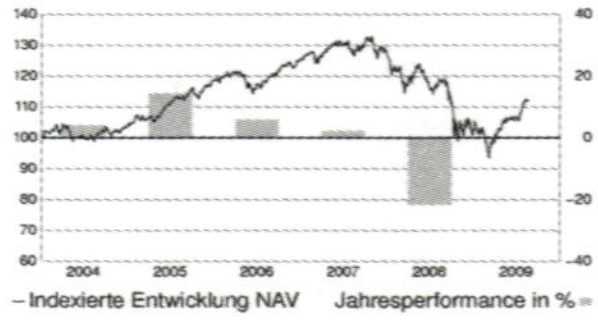

Die vergangene Performance ist kein Indikator für die zukünftige Wertentwicklung und bietet keine Garantie f den Erfolg in der Zukunft. Die Performancedaten wurde ohne Berücksichtigung der bei Ausgabe und Rücknahm der Anteile erhobenen Kommissionen und Kosten und c der Basis der Wiederanlage etwaiger Ausschüttungen berechnet. Die Berechnung erfolgt in der Fondswährun CHF. Die Rendite in anderen Währungen kann infolge von Währungsschwankungen steigen oder fallen.

Quelle: Lipper, a Reuters Company

Performance bis 31.07.2009	1M	3M	Lauf. Jahr	12M	3J	seit Lanc. p.a.
Fonds	4.78%	8.26%	10.08%	-5.51%	-6.36%	4.56%
Benchmark	4.29%	7.11%	10.35%	-3.47%	-2.09%	n/a

	2004	2005	2006	2007	2
Fonds	4.17%	14.48%	5.99%	2.44%	-21.(
Benchmark	4.93%	14.65%	6.93%	2.96%	-19.(

3 Eckwerte

Wert pro Anteil (19.08.09)	CHF 152.31
Höchst letzte 12 Monate (12.08.08)	CHF 166.12
Tiefst letzte 12 Monate (09.03.09)	CHF 127.77
Domizil	Luxemburg
Abschluss Rechnungsjahr	31.03.
Fondslancierung	13.02.95
Rechnungswährung	CHF
Letzte Ausschüttung (11.06.09)	CHF 3.00
Benchmark	Synthetic
Volumen in Mio. (19.08.09)	CHF 2785.52
Pauschale Verwaltungskommission p.a.	1.20%

Aufteilung nach Währungen 31.07.(

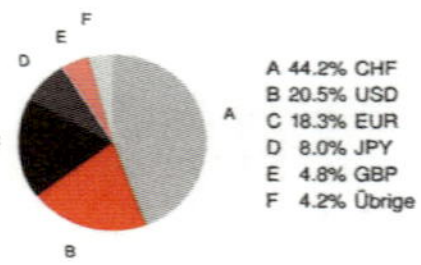

Durchschnittlich 50% der Position in USD-Obligationen ist in CHF gehedgt.

5 Aufteilung nach Anlagekategorien 31.07.(

	Schweiz	Europa	Nord-Amerika	Pazifik/EmMa	T(
Geldmarkt	3.1%	0.0%	0.0%	0.0%	3.
Obligationen	31.9%	11.0%	7.9%	3.3%	54.
Aktien	8.8%	14.8%	9.2%	9.9%	42.
Total	43.8%	25.8%	17.2%	13.2%	100.

7 Kennzahlen (.09

Jensen's Alpha	−0.10
Beta	1.09
Korrelation	1.00
Volatilität p.a.	10.61%
Sharpe Ratio	−0.11
Tracking Error	1.33%
Information Ratio	−0.32
Durchschnittliche Restlaufzeit (Jahre)	6.0
Modified Duration	4.87
Anzahl Positionen	397

Daten: Lipper (letzte 3 Jahre oder seit Fondslancierung)

Grösste Aktienpositionen (5) 31.07.(

Nestlé SA Reg	1.71%
Roche Holding AG B de jouis Pref	1.33%
Novartis AG Reg	1.26%
Credit Suisse Group AG Reg	0.62%
HSBC Holdings Plc	0.56%

6 Grösste Obligationenpositionen (5) 31.07.(

Depfa Deutsche Pfandbriefbk AG 4.5% Ser 505 98/15.01.14	1.6
General Electric Capital Corp 3.875% 01/07.05.14	1.0
Swiss Re America Hg Corp 2% EMTN 05/26.04.10	0.9
Vorarlberger Land und Hypo AG 2.375% EMTN 06/09.08.17	0.9
Bank of America Corp 3.25% EMTN Tr 2 04/10.12.14	0.8

Das Factsheet: So lesen Sie die Infos zu einem Fonds

Das Factsheet oder Termsheet (konkretes Beispiel auf der linken Seite) ist ein Informationsblatt, das in der Regel alles Wissenswerte zu einem Fonds enthält. Wer dieses Fondsdatenblatt der Anbieter richtig interpretiert, verfügt über eine gute Entscheidungshilfe für die Fondsauswahl. Solche Blätter müssen gewissen Vorgaben der Behörden genügen.

Diese Infos finden Sie auf dem Factsheet:

1 Fondsbeschreibung. Sie zeigt, in welche Anlagekategorien (z. B. Aktien, Obligationen, Geldmarkt, Immobilien) und in welche Länder respektive Weltregionen und Branchen der Fonds investiert.

Angaben zur Höhe des Aktienanteils lassen bereits erste Rückschlüsse auf das Risiko zu. Je höher der Aktienanteil im Fonds, desto höher ist in der Regel das Risiko.

2 Profil/Eignung. Hier wird die Zielgruppe des Fonds mit dem entsprechenden Risikoprofil beschrieben. Wer sich hier nicht wiedererkennt, ist mit dem Fonds falsch bedient.

3 Eckwerte. Bei den Eckwerten sind vor allem der Kurswert des einzelnen Anteils (Nettoinventarwert NAV an einem bestimmten Datum), das Fondsvermögen, das Lancierungsdatum und die pauschalen Verwaltungskosten interessant.

Das Fondsvermögen sollte mindestens 20 bis 30 Millionen Franken betragen, sonst droht über kurz oder lang die Schliessung oder die Fusion mit einem anderen Fonds.

Das Datum der Fondslancierung zeigt, wie lange der Fonds schon besteht. Die Renditechancen bei Fonds mit langer Geschichte sind tendenziell besser.

4 Indexierte Performance. Hier lohnt sich vor allem der Vergleich mit der Benchmark, also mit dem Vergleichsindex. Dieser real existierende oder vom Anbieter erzeugte Index deckt das vergleichbare Anlageuniversum ab, in dem der Fonds investiert ist. Im Beispiel wurde ein synthetischer («Synthetic») Vergleichsindex konstruiert. Ein gutes Zeichen ist es, wenn die Wertentwicklung des Fonds sowohl in der kurzfristigen als auch in der langfristigen Betrachtung gewinnbringender war als die Benchmark (bzw. weniger negativ).

5 Aufteilung des Investments. Zeigt die prozentuale Aufteilung des Fondsvermögens nach Währungen, Ländern oder Sektoren. Daraus lässt sich etwa das Währungsrisiko abschätzen: Je höher der Anteil an Fremdwährungen, umso mehr beeinflussen Devisenkursschwankungen den Wert der Fondsanteile.

6 Grösste Positionen. Bei Factsheets ist die Auflistung der fünf bis zehn grössten Positionen im Fondsvermögen üblich. Sie ist jedoch angesichts einer Gesamtzahl von oft weit mehr als 100 Einzeltiteln nicht allzu aussagekräftig. Genaue Angaben über alle Positionen finden sich im Jahresbericht.

7 Kennzahlen. Finanzmathematiker versuchen, das Risiko eines Fonds mit Kennzahlen möglichst exakt abzuschätzen. Aber: Auch diese Berechnungen beruhen – wie die effektive Wertentwicklung – auf Zahlen aus den Vorjahren und bieten keine Garantie für die Zukunft. Im Folgenden erfahren Sie, was die Kennzahlen bedeuten.

Beschreibung der Kennzahlen:

Alpha: Dieser Faktor wird auch Jensens Alpha genannt und umschreibt die Mehr- bzw. Minderrendite der Anlage gegenüber einem Vergleichsindex. Ein positives Alpha bedeutet, dass sich der Wert eines Fonds besser als die Benchmark entwickelt hat. Eine solche Mehrrendite wurde also nicht

Fortsetzung: Kasten auf der übernächsten Seite

Anlagestrategiefonds | ausschüttend

Swisscanto (LU) Portfolio Fund Balanced A

August 2009 | Ausgabe Schweiz

Swisscanto

Valoren-Nummer: 1092981 | ISIN-Nummer: LU0112803316 | Bloomberg: SWCPBAL LX | Reuters: SWCA3

Beschreibung

Der Fonds investiert weltweit in Aktien, Obligationen und Geldmarktinstrumente. Der Aktienanteil liegt dabei zwischen 30% und 50%. Mit der breiten Streuung von Aktien und Obligationen reduziert sich das Risiko im Vergleich zu einer Investition in eine Einzelanlage.

Profil/Eignung

Dieser Fonds eignet sich für Anleger, die

- auf den Ertrag von Obligationen bauen und gleichzeitig von Aktienkursgewinnen profitieren möchten.
- sowohl an Kapitalwachstum als auch an regelmässigem Einkommen interessiert sind.
- einen langfristigen Anlagehorizont im Auge haben.
- bereit sind, Kursschwankungen in Kauf zu nehmen.
- ein gewisses Risiko in Kauf nehmen wollen.

Mit der Anlage sind Risiken, insbesondere diejenigen von Wert- und Ertragsschwankungen, verbunden. Weiter unterliegen Anlagen in Fremdwährungen Wechselkursschwankungen. Die Risiken sind im Einzelnen im Verkaufsprospekt dargelegt.

Risiko tief hoch

Indexierte Performance in CHF 31.07.0

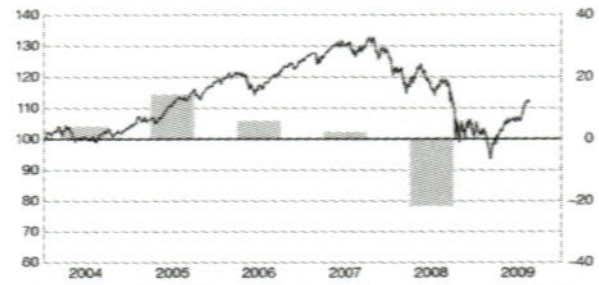

Die vergangene Performance ist kein Indikator für die zukünftige Wertentwicklung und bietet keine Garantie fü den Erfolg in der Zukunft. Die Performancedaten wurde ohne Berücksichtigung der bei Ausgabe und Rücknahm der Anteile erhobenen Kommissionen und Kosten und a der Basis der Wiederanlage etwaiger Ausschüttungen berechnet. Die Berechnung erfolgt in der Fondswährung CHF. Die Rendite in anderen Währungen kann infolge von Währungsschwankungen steigen oder fallen.

Quelle: Lipper, a Reuters Company

Performance bis 31.07.2009	1M	3M	Lauf. Jahr	12M	3J	seit Lanc. p.a.	2004	2005	2006	2007	20
Fonds	4.78%	8.26%	10.08%	-5.51%	-6.36%	4.56%	4.17%	14.48%	5.99%	2.44%	-21.6
Benchmark	4.29%	7.11%	10.35%	-3.47%	-2.09%	n/a	4.93%	14.65%	6.93%	2.96%	-19.0

Eckwerte

Wert pro Anteil (19.08.09)	CHF 152.31
Höchst letzte 12 Monate (12.08.08)	CHF 166.12
Tiefst letzte 12 Monate (09.03.09)	CHF 127.77
Domizil	Luxemburg
Abschluss Rechnungsjahr	31.03.
Fondslancierung	13.02.95
Rechnungswährung	CHF
Letzte Ausschüttung (11.06.09)	CHF 3.00
Benchmark	Synthetic
Volumen in Mio. (19.08.09)	CHF 2785.52
Pauschale Verwaltungskommission p.a.	1.20%

Aufteilung nach Währungen 31.07.09

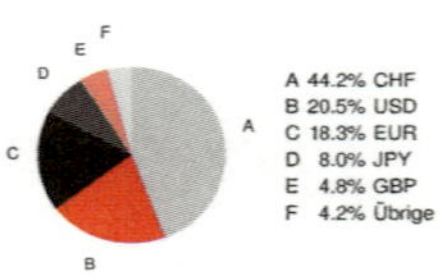

Durchschnittlich 50% der Position in USD-Obligationen ist in CHF gehedgt.

Aufteilung nach Anlagekategorien 31.07.0

	Schweiz	Europa	Nord-Amerika	Pazifik/EmMa	To
Geldmarkt	3.1%	0.0%	0.0%	0.0%	3.
Obligationen	31.9%	11.0%	7.9%	3.3%	54.
Aktien	8.8%	14.8%	9.2%	9.9%	42.
Total	43.8%	25.8%	17.2%	13.2%	100.

Kennzahlen 31.07.09

Jensen's Alpha	–0.10
Beta	1.09
Korrelation	1.00
Volatilität p.a.	10.61%
Sharpe Ratio	–0.11
Tracking Error	1.33%
Information Ratio	–0.32
Durchschnittliche Restlaufzeit (Jahre)	6.0
Modified Duration	4.87
Anzahl Positionen	397

Daten: Lipper (letzte 3 Jahre oder seit Fondslancierung)

Grösste Aktienpositionen (5) 31.07.09

Nestlé SA Reg	1.71%
Roche Holding AG B de jouis Pref	1.33%
Novartis AG Reg	1.26%
Credit Suisse Group AG Reg	0.62%
HSBC Holdings Plc	0.56%

Grösste Obligationenpositionen (5) 31.07.0

Depfa Deutsche Pfandbriefbk AG 4.5% Ser 505 98/15.01.14	1.6
General Electric Capital Corp 3.875% 01/07.05.14	1.0
Swiss Re America Hg Corp 2% EMTN 05/26.04.10	0.9
Vorarlberger Land und Hypo AG 2.375% EMTN 06/09.08.17	0.9
Bank of America Corp 3.25% EMTN Tr 2 04/10.12.14	0.8

Zusätzliche wichtige Hinweise Alle hier veröffentlichten Angaben dienen ausschliesslich Ihrer Information und stellen keine Anlageberatung oder sonstige Empfehlung dar. Wir haben den Inhalt sorgfältig recherchiert und zusammengestellt. Gleichwohl kann Swisscanto nicht die Gewähr der Richtigkeit, Vollständigkeit sowie die Aktualität der gemachten Angaben übernehmen. Alleinverbindliche Grundlage für den Erwerb von Swisscanto Anlagefonds sind die jeweiligen Verkaufsprospekte und Rechenschaftsberichte.

Wichtige Hinweise für die Schweiz: Dies ist ein Fonds luxemburgischen Rechts. Verkaufsprospekt, vereinfachter Verkaufsprospekt, Vertragsbedingungen sowie Jahres- und Halbjahresbericht können beim Vertreter Basler Kantonalbank, Spiegelgasse 2, 4002 Basel, sowie der Swisscanto Fondsleitung AG, Nordring 4, Postfach 730, 3000 Bern 25, oder unter: www.swisscanto.ch, bei allen Geschäftsstellen der Kantonalbanken in der Schweiz und der Bank Coop AG, Basel kostenlos bezogen werden.

Hinweis zu TER: Die Total Expense Ratio (TER) bezeichnet die Kommissionen, die laufend dem Fondsvermögen belastet werden (Betriebsaufwand), und wird in einem Prozentsatz des Fondsvermögens ausgedrückt. Die Angabe entspricht der Höhe der TER im zuletzt abgeschlossenen Geschäftsjahr bzw. Halbjahr und bietet keine Gewähr für eine entsprechende Höh in der Zukunft.

ortsetzung vom Kasten auf Seite 115

lurch die Schwankung des Marktes, sondern lurch geschickte Fondsverwaltung erzielt.

Der Swisscanto-Fonds z. B. erzielte mit Alpha -0,11 Prozent gegenüber der Benchmark eine ım 0,11 Prozentpunkte tiefere Rendite pro Jahr.

Gute Anlagefonds erreichen ein Alpha von +2 ɔis +4 Prozent.

Beta: Der Begriff gibt an, wie stark der Anteilswert ɘines Fonds in der Vergangenheit im Vergleich zum Markt schwankte. Ein Beta unter 1 bedeutet, dass die Anlage weniger stark schwankte als der Gesamtmarkt. Beta gleich 1 heisst, dass das Investment genau gleich wie der Markt schwankte. Stark positive Betas weisen auf starke Schwankungen hin. Je höher das Beta, umso grösser sind Risiko und Gewinnchancen.

Die Bank JP Morgan schreibt dazu: «Ein aggressiver ausgerichtetes Portfolio besitzt ein Beta von über 1,0. Steigt der Markt den Erwartungen entsprechend, legt der Fonds stärker zu als der Markt. Ein höheres Beta verspricht zwar ein höheres Renditepotenzial, zieht aber auch ein grösseres Risiko nach sich. Geht ein Manager von rückläufigen Märkten aus, positioniert er das Portfolio so, dass sein Beta-Faktor kleiner als 1,0 ist, sodass der Fonds nicht so stark nachgibt wie der Markt. Dadurch sinkt das Risiko, allerdings auch das Renditepotenzial.»

Korrelation: Sie besagt, wie sich der Kurs eines Investments in Bezug auf die Benchmark bewegt. Sie kann Werte zwischen –1 und +1 annehmen. Korrelation –1 bedeutet, dass sich der Kurs in der Vergangenheit genau entgegengesetzt zur Benchmark bewegte. +1 bedeutet gleichen Verlauf, bei Korrelation 0 besteht kein Zusammenhang.

Volatilität: Sie zeigt die historische Schwankungsbreite des Fonds an. Im Beispiel bedeutet eine Volatilität von 10,23% bei einer durchschnittlichen Rendite von +5%, dass die Rendite des kommenden Jahres in zwei von drei Fällen innerhalb von +15,23 und –5,23% liegen wird. Anders ausgedrückt: In einem Drittel aller zukünftigen Jahre dürfte die Rendite höher als +15,23% oder tiefer als –5,23% ausfallen. Dabei wird jeweils die Annahme getroffen, dass die Renditeschwankungen der Vergangenheit eine Aussagekraft für die Zukunft haben. Die Faustregel lautet: Je höher die Volatilität ausfällt, umso grösser sind Risiko und Gewinnchancen.

Sharpe Ratio: Rendite in Bezug auf das eingegangene Risiko. Dazu wird die Volatilität einbezogen. Je höher die Sharpe Ratio ist, umso besser hat der Fondsmanager gearbeitet.

Tracking Error: Er zeigt die durchschnittliche Abweichung von der Benchmark an – egal ob nach oben oder unten. Diese Zahl ist immer positiv. Ein höherer Tracking Error besagt, dass zur Erreichung der Rendite ein höheres Risiko gegenüber dem Referenzindex in Kauf genommen wurde.

Information Ratio: Sie vergleicht frühere Renditen einer Anlage mit dem eingegangenen Risiko des Fondsmanagers. Anders gesagt: Hat es sich für ihn gelohnt, ein von der Benchmark abweichendes Risiko einzugehen? Je höher die Information Ratio ist, umso besser hat das Fondsmanagement gearbeitet. Anzustreben ist ein Wert, der grösser ist als 0,2.

Durchschnittliche Restlaufzeit: Beim Fonds, dessen Factsheet hier abgebildet ist, handelt es sich um einen ausgewogenen Strategiefonds; er enthält deshalb auch Obligationen. Die Restlaufzeit zeigt, ob der Fonds eher in lang- oder in kurzfristige Anleihen investiert. Langfristige Anleihen werfen in der Regel mehr Zins ab, dafür ist hier das Ausfallrisiko höher (siehe Seite 58).

Duration: Die Duration ist eine Risikokennzahl und gibt an, wie Zinsänderungen auf den Kurs eines Anleihenportfolios wirken. Je höher diese Zahl, desto stärker reagiert ihr Kurs auf Zinsänderungen. Faustregel: Bewegt sich das allgemeine Zinsniveau um 1 Prozentpunkt nach oben, verliert das Portfolio bei einer angenommen Duration von 4,78 um diesen Prozentsatz an Wert – und umgekehrt.

Fortsetzung von Seite 113

ETF-Branche verschlechtern ihr Image durch die Einführung überflüssiger Produkte zu ungerechtfertigt hohen Gebühren.

Die Tücken der Spezialfonds

Im Gegensatz zu den bisher erwähnten Publikumsfonds sind die nachfolgend aufgeführten Spezialfonds weniger für die breite Anlegerschaft konzipiert, sondern eher auf institutionelle Anleger ausgerichtet. Zu den institutionellen Anlegern zählen insbesondere Versicherungen, Pensionskassen und grosse Stiftungen.

Spezialfonds bergen wesentlich höhere Anlagerisiken als herkömmliche Fonds. Wer sich für solche Anlagevehikel interessiert, sollte sich anhand des Factsheets (oft auch Termsheet genannt) genau über die Anlagepolitik des Fonds orientieren und sich nicht von schön klingenden Werbeaussagen blenden lassen.

■ **Total-Return-Fonds/Absolute-Return-Fonds.** Siehe Kasten auf Seite 103.

■ **Dachfonds.** Dachfonds oder Fund of Funds sind Investmentfonds, die das Geld der Anleger ihrerseits in andere Anlagefonds investieren statt in einzelne ausgewählte Wertpapiere.

Dachfonds verfolgen zum Teil sehr unterschiedliche Anlagestrategien. Die einzelnen Fonds im Dachfonds nennt man Subfonds. Da sowohl in den Subfonds als auch im Dachfonds selbst Spesen anfallen, ist die gesamte Kostenbelastung für den Anleger in der Regel höher als bei Einzelfonds.

Das gilt selbst für Dachfonds, die ihrerseits nur in verschiedene ETFs investieren.

■ **Hedge-Fonds.** Sie gehören zu den alternativen Anlagen und sind deshalb in Kapitel 7 beschrieben.

■ **Weitere exotische Produkte.** Im Prinzip gibt es für die meisten Finanzvehikel auch die entsprechenden Anlagefonds – wie zum Beispiel die **Exchange-Traded Structured Funds (ETSF)**. Das sind Indexfonds, die die Eigenschaften von strukturierten Produkten nachbilden (siehe Kapitel 6). Die entsprechenden Risiken sind im betreffenden Kapitel 6 beschrieben.

Immerhin haben ETSFs den Vorteil, dass sie wie die übrigen Anlagefonds als Sondervermögen gelten, während beim eigentlichen strukturierten Finanzprodukt ein Emittentenrisiko besteht und damit auch ein Totalausfall möglich ist.

Am Beispiel der Bank Vontobel lässt sich übrigens exemplarisch illustrieren, mit welch blumigen Worten die Banken ihre Finanzprodukte an den Mann zu bringen versuchen. Sie schreibt, mit ihren ETSFs sei ihr «die Quadratur des Kreises gelungen», weil die Produkte «interessante Renditen in Aussicht stellen und gleichzeitig

Erzwungener Fondsausstieg: Geprellt sind die Anleger

Es kommt immer wieder vor, dass Fonds für die Banken nicht mehr rentieren und aufgelöst (oder fusioniert) werden. Die Folgen für die Anleger: Sie müssen ihre Verluste unter Umständen realisieren und verlieren oft zusätzlich durch einen schlechten Wechselkurs.

Als Grund geben die Fondsgesellschaften jeweils das zu tiefe Fondsvermögen an – meist in der Folge von Finanzkrisen, wenn viele Anleger ihre Mittel aus dem Fonds abziehen, um noch grössere Verluste zu vermeiden. Auf lange Sicht könnten sonst die effiziente Verwaltung und nötige Risikodiversifikation für die Anleger leiden, sagen die Betreiber zur Begründung.

Der Geldabfluss schmälert auch die Rendite für die Betreiberbanken – und das ist wohl der wahre Grund für die Schliessung. Denn aktiv gemanagte Fonds finanzieren sich durch eine jährlich erhobene Verwaltungskommission. Die Fondsleitungen ziehen es vor, einen unrentablen Fonds zu liquidieren oder mit anderen zu fusionieren, statt eine gewisse Zeit Verluste zu schreiben und auf eine Erholung der Märkte zu setzen.

Die Kunden haben dazu nichts zu sagen, auch wenn sie lieber langfristig anlegen und die Krise aussitzen möchten.

Bei einer Fondsliquidation werden die Buchverluste eines Anlegers vorzeitig realisiert. Einmal mehr gilt: Die Gewinne den Banken, die Risiken und Verluste den Anlegern.

Laut Artikel 96 des Bundesgesetzes über die kollektiven Kapitalanlagen darf eine Fondsleitung einen Fonds mit unbestimmter Laufzeit tatsächlich jederzeit kündigen.

Nach der Schliessung sind Ausgabe und Rücknahme von Fondsanteilen untersagt.

Die Dauer des Auflösungsprozesses ist abhängig vom Anlageprodukt. Bei Aktien ist die Liquidation in der Regel innert weniger Wochen abgeschlossen, bei Hedge-Fonds und Immobilienfonds kann dies aber Jahre dauern.

Während dieser Zeitspanne ist das verbliebene Kapital der Anleger blockiert, Teilauszahlungen sind jedoch möglich.

Wie viel Geld ein Kunde ausbezahlt erhält, erfährt er erst mit der Schlussabrechnung.

In der Regel bieten die Fondsherausgeber den betroffenen Investoren einen vergünstigten oder spesenfreien Wechsel in einen anderen Fonds an.

Tipp: Es empfiehlt sich, vor dem Kauf von Fondsanteilen auf die Höhe des verwalteten Vermögens zu achten; 20 bis 30 Millionen Franken sollten es schon sein. Bei kleineren Fonds sind die internen Kosten zu hoch und das Risiko zu gross, dass sie geschlossen werden.

komfortable Sicherheitspuffer bieten oder gar vollen Kapitalschutz garantieren können».

So kommen Sie zu Informationen über Anlagefonds

Wer in Fonds investieren möchte, steht oft ratlos vor einem unüberschaubaren Angebot von weit über 5000 in der Schweiz zum Vertrieb zugelassenen Anlagefonds.

Ein mögliches Auswahlkriterium sind die Fonds-Ranglisten (siehe Kasten auf Seite 96). Zwar ist die in der Vergangenheit erzielte Rendite eines Fonds keine Garantie für zukünftige Gewinne; sie zeigt aber immerhin, dass zumindest in der Vergangenheit ein erfolgreiches Managementteam am Werk war.

Eine Flut von Informationen über Fonds, Fondsranglisten und Fondsbewertungen sowie über den Schweizer Fondsmarkt gibt es im Internet unter

- www.swissquote.ch
- www.credit-suisse.com → Privatkunden → Anlegen → Fund Lab
- www.sfa.ch
- www.swissfunddata.ch
- www.fundinfo.com
- www.morningstar.ch
- www.fuw.ch → Anlagefonds.

Ein wichtiges Auswahlkriterium für Fonds ist die Bewertung von unabhängigen Fondsanalysten, beispielsweise durch

- www.morningstar.ch
- Feri Trust (www.feri-research.de) bzw. www.fonds-rating.de → Fondsuniversum Schweiz

oder durch die amerikanische Firma Lipper:

- www.lipperleaders.com.

Sowohl Feri als auch Lipper führen ein jährliches Fonds-Rating durch, bei dem die Fonds mit der besten Performance und dem besten Management ausgezeichnet werden.

Was Fonds den Anleger kosten können

Direkte Fondskosten für Kauf, Verkauf und Depot

- Ausgabeaufschlag, evtl. Rücknahmekommission an die Fondsgesellschaft
- Kauf und Verkaufsgebühren der Bank oder des Online-Brokers (Courtage)
- Eidgenössische Stempelsteuer
- Depotgebühr für die Aufbewahrung bei der Bank

Indirekte Kosten, die bei der Fondsverwaltung anfallen und die Rendite mindern

- TER, umfasst Managementgebühr für Fondsleitung (Management Fee), Depotbankenkommission des Fonds, Vertriebs- und Werbekosten, öffentliche Abgaben sowie Kosten für Revision und Publikationen
- Eigene Transaktionskosten des Fonds, ausserordentliche Kosten
- Evtl. erfolgsabhängige Gebühr (Performance Fee)

Ein konkretes Beispiel dazu aus der Zeitschrift K-Geld: Wer 10 000 Franken in einen Strategiefonds der Credit Suisse investiert (ISIN LU0078040838), zahlt dafür **Fr. 231.15 direkte Kosten** (Ausgabeaufschlag Fr. 200.–, Stempel Fr. 15.–, Depotgebühr Fr. 16.15, im konkreten Fall keine Courtage).

Die TER beträgt hier 1,68 Prozent. Verwaltung usw. kosten den Anleger also im Jahr mindestens **168 Franken an indirekten Fondskosten.**

Das ergibt im ersten Jahr ein Total von Fr. 399.15.

Die Kosten für Fonds

Viele Fondskäufer lassen sich oft nur durch die gute Rendite der Fonds blenden – und vergessen dabei, auf die Kosten zu achten.

Doch die rückblickend erzielte Performance ist nur *ein* Wahlkriterium. Denn jedes Jahr fallen Fondskosten an. Und diese beeinflussen die Anlagebilanz über die meist langen Laufzeiten ebenfalls.

Ein konkretes Beispiel: Ein Käufer investiert 75 000 Franken in Fonds. Die jährlich anfallenden Gesamtkosten betragen 1 Prozent. Bei einer Durchschnittsrendite von 6 Prozent erhält der Anleger nach 15 Jahren knapp 156 000 Franken.

Fallen aber 2 Prozent Fondsgebühren an, so reduziert sich die ausbezahlte Summe auf rund 135 000 Franken. Die um 1 Prozentpunkt höheren Kosten fressen also mehr als 20 000 Franken weg.

TIPP

«Börselen» im Internet: Grosse Differenzen bei den Gebühren

Die Zeitschrift K-Geld hat in Ausgabe 2/09 die Gebühren beim Online-Wertschriftenhandel verglichen.

Dabei zeigte sich,

- dass der Online-Handel günstiger ist als der Gang zur Bank,
- dass sich die Gebühren auch bei den einzelnen Online-Plattormen stark unterscheiden und
- dass die günstigen Angebote auf aktive Händler ausgerichtet sind, die eifrig «börselen» und zahlreiche Transaktionen machen.

Günstige Anbieter sind Swissquote, Postfinance und Keytrade (www.swissquote.ch, www.postfinance.ch/etrading, www.keytrade bank.ch). UBS und Credit Suisse sind viel teurer. Die Grossbanken begründen dies mit dem Argument, bei ihnen sei der Online-Handel ein Teil des Gesamtpakets, weil Kunden auch auf persönliche Beratung zurückgreifen könnten.

Verglichen wurden drei Depots mit unterschiedlicher Grösse und unterschiedlicher Zahl von Transaktionen plus die jeweilige Depotgebühr:

- Kunde A mit Anlagebetrag 50 000 Franken hat Anteile von 4 Fonds und tätigt während des Jahres nur zwei Börsen-Transaktionen mit Fonds. Das kostet ihn – je nach Anbieter – zwischen rund 100 und 330 Franken.
- Kunde B mit Anlagebetrag 500 000 Franken hat Aktien und Fonds in grösseren Posten und tätigt im Jahr 8 Käufe oder Verkäufe. Kosten: Zwischen 850 und 3400 Franken.
- Kunde C mit Anlagebetrag 500 000 Franken hat Aktien und Fonds in vielen kleineren Posten und tätigt im Jahr 17 Transaktionen. Kosten: Zwischen 860 und 3600 Franken.

Wichtig: Diese Gebühren ändern ständig. Die Tendenz zeigt eher nach unten.

Tipp: Bei den Online-Plattformen der Banken ist es üblich, dass der Kauf von Anteilen von hauseigenen Fonds günstiger ist als bei Fremdfonds. Das allein ist aber noch kein ausreichender Grund, hauseigene Fonds zu kaufen. Und: Bei höheren Transaktionsvolumen können Flatrates, also Einheitstarife, wie bei der Migros Bank günstiger sein als prozentuale Courtagen (siehe Kasten auf Seite 70).

Schweizer Fonds sind im internationalen Vergleich eher teuer. Die standardisierte Vermögensverwaltung über Anlagefonds ist mit erheblichen Kosten verbunden. Oder anders gesagt: Fonds bringen den Banken und Fondsgesellschaften grosse Gewinne ein. Für den Anleger schmälern die Kosten die mögliche Rendite eines Fonds auf Dauer erheblich. Daher lohnt es sich, bei der Wahl des Fonds auf möglichst tiefe Gebühren zu achten.

Wie die Zusammenstellung auf der Seite links zeigt, ist zwischen direkten und indirekten Fondskosten zu unterscheiden.

- **Ausgabeaufschlag** (einmalig) beim Kauf der Anteile. Je nach Art des Fonds, der Fondsgesellschaft oder des Vertriebswegs frisst die Ausgabekommission zwischen 0 und 5 Prozent des Investitionsbetrags weg. Kauft der Kunde die Fonds seiner Hausbank, entfallen die Ausgabeaufschläge in den meisten Fällen.

Bei den Aktienfonds beträgt der Ausgabeaufschlag im Schnitt 5 Prozent. Das bedeutet, dass der

Fonds erst einmal einen Gewinn von 5 Prozent erwirtschaften muss, bis nur diese Kosten gedeckt sind. Bei konservativen Obligationenfonds liegt die Gebühr im Schnitt bei 3 Prozent.

Die Ausgebekommission wird im Factsheet nicht genannt.

Tipp: Ausgabeaufschläge können auch Verhandlungssache sein. Es lohnt sich, darüber mit der Bank zu reden. Und es gibt Vermögensverwalter, die grosse Summen bewegen und deshalb Fondsanteile für ihre Kunden zum «Nulltarif» kaufen können, also ohne Ausgabeaufschläge zum reinen Nettoinventarwert.

Wer online kauft und verkauft, handelt günstiger

- **Rücknahmekommissionen** sind eher unüblich, aber es gibt einzelne Fondsgesellschaften, die nochmals eine Kommission verlangen, wenn der Anleger ihnen seine Anteile zurückgibt. In der Regel liegt sie zwischen 1 und 3 Prozent des Verkaufsvolumens.

- **Kaufgebühren** (einmalig) fallen in der Regel an, weil Anleger für den Kauf (und später auch für den Verkauf) auf die Dienste einer Bank oder einer Online-Plattform angewiesen sind. Sie betragen rund 0,1 Prozent.

Beim Kauf von bankeigenen Fonds kann die Kaufgebühr (auch Courtage genannt) entfallen.

Tipp: Online-Broker sind in der Regel günstiger als Banken (siehe vorhergehende Seite). Das gilt selbst dann, wenn Anlegerinnen und Anleger über das Online-Portal der Hausbank «börselen».

- **Depotgebühren** (jährlich wiederkehrend) fallen bei der Bank oder beim Online-Broker für die Aufbewahrung der Fondsanteile an. Die Gebühr richtet sich in der Regel nach einem bestimmten Prozentsatz des Depotkurswerts und beträgt meist zwischen 0,02 und 0,15 Prozent. Denkbar ist auch eine (zusätzliche) Gebühr pro Posten.

Um die eigenen Produkte zu fördern, belasten viele Banken für ihre hauseigenen Fonds keine oder nur stark reduzierte Depotgebühren.

Die TER ist ein guter Anhaltspunkt für Kostenvergleiche

- Der Begriff **TER** steht für Total Expense Ratio und ist ein Mass für die jährlich anfallenden Gesamtkosten. Deren Höhe ist für Anleger also ein guter Anhaltspunkt, um Fondskosten zu vergleichen.

Die TER bezeichnet den jährlichen Verwaltungsaufwand in Prozenten des durchschnittlichen Fondsvermögens. Berechnungsgrundlage bilden die effektiven Werte der vergangenen Rechnungsperiode.

Das Gesetz schreibt vor, wo die TER zu veröffentlichen ist: Jahresbericht, Halbjahresbericht, Prospekt und vereinfachter Prospekt. Angaben zur TER finden sich oft, aber leider nicht immer, auch auf dem Fonds-Factsheet.

Der grösste Posten in der TER ist die Management-Gebühr (Management Fee), also die Kosten für die Fondsleitung und -verwaltung.

Diese und andere Kosten, die dem Fonds innerhalb eines Jahres belastet werden, fallen unter die indirekten Kosten. Sie werden dem Anleger nicht direkt belastet, sondern drücken den Wert der Anteile nach unten. Deshalb können indirekte Kosten die Rendite langfristig sogar stärker beeinflussen als die Entwicklung an der Börse.

Die Tabelle rechts zeigt, welche Fondsgesellschaften punkto Verwaltungskosten TER eher günstig sind und welche teurer.

Was die Gesamtkostenquote TER sonst noch enthält

Die Kennzahl TER enthält noch weitere Posten – zum Beispiel die Ausgaben für Marketing und Vertrieb. Dieser Aufwand, mit dem die Fondsgesellschaften ihre Produkte propagieren, berappt indirekt ebenfalls der Kunde.

Die Gesamtkostenquote TER umfasst auch noch Kosten für Wirtschaftsprüfung, Aufsichtsbehörden und für Mitteilungen an die Anteilsinhaber.

Wo keine TER ausgewiesen ist, gibt die pauschale Verwaltungs- oder Managementgebühr einen Anhaltspunkt über die Höhe der indirekten Kosten.

■ **Transaktionskosten.** Die TER umfasst nicht alle Kosten eines Fonds, die der Kunde tragen muss. Hinzu kommen noch die Transaktionskosten: Jedes Mal wenn der

Fortsetzung auf Seite 125

Fondsfirmen im Kostenvergleich

Die Tabelle zeigt die durchschnittliche Verwaltungsgebühr TER für Aktienfonds der 20 günstigsten Fondsanbieter in der Schweiz.

Aufgeführt sind Anbieter mit Aktienfonds Schweiz, Europa, Nordamerika, Asien und Japan. Berücksichtigt wurden nur aktiv gemanagte Fonds (also keine Indexfonds und ETFs, die das Bild verzerrt hätten).

Sarasin und Raiffeisen fehlen, weil sie keine oder zu wenig Fonds haben, die den Kriterien entsprechen. Bei Oblifonds liegt die TER leicht tiefer.

Fondsgesellschaft	Anzahl berücksichtigte Fonds	Durchschnittliche TER
MI-Fonds (Migros Bank)	4	1,21 %
Jyske Invest	4	1,33 %
Union Investment	3	1,35 %
Liechtensteinische Landesbank	6	1,37 %
Zürcher Kantonalbank	3	1,37 %
Gérifonds	6	1,39 %
Pictet	5	1,46 %
BSI	5	1,47 %
Swisslife	4	1,50 %
Swisscanto	4	1,51 %
Allianz	4	1,53 %
J O Hambro Capital Management	4	1,55 %
Dexia	5	1,56 %
HSBC	7	1,60 %
DWS	12	1,60 %
Goldman Sachs	6	1,60 %
Axa	10	1,63 %
Vontobel	9	1,63 %
Fortis	12	1,65 %
Skandia	9	1,71 %
Schweizer Banken, nicht unter den 20 günstigsten sind:		
UBS	18	1,74 %
Credit Suisse	15	1,78 %
Clariden Leu	8	1,90 %

QUELLE: LIPPER/VZ VERMÖGENSZENTRUM, STAND HERBST 2009

CHECKLISTE

Fonds richtig auswählen: Die wichtigsten Tipps

- Auch Fondsanleger brauchen eine Anlagestrategie aufgrund des eigenen Risikoprofils (siehe Kapitel 1). Für Risikoscheue z. B kommen reine Aktienfonds nicht in Frage.
- Achten Sie auf die Grösse des Fonds. Das Nettovermögen sollte mindestens 20 bis 30 Millionen Franken betragen.
- Lassen Sie sich nicht blenden, wenn eine Bank oder Fondsgesellschaft viel Werbung für ihre Fonds macht oder einen grossen Marktanteil hat. Das sagt nichts über deren Qualität aus. In der Schweiz hält z. B. die UBS einen Anteil am Fondsmarkt von über 30 Prozent. Trotzdem sind UBS-Fonds bei Performance-Vergleichen eher selten auf den vordersten Plätzen anzutreffen.
- Besorgen Sie sich genügend Informationen. Aber vertrauen Sie nicht nur den Ranglisten, die lediglich ein Bild der Vergangenheit zeichnen. Auch Prämierungen als «Fonds des Jahres» oder so ähnlich sind keine Erfolgsgarantie für die Zukunft.
- Erwarten Sie von Fonds keine Wunder: Sie haben in der Finanzkrise von 2008 genauso Geld verloren wie andere Anlageinstrumente.
- Achten Sie bei der Auswahl nicht nur auf die Performance in der Vergangenheit. Wichtig sind auch eine klare Beschreibung der Anlagestrategie, die personelle Stabilität des Fondsmanagements und eine transparente Kostenstruktur.
- Vor einem Fondskauf empfiehlt sich das Lesen des Factsheets sowie des Verkaufsprospektes und allenfalls der periodischen Rechenschaftsberichte. Sie machen Fonds zu einem sehr transparenten Finanzprodukt.
- Meiden Sie Fonds, bei denen die Fondsmanager zur Steigerung der Rendite auch «fremde» Anlageinstrumente wie Derivate einsetzen können. Halten Sie sich an einfache und verständliche Produkte.
- Lesen Sie die Risikohinweise im Factsheet und im Verkaufsprospekt genau und nehmen Sie sie ernst. Lassen Sie sich nicht von Verkäufern zum Kauf überrreden, denn diese streichen üblicherweise nur die Renditechancen gross heraus, die Risiken aber reden sie möglichst klein.

  Kaufen Sie keine Fonds, deren Risikobeschreibung Sie nicht verstehen.
- Behalten Sie die direkten und indirekten Gebühren im Auge. Auch Anlagefonds sind Produkte der Banken und Finanzinstitute, mit denen diese Geld auf Kosten der Anleger verdienen wollen. Eine wichtige Gesamtkostenquote und damit ein guter Anhaltspunkt für Kostenvergleiche ist die TER. Meiden Sie Produkte mit Ausgabekommissionen über 2 Prozent.
- Lassen Sie sich nicht von Modeprodukten verführen und machen Sie keine Impulskäufe. Die Fondsindustrie lanciert ständig neue «trendige» Themenfonds, wie zum Beispiel Wasser, Luxusgüter, Solarenergie oder Gesundheit. Das sind meist keine langfristigen Erfolgsgaranten. Nicht jede Innovation ist ein Gewinn für den Privatanleger.
- Halten Sie Fonds langfristig. Wenn Sie häufig kaufen und verkaufen, verpassen Sie höchstwahrscheinlich den besten Einstiegs- bzw. Ausstiegspunkt. Und Sie haben hohe Spesen. Fonds sind keine «Trading-Produkte». Meist ist es sinnlos und teuer, einen Fonds durch einen ähnlichen auszutauschen.
- Vergessen Sie nicht, dass aktiv verwaltete Fonds den Vergleichsindex nur selten schlagen. So gesehen ist der Kauf von börsengehandelten Indexfonds (ETFs) richtig – und erst noch kostengünstiger.
- Ob ein Fonds ausschüttend oder thesaurierend ist, spielt langfristig keine Rolle. Der Unterschied ist im Kasten auf Seite 113 erklärt.
- Es kann sein, dass Ihre Bank einen aktiv gemanagten und damit teuren Fonds zu einer bestimmten Thematik hat, zum gleichen Anlagegebiet aber auch einen kostengünstigen ETF unter einem anderen Markennamen führt. Fragen Sie!

Fortsetzung von Seite 123

Fondsmanager das Fondsportfolio umschichtet, also Aktien, Obligationen, Devisen oder ein Derivat kauft oder verkauft, fallen Kosten an, die aus dem grossen Topf des Fondsvermögens bezahlt werden müssen.

Darüber gibt die PTR (Portfolio Turnover Rate) Auskunft, die ebenfalls ausgewiesen werden muss – die allerdings bei den meisten Fonds nur sehr versteckt irgendwo im Prospekt oder im Jahresbericht zu finden ist.

Nur sehr wenige Fondsanbieter weisen die Transaktionskosten in der so genannten All-in-Fee aus. Diese umfasst normalerweise die Kosten der TER zuzüglich der Transaktionskosten.

Allerdings ist bei der Interpretation der All-in-Fee Vorsicht geboten. Es gibt keine Vorschriften darüber, was diese Ziffer umfassen muss.

Im Vergleich zur TER sind die Transaktionskosten aber gering.

Amerikanische Fonds sind günstiger

■ Eine allfällige **erfolgsabhängige Beteiligung** (Performance Fee) geht an den Fondsmanager bzw. an die Fondsgesellschaft und ist die Belohnung für eine gute Leistung.

Ein Beispiel: Der Fonds gibt sich eine Zielrendite von 5 Prozent (meist in der Nähe einer Benchmark) und legt fest: Liegt die Rendite darüber, beträgt die Erfolgsbeteiligung 20 Prozent vom «Überschuss». Dieser Gewinnanteil wird dem Anleger also vorenthalten.

Verbreitet ist die Performance-Gebühr vor allem bei hochspekulativen Hedge-Fonds. Die Gefahr dabei: Fondsmanager erhalten durch die Performance-Gebühr Anreize, zu hohe Risiken einzugehen, um viel zu verdienen.

Übrigens: Eine Untersuchung der Fondsbewertungsgesellschaft Lipper zeigt, dass europäische Fonds markant teurer sind als die amerikanischen. Während bei amerikanischen Aktienfonds die durchschnittliche Gesamtkostenquote TER 1,32 Prozent beträgt, liegt sie bei gesamteuropäischen Fonds bei 1,98 Prozent. Die entsprechenden TER-Werte für Obligationenfonds liegen bei 0,83 bzw. 1,24 Prozent.

Fondssparpläne: Steter Batzen füllt das Konto

Eine der Möglichkeiten, von der Börsenentwicklung zu profitieren, ist der Fondssparplan: Der Sparer nimmt sich vor, in regelmässigen Abständen eine bestimmte Summe zu investieren.

Diese «Planwirtschaft» kombiniert also wiederkehrende Einzahlungen in ausgewählte Fonds mit den Chancen – aber auch mit den Risiken – der Börse. Oft ist auch vom Fondskonto die Rede. Fondssparpläne werden in der Regel als Anlagekonten geführt.

Mit einem Fondssparplan profitiert der Anleger vom sogenannten Durchschnittskosten-Effekt: Weil der Fondssparer auch dann Fondsanteile erwirbt, wenn diese im Wert gesunken und günstiger zu haben sind, erhält er in solchen Phasen mehr Fondsanteile für sein Geld. Der Durchschnittskosten-Effekt spielt umso vorteilhafter, je länger der Sparplan durchgehalten wird.

Die wichtigsten Grundsätze:

- Fondssparpläne sind auf Leute zugeschnitten, die regelmässig eine bestimmte Summe (zum Beispiel 200 Franken pro Monat) auf die Seite legen und an der Börse investieren möchten. Der Betreiber des Fondssparplans kauft dann mit diesem Geld laufend Anteile (bzw. Bruchteile von Anteilen) von ausgewählten Anlagefonds dazu.
- Ein Fondssparplan ist ein reines Sparinstrument; er enthält keinerlei (oft unnötige) Versicherungselemente wie die Fondspolice (siehe Seite 26ff.) und ist damit der bessere und vor allem günstigere Weg, ein Sparziel zu erreichen.
- Ein Sparplan ist kein Notgroschen für wichtige Anschaffungen. Für kurzfristige Ausgaben oder beispielsweise unerwartete Zahnarztrechnungen sollten Sie stets einen ausreichenden Betrag auf einem frei verfügbaren Lohn- oder Sparkonto haben.

Meiden Sie die Plansummensysteme!

Das sind die wichtigsten Punkte, auf die Sie achten müssen, damit Sie sich für ein Produkt entscheiden, das Ihren Bedürfnissen entspricht:

- **Einzahlungen.** Achten Sie darauf, dass die erste Einlage zu Beginn des Sparprozesses nicht allzu hoch sein muss (üblich sind 50 bis 200 Franken), dass die vorgeschriebene Höhe der regelmässigen Zahlungen moderat bleibt (normalerweise 100 Franken), dass Sie Ihren Einzahlungsrhythmus möglichst frei festlegen können, dass Sie auch jederzeit ausserordentliche Einzahlungen tätigen können, wenn Sie mal viel Geld übrig haben, und dass Sie bezüglich Laufzeit des Sparprozesses frei sind.

Tipp: Legen Sie sich nicht für eine bestimmte Laufzeit fest. So bleiben Sie flexibel.

- **Investitionsrhythmus.** Wichtig ist auch, wie schnell der Betreiber des Planes das von Ihnen überwiesene Geld jeweils effektiv in die Anlagefonds investiert. Einige tun das sofort, andere warten damit bis maximal einen Monat, was eher ungünstig ist. Erkundigen Sie sich.

- Meiden sollten Sie Sparpläne mit dem sogenannten **Plansummensystem:** Hier zieht der Betreiber gleich zu Beginn die gesamte Ausgabekommission ab, und zwar für die Totalsumme, die der Kunde in der fix abgemachten Laufzeit (zum Beispiel fünf Jahre) einzahlen wird. (Die Mehrzahl der Banken und Versicherungen hingegen kassiert die Ausgabekommission bei jeder einzelnen Rateneinzahlung.)

Konsequenz: Wer beim Plansummensystem früher aussteigt

Nachhaltigkeit und Ökologie: Investieren mit gutem Gewissen

Viele Anlegerinnen und Anleger möchten ihr Geld nicht irgendwem anvertrauen, sondern damit ein verantwortungsbewusstes Wirtschaften unterstützen. Die steigende Nachfrage nach ethisch und ökologisch ausgerichteten Kapitalanlagen hat dazu geführt, dass sich immer mehr Fonds mit dem Begriff «Nachhaltigkeit» schmücken.

Nachhaltigkeit kann in einem Ethik- oder Ökofonds zum Beispiel so definiert sein: «Nachhaltige Finanzanlagen konzentrieren sich auf Unternehmen, die auf langfristige und faire Weise wirtschaftlichen Erfolg erzielen und dabei ökologische und soziale Aspekte berücksichtigen.»

Aber: Nachhaltigkeit, Ethik und Ökologie können bei der Aktienauswahl für ganz unterschiedliche Kriterien stehen.

Denn bei der konkreten Auswahl der Einzeltitel kommt oft der so genannte Best-in-Class-Ansatz zum Tragen. Dabei werden innerhalb der jeweiligen Branche diejenigen Unternehmen ausgewählt, die punkto Umweltschutz und Sozialstandards die strengsten Kriterien unter ihresgleichen anwenden.

So kommen selbst Ölkonzerne in Nachhaltigkeitsfonds – und zwar derjenige, der bei der Ölförderung am wenigsten Umweltschäden verursacht. Ausgeschlossen ist die Ölbranche also keineswegs. Das Gleiche gilt etwa für Autohersteller.

Üblich sind auch konsequente Ausschlusskriterien für ganze Wirtschaftszweige. Dann sind beispielsweise Aktien von Unternehmen tabu, die ihren Umsatz ganz oder teilweise mit Rüstungsgeschäften, Tabak, Alkoholgetränken oder Glücksspiel machen.

«Grüne» Aktienfonds im eigentlichen Sinne konzentrieren sich auf wenige Branchen. Schwerpunkt sind meist Unternehmen aus den Bereichen Wind- und Sonnenenergie, Naturmedizin, Handel mit ökologischen Produkten, Recycling und Wasseraufbereitung.

Tipp: Bei der Entwicklungshilfeorganisation «Erklärung von Bern» (www.evb.ch) gibt es zu Ökofonds Informationen, die es erlauben, die Intensität der «Nachhaltigkeit» von ausgewählten Schweizer Fonds zu prüfen.

Gute Infos zu Nachhaltigkeits-Anlagen finden Sie auch auf www.nachhaltiges-investment.org.

Gute Renditen. Gemäss einer Auswertung des VZ Vermögenszentrums hat der Nachhaltigkeitsindex Dow Jones Sustainability World über die letzten 15 Jahre eine durchschnittliche Performance von 5,05 Prozent pro Jahr hingelegt. Herkömmliche Anlagen – gemessen am «normalen» Weltaktienindex MSCI World – legten im Durchschnitt dieser Jahre nur um 3,64 Prozent zu (Stand Herbst 2009).

Aber: In Zeiten sinkender Börsenkurse verlieren viele Nachhaltigkeitsfonds überdurchschnittlich an Wert. Wenn die Kurse steigen, legen sie dafür überdurchschnittlich zu.

Das betrifft gemäss VZ vor allem jene Nachhaltigkeitsfonds, die stark oder ausschliesslich in klassische Öko-Branchen wie Solar- und Windenergie, Recycling und Wasseraufbereitung investieren.

als vereinbart, hat zu viel Kommission bezahlt und erhält sie nicht zurück. Zudem verliert man so einen Teil des Zinseszinses, weil eine grössere Summe gleich zu Beginn abgezwackt wird.

Solche Sparpläne werden vor allem von freien Vermittlern verkauft, die sich so ihre Verkaufsprovision sichern. Der **Tipp** ist klar: Kaufen Sie nie Fondssparpläne von freien Vermittlern!

- **Fondsauswahl.** Besser sind Sparpläne mit breiter Auswahl an verschiedenen Fonds, die zudem

Gutes tun – und trotzdem eine Rendite erzielen

Mit gutem Gewissen Geld verdienen kann man auch mit Mikrofinanzfonds. Mikrofinanz heisst zum Beispiel: In Guatemala hilft ein Mikrodarlehen von 200 US-Dollar einer Kleinunternehmerin, eine Bäckerei aufzubauen, um ihr Einkommen zu steigern und so ihre Lebenssituation zu verbessern.

Solche Kleinstkredite an Gewerbetreibende – meist in Entwicklungsländern – stammen von Mikrofinanzinstitutionen. Und in genau solche Banken oder bankenähnliche Institutionen investieren wiederum die Fondsmanager der Mikrofinanzfonds. Dies geschieht in Form von variabel oder fest verzinslichen Schuldverschreibungen mit kurzer bis mittlerer Laufzeit.

Mit anderen Worten: Investoren aus aller Welt stellen solchen Institutionen ihr Geld zur Verfügung.

Auch in der Schweiz gibt es einen solchen für jedermann zugänglichen Fonds – den Responsability Global Microfinance Fund.

Dieser Fonds hat in den letzten fünf Jahren (Stand Herbst 2009) mit durchschnittlich 2,10 Prozent pro Jahr rentiert (in Schweizer Franken gerechnet).

Im Jahr 2008 betrug der Wertzuwachs 5,11 Prozent – auch dank Währungsgewinnen.

Trotz der aktuellen Weltwirtschaftskrise wurde im Jahr 2009 bis Ende Oktober eine positive Rendite von 0,37 Prozent erzielt.

Der Fonds entwickelte sich also bis anhin mehrheitlich unabhängig von anderen Anlagen.

Die Gesamtkostenquote TER beträgt 2,11 Prozent und ist damit relativ hoch.

für jede der folgenden Kategorien mindestens einen Fonds zur Verfügung stellen: Obligationen in Schweizer Franken, Obligationen weltweit, Aktien Schweiz, Aktien weltweit und gemischte Strategiefonds (siehe Seite 106f.).

Inzwischen gibt es auch Fondssparpläne, bei denen das Geld der Sparer in klassische Indexfonds (siehe Seite 108f.) oder in kostengünstige ETFs investiert wird (siehe Seite 109ff.).

- **Switchen.** Ein Sparplan sollte auch die Möglichkeit bieten, den Sparbatzen von einem Fonds in einen anderen zu transferieren. Dieses sogenannte Switchen kommt dann in Frage, wenn Sie mit der Wertsteigerung der ausgewählten Fonds nicht zufrieden sind und das Geld in einen anderen der zur Auswahl stehenden Fonds umschichten möchten.

  Oder wenn Sie beispielsweise mit Aktienfonds eine schöne Wertsteigerung erzielt haben und jetzt diese Gewinne mit einem Transfer in weniger risikobehaftete Obligationenfonds ins Trockene bringen wollen.

  Bei den meisten Plänen sind solche Wechsel ohne weiteres möglich. Achten Sie aber darauf, dass das Switchen nicht zu viel kostet.

- **Flexibilität.** Sind überraschende Zahlungsunterbrüche wegen eines finanziellen Engpasses oder Teilrückzüge bei plötzlichem Geldbedarf möglich und nicht zu teuer? Wie frei ist man, wenn der Sparplan aufgelöst werden soll? Und was kostet das?

- **Kosten.** Hier fallen zum einen die bei Fonds üblichen Ausgabekommissionen ins Gewicht; sie werden dem Sparer bei jeder Einzahlung abgezogen und bewegen sich im Rahmen von 1 bis 5 Prozent. Zudem kassieren die Betreiber noch laufende Gebühren, die den Ertrag des Sparers ebenfalls schmälern.

Entscheidend ist die persönliche Anlagestrategie

Bevor Sie sich für einen Fondssparplan entscheiden, müssen Sie die Anlagedauer festlegen und Ihre Risikobereitschaft abschätzen. Hier gelten die gleichen Grundsätze wie im Kapitel 1 beschrieben. Je höher der Aktienanteil, desto chancenreicher – und riskanter – ist Ihr Investment.

Tipp: Falls Sie Kinder haben, sollten Sie nach Sonderkonditionen für Jugendliche fragen.

6 Strukturierte Produkte

Kompliziert, riskant und für Laien ungeeigne

Strukturierte Produkte werden mit einer gewaltigen Werbemaschinerie und noch mehr PR-Begleitfeuer angepriesen. Doch die Produkte sind tückisch, teuer und voller Fallen. Für Laien sind Sie nicht geeignet.

Im Jahr 2008 hat das Institut für schweizerisches Bankwesen der Uni Zürich 2000 Schweizerinnen und Schweizer im Alter zwischen 18 und 74 Jahren zu ihrem privaten Anlageverhalten befragt.

Dabei gaben 6,4 Prozent der Befragten an, dass sie strukturierte Produkte besitzen. 2006 waren es noch 4,8 Prozent gewesen.

Dazu heisst es in der Studie, es stimme «nachdenklich», dass ein Grossteil der Besitzer von strukturierte Produkten «zugleich aussagt, Wesen und Funktionsweise eines Derivats nicht zu kennen».

Kein Wunder: Strukturierte Produkte sind kompliziert und für Laien nur schwer verständlich. Dass sie auch sehr riskant sind, ist ein Grund mehr, ein Investment sehr gut zu überlegen.

Das zeigt das folgende konkrete Beispiel einer Bankkundin, die mehr als zwei Drittel ihres Einsatzes verlor.

Die Frau investierte auf Anraten ihrer Bank 25 000 Franken in einen sogenannten Multi Barrier Reverse Convertible. Diese Anlagevehikel gehören in der Schweiz zu den beliebtesten strukturierten Produkten.

Das bedeutete im konkreten Fall:

STICHWORT

Strukturierte Produkte

Strukturierte Produkte (oft auch Zertifikate genannt) sind kombinierte Anlageinstrumente, deren Verzinsung oder Rückzahlungswert von der Entwicklung eines oder mehrerer zugrundeliegender Basiswerte abhängt.

Diese Papiere werden also aus zwei oder mehreren Anlageinstrumenten «strukturiert», das heisst kombiniert, und in einem Wertpapier zusammengefasst. Sie werden auch an der Börse gehandelt.

Beispiel Barrier Reverse Convertible: Eine solche Anleihe zahlt – wie eine Obligation – einen vereinbarten Zins. Der Nennwert einer solchen festverzinslichen Anleihe wird aber nur zurückgezahlt, wenn die «darunterliegende» Aktie (der Basiswert) einen bestimmten und zum Voraus festgelegten Tiefpunkt nicht unterschreitet. Sonst wird die Aktie ausgeliefert, oder es wird deren Gegenwert als Barabgeltung ausbezahlt.

Anders ausgedrückt: Der Anleger gibt der Bank ein Darlehen für eine festgelegte Laufzeit und geht mit ihr eine Wette ein. Gewinnt er die Wette, profitiert er. Verliert er aber die Wette, verliert er viel Geld.

Als Basiswert für solche «Wetten» kommt praktisch alles in Frage, was der Finanzmarkt zu bieten hat: Aktien, Zinsen, Devisen, ein Index oder Rohstoffe wie Gold, Rohöl, Kupfer oder Zucker.

Daher werden strukturierte Produkte auch Derivate genannt werden. Das kommt vom lateinischen derivare (= ableiten). Denn der Wert von Derivaten hängt jeweils vom «Wohlergehen» eines oder mehrerer zugrundeliegender Basiswerte ab.

- Die Anlage lief genau ein Jahr lang.
- Der Herausgeber (Emittent) zahlte einen im Voraus bestimmten Coupon, also einen festen Zins von attraktiven 10 Prozent. (Es gibt auch Angebote mit höherem Zins.)
- Entscheidend ist bei solchen Produkten die Entwicklung der Aktienwerte, die ihnen zugrunde liegen. Im vorliegenden Fall war das ein Korb mit Aktien von UBS, Geberit und Straumann (deshalb die Bezeichnung «Multi» für mehrere Aktien).

Falls diese drei Aktien steigen, gleich bleiben oder nur leicht sinken, erhält der Anleger nach einem Jahr exakt den Nennwert seiner Investition zurück, also 100 Prozent des investierten Geldes (plus den vereinbarten Zins).

- Aber: Sinkt eine oder mehrere Aktien während der Laufzeit unter einen bestimmten Wert (Barriere), erhält der Anleger nicht den Nennwert ausbezahlt, sondern bloss den Zins – und er muss eine bestimmte Anzahl von Aktien derjenigen Firma übernehmen, deren Wert in der Zwischenzeit am stärksten unter die Barriere gesunken ist. Und das ist immer ein schlechtes Geschäft.

Barrier Reverse Convertible: Reinfall mit der UBS-Aktie

Die Anlegerin aus dem Aargau fiel mit den UBS-Aktien auf die Nase. Als sie die Anlage im Oktober 2007 tätigte, waren die UBS-Aktien Fr. 60.46 wert. Die im Voraus festgelegte Barriere, die nicht unterschritten werden durfte, lag bei Fr. 41.72. Die Banker nennen das blumig den Knock-in-Level.

Doch die UBS-Aktie fiel auf einen Tiefpunkt von rund 12 Franken.

Die Folge für die Anlegerin: Sie hat 25 000 Franken investiert, einen Coupon von 2500 Franken kassiert – und sass am Schluss auf 400 UBS-Aktien zum damaligen Wert von nur noch rund 4800 Franken. Ihr Verlust: 17 700 Franken. Dieser Verlust reduziert sich nur, wenn die UBS-Aktie im Wert steigt (falls die Frau die Aktien im Depot behält).

Die Bank, die der Kundin das Produkt verkauft hat, hat hingegen verdient. Beim Verkauf der Anlage hat sie der Kundin 250 Franken

IN DIESEM KAPITEL

STICHWORT

Emittentenrisiko

Wenn ein Finanzinstitut ein Finanzprodukt herausgibt, wird das im Finanzjargon als «emittieren» bezeichnet. Entsprechend sind die emittierenden Finanzinstitute «Emittenten».

Weil Obligationen und strukturierte Produkte im Grunde Darlehen sind, die der Anleger dem Emittenten gibt (siehe auch Seite 54f.), wird der Emittent zum Schuldner.

Wenn der Schuldner pleitegeht, kann er das Darlehen in der Regel nicht zurückzahlen – und dieses Emittentenrisiko hat meist einen Totalausfall zur Folge.

Stossend ist nur: Während bei normalen Anleihen (Obligationen) die drei wichtigen Komponenten Schuldner, Zinssatz und Laufzeit klar benannt sind, wird bei strukturierten Produkten der Schuldner quasi versteckt und nur nebenbei als «Emittent» bezeichnet. Und das notabene oft auf Prospektmaterial, auf dem oben gross das Logo der jeweiligen beratenden Bank prangt, die nur Verkäuferin ist und nicht die verantwortliche Emittentin.

Der Schweizerische Bankenombudsman kritisiert das mit deutlichen Worten: «Es leuchtet nicht ein, weshalb bei strukturierten Produkten ein weiteres Fremdwort für denjenigen Beteiligten verwendet werden muss, welcher für ... die Rückzahlung des investierten Kapitals verantwortlich ist.»

Mehr noch: Oft sind die erhältlichen Unterlagen so undurchschaubar, dass selbst Finanzfachleute nicht gleich erkennen, wer nun genau Schuldner ist und damit für die Rückzahlung haftet.

Ein konkretes Beispiel: Auf einem Prospekt, den die Credit Suisse zu einem Lehman-Produkt abgab (siehe Seite 143), figurierte Lehman Brothers Treasury Co B.V. mit Sitz in Amsterdam als «Issuer» (Wertpapier-Herausgeber). Als «Lead manager» (führender Verwalter) der Opportunity Note Plus trat Lehman Brothers International (Europe) auf.

Als «Guarantor» (Bürge) fungierte dann die Lehman Brothers Holdings Inc. in New York.

Das strukturierte Produkt wurde von der Credit Suisse («Co-Structurer») sowie ihren Tochterbanken Neue Aargauer Bank und Clariden Leu lediglich vertrieben.

belastet. Und vom Herausgeber (Emittent) – der Bank Vontobel – hat die Bank eine Vertriebsentschädigung erhalten, deren Höhe die Beteiligten nicht bekannt geben. Insider schätzen sie auf 200 bis 300 Franken.

Die kritischen Punkte der strukturierten Produkte

Der Fall der Anlegerin zeigt exemplarisch ein paar allgemeine Fallstricke im Umgang mit strukturierten Produkten:

- **Aufbau:** Strukturierte Produkte sind immer eine Kombination von verschiedenen Anlageinstrumenten, aus der ein eigenständiges Finanzinstrument entsteht. Beim Multi Barrier Reverse Convertible zum Beispiel ist es eine festverzinsliche Anleihe, deren Nennwert aber nur dann voll zurückgezahlt wird, wenn der Basiswert (zum Beispiel Aktien von drei Firmen) eine bestimmte Entwicklung macht bzw. eben nicht macht.

- **Sicherheit:** Viele Verkäufer preisen solche Anlagen im Kundengespräch als relativ sicher an und spielen die Risiken eher herunter. Im Nachhinein ist oft unklar, was besprochen wurde (siehe Tipps dazu auf Seite 182ff.). Das war auch im Fall der erwähnten Anlegerin so: Sie selber sagt, sie habe nur das kleinste Risiko eingehen wollen, die Bank erwidert hingegen, die Kundin habe «das aggressivere Anlegerprofil Einkommen/ Wachstum» gewählt.

■ **Risiko**: Barrier Reverse Convertibles sind Gift, wenn die Aktienkurse sinken – womit jederzeit zu rechnen ist. Im konkreten Fall war es ein Produkt der Bank Vontobel mit dem Namen Multi Defender Vonti. Vontobel und andere Emittenten werfen immer wieder neue Produkte mit diesem Mechanismus auf den Markt – teils mit attraktiven Coupons von bis zu 24 Prozent.

Je attraktiver der Zinscoupon, desto höher das Risiko

Lassen Sie sich von hohen Coupons nicht beeindrucken! Sollte sich die zugrundeliegende Aktie als Niete erweisen, verlieren Sie viel Geld, weil Sie nach Ende der Laufzeit tief bewertete Aktien erhalten, die Sie eigentlich nicht wollten. Oder Sie erhalten deren tiefen Gegenwert als Barabgeltung, was genauso schlecht ist.

Denn auch hier gilt die Faustregel: Je höher der Coupon, desto höher ist auch das Risiko, das Sie mit dem Kauf des Produkts eingehen.

Und: Je höher die Anzahl der Basiswerte (also Aktien, deren Wert nicht unter eine bestimmte Limite fallen darf), desto wahrscheinlicher ist es, dass bei solchen «Multi»-Produkten die untere Barriere von einem der Basiswerte berührt wird. «Multi» hat also nichts mit Diversifikation zu tun, sondern mit multipliziertem Risiko.

Kommt dazu: Wenn in einem Multi Barrier Reverse Convertible Aktien aus verschiedenen Branchen zusammengemengt sind, so ist die Gefahr ebenfalls erhöht, denn der schlechteste Fall tritt schon dann ein, wenn nur eine dieser Branchen bzw. der dazugehörige Aktientitel floppt.

Gemäss einer Auswertung der Finanzzeitschrift «Bilanz» hatten Mitte November 2008 80 Prozent der 2877 an der Schweizer Börse kotierten Barrier Reverse Convertibles die Barriere nach unten verletzt und sind so für ihre Besitzer zum Verlustgeschäft geworden.

Wissenschaftliche Untersuchungen haben zudem gezeigt, dass Anleger das Risiko, dass eine Barriere durchbrochen wird, stark unterschätzen.

■ **Komplizierte Produkte:** Strukturierte Produkte sind schwer zu verstehen und deshalb für normale Sparer ungeeignet. Trotzdem verkaufen sie die Berater – meist aus Provisionsinteresse – auch an Leute, die in Finanzdingen eher unerfahren sind.

Dass selbst ausgewiesene Fachleute die Produkte oft nicht verstehen, zeigt ein Zitat von Dr. Dr. h. c. Martin Weber, Institutsleiter am Lehrstuhl für Bankbetriebslehre der Universität Mannheim: «Mir liegen Prospekte von Zertifikaten vor, die ich nicht verstehe. Und das sage ich nicht leichtfertig daher: Ich habe den kompletten Verkaufsprospekt gelesen, einen Mitarbeiter gefragt, die Werbematerialien angeschaut – das Papier ist einfach nicht zu verstehen.»

- **Verwirrende Namen:** Die Banken geben fast jedem einzelnen ihrer Produkte einen individuellen Namen, der nur Verwirrung stiftet, weil er wenig oder nichts über den Inhalt sagt.

Der Buchautor Marc Oliver Rieger (siehe Anhang auf Seite 203) hat sämtliche Fantasienamen von Airbag über Booster Plus, ToY und ZinSMI aufgeführt und kommt auf eine Liste von 389 Marketing-Namen.

- **Emittentenrisiko:** Falls der Herausgeber pleitegeht, ist das Geld in der Regel komplett verloren. Strukturierte Produkte fallen nicht unter den Einlegerschutz, weil sie im Grunde Darlehen an den Herausgeber sind. Strukturierte Produkte sind auch keine geschützten Sondervermögen wie zum Beispiel Anlagefonds (siehe Kasten links).

- **Hohe versteckte Kosten:** Bei den klassischen Anlagefonds sind die Spesen einigermassen transparent über die Gesamtkostenquote TER ausgewiesen (siehe Seite 122f.). Bei strukturierten Produkten fehlt jegliche Kostentransparenz, und sie sind teils erst noch viel teurer als Fonds – besonders wenn sie sehr kompliziert sind. Einfachere Produkte kosten 1 bis 2 Prozent, komplexere Produkte können den Anleger 3 bis 4 Prozent seines Einsatzes kosten. Die Banken sind nicht verpflichtet, die impliziten Kosten von strukturierten Produkten anzugeben.

Einige Produkte sind so teuer, dass man sie nur noch als Goldesel für die Banken bezeichnen kann. Selbst bankinterne Spezia-

Fortsetzung auf Seite 136

Kein Einlegerschutz für strukturierte Produkte

Rechtlich gesehen sind strukturierte Produkte Schuldscheine bzw. Schuldanerkennungen, für deren Erfüllung der Emittent mit seinem ganzen Vermögen haftet. Anders ausgedrückt: Anleger leihen der herausgebenden Bank Geld – wie bei einer Obligation – und hoffen, dass der Schuldner die Summe nach Ablauf der festgelegten Frist zurückzahlen kann.

Wie bei Obligationen besteht also auch hier das Risiko des Totalausfalls, falls der Herausgeber (Schuldner) pleitegeht. Das ist das sogenannte Emittentenrisiko, das bei strukturierten Produkten eine entscheidende Rolle spielt (siehe das «Stichwort» auf Seite 132).

Im Konkursfall der amerikanischen Bank Lehman Brothers aus dem Jahr 2008 zeigte sich, was dieses Risiko bedeutet, auch viele Schweizer Anlegerinnen und Anleger waren davon betroffen.

Die Käufer von Lehman-Papieren hatten diese jeweils bei ihrer Hausbank gekauft. In diesen Fällen war aber die Hausbank nur die Vermittlerin. Emittent und damit Schuldner war Lehman Brothers.

Wer Emittent ist und damit «Garant», steht jeweils – mehr oder weniger klar – im sogenannten Termsheet oder Factsheet. Emittent und verkaufende Bank sind nur identisch, falls man ein hauseigenes Produkt der Bank kauft.

Dieses Emittentenrisiko besteht nicht bei Anlagefonds (siehe Seite 96ff.). So gesehen sind Anlagefonds vorzuziehen.

Strukturierte Produkte: Verkaufsargumente und Wirklichkeit

Die Verkäufer von strukturierten Produkten werben in ihren Inseraten mit vielen Vorteilen und Eigenschaften dieser Anlagevehikel. Hier lesen Sie, was von diesen Marketing-Aussagen zu halten ist.

■ **Zugang zu speziellen Märkten.** Oft heisst es, strukturierte Produkte böten auch Privatinvestoren Zugang zu eher exotischen Märkten und Investitionsbereichen (Basiswerte), zu denen sie sonst nicht so leicht kämen – etwa Rohstoffe, Devisen oder Emerging Markets (aufstrebende Volkswirtschaften).

Aber: Normalen Sparerinnen und Sparern stehen beispielsweise mit Anlagefonds genügend Investitionsmöglichkeiten zur Verfügung. Riskante Ausflüge in exotische Märkte sind für die üblichen Portfolios von Privatanlegern nicht notwendig.

■ **Individuelle Lösung.** Die Produkte ermöglichen einen «massgeschneiderten Zugang zu den Risiken, welche zur persönlichen Anlagestrategie passen». So lautet einer der beliebten Werbesprüche.

Aber: Diese Produkte sind vor allem da, um den Banken Geld in die Kasse zu spülen. Deshalb wurden sie in der Vergangenheit auch vielen Anlegern verkauft, die das Risiko nicht begreifen konnten oder gar kein Risiko eingehen wollten.

Und: Es gibt Depots, in denen viele strukturierte Produkte von einer einzigen Bank stammen, also vom gleichen Emittenten. Das ist ein gefährliches Klumpenrisiko.

Der Schweizerische Bankenombudsman machte die gleiche Feststellung bei Credit-Suisse-Kunden, denen die Bank riet, das ganze Sparguthaben in ein einziges Produkt der Lehman Brothers zu investieren. Der elementare Grundsatz der Risikoverteilung sei «in vielen Fällen krass verletzt worden».

Auch von den Raiffeisenbanken weiss man, dass sie vor allem Produkte der Bank Vontobel verkaufen – deren Bonität übrigens nicht die allerbeste ist (siehe Tabelle auf Seite 59).

■ **Transparenz.** «Wir handeln flexibel, professionell und transparent», schreibt die Bank Vontobel, die eine marktmächtige Herausgeberin von strukturierten Produkten ist.

Aber: Gerade die geringen Transparenzvorschriften, der noch weitgehend unregulierte Markt, die undurchsichtige Kostenstruktur und die versteckten Gebühren sprechen gegen eine Investition in strukturierte Produkte. Laien sollten die Finger davon lassen.

■ **Die «Erwartung».** Zentrale Bedeutung beim Verkauf von strukturierten Produkten hat dieser Satz der Banken: «Sie formulieren Ihre Markterwartung, und wir schlagen Ihnen das geeignete Produkt vor.»

Aber: Damit überfordern die Banken den Anleger und die Anlegerin. Das sei eine «Umkehrung der klassischen Beratungsssitation, bei der die Bank ihre Prognosen über die Kursentwicklung verwendet, um dem Kunden bei seiner Anlageentscheidung zu helfen», sagt Marc Oliver Rieger vom Swiss Banking Institute der Uni Zürich.

Mit der Aufforderung, ihre Erwartung bzw. Marktmeinung zu formulieren, schreiben die Banken den Anlegern eine Kompetenz zu, die diese nicht haben.

Man könnte auch sagen: Die Banken schieben damit dem Kunden den Schwarzen Peter zu.

■ **Schnelle Reaktion auf Marktentwicklungen.** Strukturierte Produkte seien schnell lanciert, und deshalb könne man mit ihnen sehr rasch auf geänderte Marktsituationen, allgemeine Trends oder sich bietende Chancen reagieren. Bei Anlagefonds dauere das wegen der dort strengeren Regulierung immer sehr viel länger.

Aber: Vorsichtige Anleger rennen nicht blind und unüberlegt jedem Trend hinterher.

Fortsetzung von Seite 134

listen geben hinter vorgehaltener Hand zu, dass gewisse Varianten reine Abzockinstrumente seien.

Norwegen hat den Verkauf von «Strukis» an Private verboten

Deshalb das wichtigste Fazit für Anleger: Strukturierte Produkte sind nur für versierte Menschen, die die Funktionsweise des Vehikels genau verstehen und sich über die Risiken zweifelsfrei im Klaren sind.

Übrigens: Die norwegische Regierung hat den Verkauf von strukturierten Produkten an private Anleger im Jahr 2008 verboten. Selbst auf dem grössten Finanzmarkt der Welt, den USA, sind strukturierte Produkte wegen der strengen Regulierungen wenig verbreitet – wohl auch deshalb, weil die Herausgeber Klagen fürchten, wenn es zu Verlusten kommt und die Anleger merken, dass sie gar nicht wussten, was sie gekauft haben.

Grosse und verwirrende Produktevielfalt

Die eingangs geschilderten Barrier Reverse Convertibles gehören zur Gruppe der **Renditeoptimierungsprodukte** gemäss der verbandsoffiziellen Einteilung (siehe Kasten unten). Die Produktevielfalt ist gross und unübersichtlich und

Strukturierte Produkte: Die «offiziellen» Kategorien

Der Schweizerische Verband für Strukturierte Produkte (SVSP) teilt die strukturierten Produkte in vier verschiedene Kategorien ein (siehe www.svsp-verband.ch). Schon die vielen unterschiedlichen Bezeichnungen machen deutlich, wie kompliziert das Ganze ist. Erschwerend kommt noch dazu, dass die Banken ihren hauseigenen Produkten auch noch individuelle Fantasienamen geben, die wenig aussagekräftig sind.

Kapitalschutzprodukte
Kapitalschutz ohne Cap
Exchangeable-Zertifikate
Kapitalschutz mit Cap
Kapitalschutz mit Knock-Out
Kapitalschutz mit Coupon
Diverse Kapitalschutzprodukte

Renditeoptimierungsprodukte
Discount-Zertifikate
Barrier-Discount-Zertifikate
Reverse Convertibles
Barrier Reverse Convertibles
Capped-Outperfomance-Zertifikate
Capped-Bonus-Zertifikate
Express-Zertifikate
Diverse Renditeoptimierungsprodukte

Partizipationsprodukte
Tracker-Zertifikate
Outperformance-Zertifikate
Bonus-Zertifikate
Outperformance-Bonus-Zertifikate
Twin-Win-Zertifikate
Diverse Partizipationsprodukte

Hebelprodukte ohne Knock-Out
Warrants
Diverse Hebel-Produkte ohne Knock-Out

Hebelprodukte mit Knock-Out
Knock-Out Warrants
Mini-Futures
Diverse Hebelprodukte mit Knock-Out

wird ständig erweitert bzw. verfeinert.

Die Banken bewerben die Kategorie der «Renditeoptimierungsprodukte» gerne mit dem Spruch, damit liesse sich auch in Phasen stagnierender Aktienkurse eine attraktive Rendite erzielen. Doch das geht nicht ohne Risiko und hohe Kosten – und wenn die Kurse trotzdem steigen, so profitieren die Anleger nicht voll von dieser Aufwärtsbewegung.

Dieser Ratgeber geht nicht näher auf die weiteren Produktvarianten ein – sie sind für normale, sicherheitsorientierte Sparer sowieso nicht geeignet.

Manuel Ammann, Professor für Finance an der Uni St. Gallen, sagt im Interview mit der «Handelszeitung» zu den Multi Barrier Reverse Convertibles: «Die ökonomische Begründung, warum das ein sinnvolles Produkt sei, habe ich noch nicht gefunden.» Und er kritisiert, die Anleger würden mit hohen Coupons verführt. Das führe oft auch dazu, dass die Depots nicht mehr ausreichend diversifiziert seien. «Manchmal ist es wirklich haarsträubend, was man an Portfolios zu Gesicht bekommt.»

Hebelprodukte sind nur für Spekulanten geeignet

Auch die Kategorie der sogenannten **Hebelprodukte** wird in diesem Ratgeber nicht näher erläutert. Diese ermöglichen theoretisch eine Vervielfachung der Kurssteigerungen des Basiswerts durch Spekulation auf steigende oder sinkende Aktienkurse. So kann ein Anleger bereits mit geringem Kapitaleinsatz zu viel Geld kommen.

Umgekehrt sind aber bei Hebelprodukten auch die Risiken enorm – die Wahrscheinlichkeit eines Totalverlusts ist hoch. Hebelprodukte sind daher nur für sehr risikobereite Anleger (besser: Spekulanten) geeignet, denen es nichts ausmacht, wenn sie das ganze investierte Kapital verlieren.

Warrants und Mini-Futures: Auch Totalverlust ist möglich

Die am weitesten verbreiteten Hebelprodukte sind die sogenannten Warrants. Ihnen liegen börsengehandelte Optionen zugrunde (sie-

TIPP

Beobachten Sie den Kursverlauf

Falls Sie strukturierte Produkte im Portefeuille haben: Beobachten Sie den Kursverlauf, denn Sie können die Produkte jederzeit an der Börse verkaufen.

Allerdings kann der Kurswert tiefer sein als der Nennwert, den Sie bezahlt haben. Das ist zum Beispiel dann der Fall, wenn bei einem Barrier Reverse Convertible das Durchbrechen der unteren Barriere demnächst droht, weil die Aktienkurse auf breiter Front einbrechen.

Umgekehrt können Anleger aber auch bereits laufende strukturierte Produkte an der Börse kaufen.

Beachten Sie aber in diesem Zusammenhang eine Steuerfalle, die ähnlich ist wie diejenige bei den Obligationen (siehe Kasten auf Seite 66): Wenn Sie ein strukturiertes Produkt mit einem hohen fixen Zinscoupon während der Laufzeit kaufen, so müssen Sie einen Zinsanteil für die bisher abgelaufene Zeit dem Vorbesitzer abgeben.

Nachteilig ist dabei, dass Sie bei Ablauf des Produkts den ganzen oder einen Teil des Zinses für die ganze Laufzeit vollumfänglich als Einkommen versteuern müssen, weil der steuerbare Zins Ihnen gutgeschrieben wird.

he Kapitel 7). Diese geben das Recht, ein Wertpapier, meist eine Aktie, zum heute fixierten Preis bis zu einem bestimmten Zeitpunkt in der Zukunft zu kaufen (Call) oder zu verkaufen (Put).

Für dieses Recht zahlt man eine Prämie, im Falle eines Calls können das beispielsweise 2 Prozent des Kontraktwerts sein. Steigen die Aktien in dieser Zeit zum Beispiel um 4 Prozent, so hat man einen Gewinn von 2 Prozentpunkten bzw. von 100 Prozent bezogen auf seinen Einsatz gemacht.

Sinken sie hingegen um mehr als 2 Prozent, so hat man einen Totalverlust erlitten, denn die Option ist wertlos geworden. Mit geringem Einsatz kann man also grosse Bewegungen auslösen (Hebelwirkung).

Das Gewinnpotenzial ist hier sehr gross. Noch grösser ist allerdings das Verlustrisiko, weil ja zuerst die Prämie verdient werden muss, bevor man gegebenenfalls die Gewinnzone erreicht.

Das Gleiche gilt für die sogenannten Mini-Futures, bei denen ebenfalls ein Totalverlust des eingesetzten Kapitals möglich ist. Wie Futures funktionieren, steht im Kapitel 7 zu den alternativen Anlagen auf Seite 148f.

Höhenflüge und Tiefschläge überproportional mitmachen

Ebenfalls nicht näher betrachtet wird die Kategorie der **Partizipationsprodukte**. Mit diesen strukturierten Produkten macht der Anleger Kursbewegungen von Aktien, Körben von Einzeltiteln oder von einem Index mit – entweder eins zu eins oder sogar überproportional. Hier «partizipiert» er also.

Steigt der Kurs des Basiswerts etwa um 50 Prozent, steigt auch der Wert des entsprechenden Produktes um dieselbe Prozentzahl. Umgekehrt machen Anleger auch fallende Kurse voll mit.

Die Branche betont, damit hätten Anleger einen effizienten Zugang zu einer bestimmten Branche oder zu einem bestimmten Thema (zum Beispiel Nachhaltigkeit), das Privaten sonst verschlossen sei.

Aber: Kleinanleger haben mit Fonds schon genug gute und diversifizierte Anlagemöglichkeiten zur Verfügung.

Zudem fehlt bei Partizipationsprodukten ein Sicherheitsnetz in Form eines Kapitalschutzes, weshalb diese Produkte nur für risikobereite Anleger geeignet sind.

Zu den Partizipationsprodukten gehören auch die stark beworbenen Exchange-Traded Commodities (ETCs), bei denen vor allem Rohstoffe oder Rohstoff-Indexe den Basiswert bilden.

«Smarte» Alternative? Das Risiko wird heruntergespielt

Ebenfalls Partizipationsprodukte sind die sogenannten Money Market Notes der Bank Vontobel, die in Zeitungsanzeigen auch schon vollmundig als «smarte Alternative zu Geldmarktanlagen» beworben wurden. Dieser Vergleich ist tückisch und spielt das Risiko herunter.

Typische Vertreter der Partizipationsprodukte sind auch die Tracker-Zertifikate (wörtlich «Nachfolger»). Sie bilden einen beliebigen Aktienkorb, einen Index, Währungen, Rohstoffe oder andere börsengehandelte Werte eins zu eins ab.

Das können beispielsweise fünf willkürlich ausgewählte Aktien oder der SMI sein. Steigt der SMI, so steigt auch der Wert des Tracker-Zertifikats im gleichen Ausmass. Sinkt der SMI, so sinkt auch der Tracker parallel dazu.

Das Kursrisiko entspricht damit demjenigen einer Direktanlage.

Im Gegensatz zu einem Indexfonds, der ebenfalls auf dem SMI basiert, werden beim Tracker-Zertifikat die 20 Aktien, die den SMI ausmachen, aber nicht wirklich gekauft, sondern nur virtuell nachvollzogen.

Zudem sind Tracker wie alle strukturierten Produkte keine Sondervermögen. Es besteht also ein Emittentenrisiko (siehe Kasten Seite 132).

Direktinvestitionen in den Basiswert sind oft besser

Für das unabhängige deutsche Institut für Vermögensaufbau ist klar, dass Direktinvestments in den Basiswert langfristig die höchste Performance erzielten.

Das Institut kommt aufgrund einer Langzeitstudie über einige ausgewählte Partizipations- und Renditeoptimierungsprodukte zum Schluss: «Langfristige und passive Anleger, die über keine klare Erwartungshaltung verfügen, sind mit einem Direktinvestment in den Basiswert gut bedient, weil Dividendenausschüttungen und entfallende Ausgabeaufschläge langfristig einen etwas höheren Mehrwert erzielen als die zusätzlichen Eigenschaften der verschiedenen Zertifikate.»

Keine Benchmark für Performance-Vergleiche

Achtung: Bei allen drei genannten Arten von strukturierten Produkten (Renditeoptimierung, Hebel- und Partizipationsprodukte) können Sie im schlimmsten Fall den ganzen eingesetzten Betrag verlieren. Im Unterschied zu Anlagefonds oder ETFs haben strukturierte Produkte auch keinen Vergleichsindex (Benchmark), an dem sich ihre Performance messen liesse.

Investieren mit einem eingebauten Sicherheitsnetz

Kapitalschutzprodukte gehören zur einzigen Kategorie der strukturierten Produkte, die für vorsichtige Investoren noch einigermassen geeignet ist. Mit diesen Produkten sichert sich der Anleger gegen Verluste ab, umgekehrt verzichtet er aber auf grosse Gewinne – das ist der Preis des Kapitalschutzes.

Allerdings: Kapitalschutz bezieht sich nur auf den Nominalwert, das Inflationsrisiko ist nicht abgedeckt, weil ja der damalige Nennwert zurückgezahlt wird. Und das Schutzniveau liegt nicht immer bei 100 Prozent, sondern zum Beispiel bei 80 oder 90 Prozent

Trotz der Bezeichnung «Kapitalschutz» dürfen Sie aber nicht ver-

Fortsetzung auf Seite 141

CHECKLISTE

Hinweise zum Kauf und Verkauf von strukturierten Produkten

■ Lassen Sie sich nie zum Kauf von strukturierten Produkten überreden, wenn Sie davon nicht überzeugt sind. Kaufen Sie nur, was Sie verstehen und punkto Risiko auch einschätzen können.

Lesen Sie das Termsheet (Factsheet) mit den entsprechenden Informationen. Falls Sie das nicht verstehen: Hände weg!

■ Strukturierte Produkte werden teils recht aggressiv in Tageszeitungen und Finanzblättern beworben. Allein aufgrund der verwirrenden Produktenamen ist deren Funktionsweise jeweils kaum verständlich. In der Regel steht aber in den Inseraten, zu welcher Kategorie der «offiziellen» Verbandseinteilung das betreffende Produkt gehört.

Falls nicht: Auf der Homepage des Schweizerischen Verbandes für Strukturierte Produkte (www.svsp-verband.ch) finden Sie den «Produktfinder», den Sie konsultieren können. Das kann beim Verständnis helfen.

■ Auch bei strukturierten Produkten gilt: Höhere Renditen sind immer mit einem grösseren Risiko verbunden.

■ Bedenken Sie, dass strukturierte Produkte für Anleger relativ teuer sind. Immerhin: Während bei Fonds einmalig zu bezahlende Ausgabegebühren von 5 Prozent keine Seltenheit sind, fallen bei strukturierten Produkten in der Regel keine Ausgabe- und Rücknahmegebühren an. Dafür aber Verkaufsgebühren der Bank, die sogenannten Courtagen.

■ Viele strukturierte Produkte haben eine kurze Laufzeit. Für eine langfristige Strategie sind sie deshalb weniger geeignet.

■ Beachten Sie das Emittentenrisiko und vermeiden Sie Klumpenrisiken. Wie bei Obligationen dürfen Anleger auch bei strukturierten Produkten nicht alles auf einen Emittenten setzen – auch nicht bei Produkten, die einen Kapitalschutz versprechen.

■ Zum Emittentenrisiko finden Sie auf der Homepage des Schweizerischen Verbandes für Strukturierte Produkte die Liste mit der Bonität der Schweizer Herausgeber (www.svsp-verband.ch → Emittentenbonität).

■ Auf dieser Verbandshomepage finden Sie unter «Risikokennzahl» auch eine Risiko-Einstufung der einzelnen angebotenen Produkte. Diese Einschätzung ist aber mit Skepsis zu betrachten, weil sie das Emittentenrisiko im Prinzip nicht berücksichtigt. Was dort mit dem Risiko «tief» bezeichnet wird, ist keinesfalls so sicher wie das Sparbuch. Genau das suggeriert aber der Verband.

Selbst das Risiko einiger Barrier Reverse Convertibles wird dort als «tief» charakterisiert.

Viele Fachleute stehen dieser Risikokennzahl sehr skeptisch gegenüber. Die «Neue Zürcher Zeitung» schrieb von einer «Gefahr der Scheinsicherheit».

■ Machen Sie sich im Internet über die verschiedenen Produkte schlau. Das Problem dabei: Die meisten Internet-Seiten sind von Anbietern oder anbieterorientiert, und sie verbreiten nur den üblichen und immer gleichen Fachjargon, der für Laien nicht leicht zu verstehen ist.

Solche Infos und Produktbeschreibungen finden Sie zum Beispiel auf www.svsp-verband.ch, www.derinet.ch (Site der Bank Vontobel), www.investchannel.ch, www.payoff.ch oder www.zertifikatejournal.ch.

Auf www.zkb.ch finden Sie ein brauchbares «Lernprogramm» mit Erklärungen, das aber auf diejenigen wenigen Produkte beschränkt ist, die die Zürcher Kantonalbank im Angebot hat.

■ Neuerdings gibt es einzelne pfandgesicherte Produkte mit der Bezeichnung «COSI», die das Emittentenrisiko dadurch ein Stück weit ausschliessen, dass der Herausgeber den aktuellen Wert mit einem Pfand bei der Börse hinterlegt.

Das ist aber erst bei wenigen Produkten der Fall, zudem macht diese Absicherung die betreffenden Produkte noch teurer.

Fortsetzung von Seite 139

gessen, dass es hier ein Emittentenrisiko gibt (siehe Kasten auf Seite 132).

Die Funktionsweise dieser Produkte an einem Beispiel: Ein Anleger möchte in Aktien von grossen Schweizer Unternehmen investieren, weil er davon ausgeht, dass die Aktienkurse steigen.

Diese Zuversicht ist aber nicht 100-prozentig. Und der Anleger hatte früher mit Aktien Geld verloren – er will jetzt quasi ein Sicherheitsnetz haben.

Hier bietet sich ein Kapitalschutzprodukt mit dem Swiss Market Index (SMI) als Basiswert an – der SMI umfasst die Aktien der 20 grössten Schweizer Unternehmen.

Ein entsprechendes strukturiertes Produkt mit Basiswert SMI kann folgende Eigenschaften haben: Es kostet bei der Emission 1000 Franken, hat eine Laufzeit von fünf Jahren und ein Kapitalschutzniveau von 95 Prozent.

Falls der Anleger das Produkt bei der Emission kauft und fünf Jahre lang hält, kann er an Kurssteigerungen des SMI fast voll teilhaben. Angenommen, der Index steigt in fünf Jahren um 30 Prozent, erhält der Anleger am Ende der Laufzeit (je nach Produkteart) zum Beispiel 1300 Franken.

Ab einer SMI-Verlustschwelle von 5 Prozent tritt hingegen der Kapitalschutz in Aktion. Das heisst, auch wenn der SMI beispielsweise 30 Prozent verlieren sollte, werden beim Verfall dennoch garantiert 950 Franken (95 Prozent von 1000 Franken) zurückgezahlt.

Der Cap: Ein «Deckel» begrenzt die Gewinnmöglichkeit

Auch in dieser Kategorie gibt es Unterkategorien, wie die Zusammenstellung im Kasten auf Seite 136 zeigt. Sie unterscheiden sich im Wesentlichen in zwei Punkten:

- Der Kapitalschutz ist unterschiedlich hoch; dieses Schutzniveau kann auch bei 100 Prozent liegen.
- Die Gewinnmöglichkeiten nach oben können begrenzt sein. Solche Produkte tragen die Bezeichnung «mit Cap» im Namen.

Bei Kapitalschutzprodukten mit Cap sind die Gewinnmöglichkeiten gegen oben begrenzt («gedeckelt»). Bei diesen Produkten können Anleger nur bis zu einer bestimmten Barriere – dem Cap – an Kurssteigerungen des Basiswerts teilhaben. Diese Gewinnbegrenzung greift umso stärker, je höher das Schutzniveau ist.

Ein Kapitalschutzprodukt mit Cap (mit Gewinnbegrenzung) kann so aussehen: Ein strukturiertes Produkt mit Basiswert SMI kostet bei der Emission 1000 Franken, hat eine Laufzeit von fünf Jahren, einen Cap bei 30 Prozent und ein Kapitalschutzniveau von 100 Prozent.

Folge: An SMI-Kurssteigerungen bis 30 Prozent kann der Anleger voll teilhaben. Steigt der SMI während der Laufzeit aber um mehr als 30 Prozent, werden beim Verfall wegen des Caps nur maximal 1300 Franken zurückbezahlt. Fällt

TIPP

Der Kapitalschutz gilt nur am Ende der Laufzeit

Strukturierte Produkte sind grundsätzlich frei handelbar; wie Obligationen haben sie also auch einen Kurs, der nach der Herausgabe steigen oder sinken kann.

Für Kapitalschutzprodukte heisst das: Der Schutz des Nennwerts kommt nur am Ende der vereinbarten Laufzeit zum Tragen, der Kapitalschutz wird erst bei Laufzeitende wirksam.

Während der Laufzeit können also auch Kapitalschutzprodukte im Handel weit unter ihrem Nennwert liegen. Verkaufen Sie ein solches Produkt vor Laufzeitende, erhalten Sie unter Umständen nur einen sehr schlechten Kurswert.

Beispiel: Sie kaufen ein Produkt mit Basiswert SMI und mit einem Kapitalschutzniveau von 100 Prozent zum Kurswert von 1300 Franken, das aber ursprünglich mit einem Nennwert von 1000 Franken emittiert wurde. Falls der SMI bis Laufzeitende so stark fallen sollte, dass der Kapitalschutz aktiviert wird, erhalten Sie nur den Nennwert von 1000 Franken zurück. Die Differenz zwischen Nennwert und Kurswert von 300 Franken ist dann verloren.

der SMI hingegen, erhält der Anleger garantiert 1000 Franken.

In diesem Beispiel ist das Kapitalschutzniveau höher als beim obigen Kapitalschutzprodukt ohne Cap. Der Preis für diesen besseren Schutz ist der Cap bzw. der Verzicht auf hohe Kursgewinne des SMI.

Kapitalschutz mit variablem Coupon

Eine weitere Variante dieser Gattung sind Kapitalschutzprodukte mit Coupon. Der Coupon ist eine jährliche Ausschüttung bzw. Zinszahlung. Deren Höhe ist hier aber abhängig von der Entwicklung des Basiswerts, der Coupon ist also variabel.

Meist werden Minimal- und Maximalwerte für die jährlichen Ausschüttungen festgelegt.

Ein Beispiel: Ein strukturiertes Produkt mit Basiswert SMI kostet bei der Emission 1000 Franken, hat eine Laufzeit von fünf Jahren, ein Kapitalschutzniveau von 100 Prozent und zahlt einen jährlichen Coupon aus, der von den Kurssteigerungen des Basiswerts abhängt.

Der jährliche Coupon hat einen Cap bei 15 Prozent und kann nie kleiner als 0 Prozent sein.

Bei einer Laufzeit von fünf Jahren fallen demnach fünf Perioden an, in welcher ein Coupon bezahlt wird – oder auch nicht.

Steigt zum Beispiel der SMI während des ersten Jahres nach der Emission um 10 Prozent, erhält der Anleger auch einen Coupon von 10 Prozent, also 100 Franken.

Steigt der SMI während des zweiten Jahres nach Emission um 20 Prozent, beträgt der Coupon für die zweite Periode wegen des Caps nur 15 Prozent, also 150 Franken.

Sollte der SMI während des dritten Jahres nach Emission um 25 Prozent fallen, wird für die dritte Periode kein Coupon bezahlt. Für die vierte und fünfte Periode werden die Coupons genau gleich berechnet. Beim Verfall erhält der Anleger aber auf jeden Fall den Nennwert von 1000 Franken zurück.

Tipp: Kaufen Sie Kapitalschutzprodukte nur, solange die Aktienkurse und die Zinsen oben sind. Idealerweise macht man einen Börsenboom mit Direktinvestitionen mit und schichtet kurz vor einem Einbruch an den Börsen in Kapitalschutzprodukte um.

Das ist aber einfacher gesagt als getan – selbst Profis mit jahrzehntelanger Erfahrung können jeweils nicht voraussagen, wann die Börsenkurse einbrechen und wie stark dieser Einbruch sein wird.

Das Emittentenrisiko ist keine weltfremde Theorie!

Und noch einmal: Vergessen Sie das Emittentenrisiko nicht!

Dass dieses Risiko nicht nur theoretischer Natur ist, hat die amerikanische Bank Lehman Brothers bewiesen, die am 15. September 2008 zusammengebrochen ist. Viele Schweizer Anlegerinnen und Anleger hatten auf Empfehlung von Schweizer Banken Kapitalschutzprodukte von Lehman gekauft. Sie trugen Namen wie «Bonus Coupon Note», «Podium Note» oder «Opportunity Note».

Diese Papiere haben jetzt wegen des Ausfalls des Emittenten Lehman Brothers massiv an Wert verloren – «Kapitalschutz» hin oder her. Einen begrenzten Verlust haben nur diejenigen Sparer erlitten, die von den Schweizer Banken wenigstens teilweise entschädigt wurden.

Übrigens: Marktbeobachter berichten, dass die erhoffte Maximalrendite bei strukturierten Produkten mit Kapitalschutz regelmässig ausbleibt und dass ihre Rendite in den Jahren 2005 bis 2009 oft bei null Prozent lag.

7 Alternative Anlageklassen
Oft ein glitschiges Parkett für Spekulanten

Neben den traditionellen Anlagekategorien wie Obligationen, Aktien und Fonds gibt es noch alternative oder nicht-traditionelle Anlageformen. Dazu gehören Derivate, Optionen, Rohstoffe und Edelmetalle. Sie locken mit hohen Renditen, sind aber spekulativ und riskant. Weniger riskant, dafür aber auch nicht so ertragreich, sind Investments in Immobilien.

Der wichtigste Grundsatz für Geldanlagen lautet – wie in den vorangegangenen Kapiteln schon oft erwähnt: Je höher die angestrebte Rendite, desto grösser das Risiko.

Anders formuliert: Je mehr Risiko ein Anleger in Kauf nehmen kann und will, desto grösser sind seine Gewinnaussichten.

In dieser «Gefahrenzone» bewegen sich die Ausführungen in diesem Kapitel. Themen sind:

- Derivate (Kasten unten)
- Optionen (siehe unten)
- Futures (Seite 148 f.)
- Rohstoffe (Seite 149 f.)
- Edelmetalle (Seite 150 ff.)
- Private Equity (Seite 153 ff.)
- Hedge-Fonds (Seite 155 f.)

Zusätzlich befasst sich dieses Kapitel auch mit den Vor- und Nachteilen von Investments in Immobilien (Seite 156 ff.).

Angesichts ihres grösseren Risikos gehören auch Hedge-Fonds in die Kategorie der alternativen oder nicht-traditionellen Anlagen; sie kommen deshalb hier zur Sprache und nicht im Fondskapitel.

Optionen

Das Grundprinzip einer Option lässt sich anschaulich mit der Funktionswiese von Gutscheinen erklären. Ein Beispiel: Eine Firma stellt ein Produkt her, das 100

STICHWORT

Derivate

Derivate ist ein Überbegriff für «abgeleitete Produkte». Derivate sind künstlich geschaffene und handelbare Finanzprodukte bzw. Wertpapiere. Ihr Name kommt vom lateinischen «derivare», was ableiten bedeutet. Denn der Preis von Derivaten leitet sich immer von jenem Basiswert ab, der ihnen zugrunde liegt.

Je nach Konstruktion steigen Derivate mit dem Basiswert oder verhalten sich genau umgekehrt dazu – und dies oft sogar überproportional. Der Basiswert kann eine Aktie, eine Obligation, eine Ware, eine Währung, ein Index oder eine Kombination von Anlageinstrumenten sein.

Derivate werden als eigenständige Anlageprodukte am Markt gehandelt, wo sie nach dem Gesetz von Angebot und Nachfrage einen eigenen Preis erhalten.

Derivate sind viel risikoreicher und komplexer als herkömmliche Wertpapiere. Im Vergleich zur Direktanlage in Obligationen und Aktien ist der Totalverlust des investierten Kapitals bei Derivaten bedeutend wahrscheinlicher.

Die wichtigsten Derivatkategorien sind strukturierte Produkte (sie sind in Kapitel 6 erläutert) sowie Termingeschäfte, also Optionen und Futures.

Franken kostet. Um den Absatz anzukurbeln, verkauft sie Gutscheine zum Preis von 80 Franken. Diese Gutscheine geben die Möglichkeit (die «Option»), das Produkt im Wert von 100 Franken ausgehändigt zu erhalten.

Wer nun seinen Gutschein sofort einlöst, hat quasi 20 Franken verdient.

Angenommen, der Preis des Produkts steigt später auf 110 Franken, erhöht sich also um 10 Prozent. Wer den 80-Franken-Gutschein erst jetzt einlöst, erzielt damit einen «Gewinn» von 30 statt 20 Franken – und das ist ein Mehrertrag von 50 Prozent.

Der Wertsteigerung des eigentlichen Produkts um 10 Prozent steht also die «gehebelte» Wertsteigerung des Gutscheins von 50 Prozent gegenüber.

Eine Kaufoption kann komplett wertlos werden

Die Finanzinstrumente mit der Bezeichnung Option funktionieren gleich; denn auch Optionen kann man kaufen.

Ein Beispiel: Eine Option auf den Kauf einer Aktie der Firma X kostet 30 Franken und berechtigt den Besitzer, die Aktie Ende September zum Preis von 1000 Franken zu beziehen. Der Käufer erwirbt die Kaufoption Ende Juni.

In den drei Monaten zwischen dem Kauf der Option und dem Datum des Ausübungsrechts bewegt sich der Kurs der Aktie X nach oben auf 1100 Franken.

Hätte der Anleger die Aktie effektiv als Wertpapier gekauft, hätte er einen Gewinn von 100 Franken bzw. 10 Prozent eingefahren.

Mit seiner Kaufoption erzielt der Anleger einen Wertzuwachs von 70 Franken (100 Franken Kurssteigerung minus 30 Franken Optionspreis). Denn er kann nun eine Aktie zu 1000 Franken beziehen und sofort für 1100 verkaufen.

Bezogen auf seinen Einsatz von 30 Franken ist das eine Wertsteigerung um 133 Prozent.

Das zeigt auf einleuchtende Art und Weise, dass die prozentualen Gewinnmöglichkeiten bei Optionsstrategien sehr viel grösser sind als beim Halten der zugrundeliegenden Aktien.

Allerdings ist auch das Risiko ungleich höher. Rutscht nämlich die Aktie X entgegen der Erwartung auf 900 Franken runter, verliert der

IN DIESEM KAPITEL

«reale» Aktienbesitzer nur 10 Prozent seines Geldes. Der Optionskäufer hingegen verliert 100 Prozent seines eingesetzten Kapitals, weil seine 30-fränkige Kaufoption jetzt nichts mehr wert ist.

Grund: Der Optionenbesitzer hat nur das Recht, aber nicht die Pflicht, die Aktie zu 1000 Franken zu beziehen. Der Bezug für 1000 Franken wäre völlig sinnlos, weil die Aktie X nun ja zu 900 Franken und damit viel günstiger zu kaufen wäre.

Deshalb ist die Kaufoption wertlos geworden, das eingesetzte Kapital zu 100 Prozent weg.

Oder anders ausgedrückt: Wer eine Aktie kauft, kann allfällige Kursverluste aussitzen und immerhin noch auf bessere Zeiten hoffen. Eine Option hingegen verliert nach Ablauf jeglichen Wert, das eingesetzte Kapital ist dann für immer verloren.

Spekulieren auf steigende oder fallende Kurse

Nach diesem anschaulichen Beispiel ist auch die Definition der Option leichter verständlich, die überall zu lesen ist: Eine Option ist ein handelbarer Kontrakt, der den Besitzer berechtigt (aber nicht verpflichtet), ein bestimmtes Gut zu einem bestimmten Zeitpunkt und zu einem bestimmten Preis zu kaufen. Dafür zahlt der Optionskäufer eine Prämie.

Fachleute unterscheiden noch zwischen europäischen und amerikanischen Optionen: Europäische Optionen können nur am Ende der Laufzeit ausgeübt werden, amerikanische auch jederzeit während der Laufzeit.

Kaufoptionen wie im Beispiel geschildert heissen Call-Optionen, herrührend vom englischen «to call». Der Besitzer eines Calls hat das Recht, ein bestimmtes Produkt «abzuholen».

Das Gegenstück dazu sind Put-Optionen (put = abgeben); sie berechtigen den Besitzer, das entsprechende Gut zu verkaufen.

Da funktioniert der Mechanismus umgekehrt, weil der Käufer hier auf fallende Kurse spekuliert; die Gewinn- bzw. Verlustchancen bleiben gleich hoch. Je stärker die Aktie im Kurs fällt, desto mehr verdient der Käufer.

Index-Optionen auf einen abstrakten Wert

Beim «Gut», das Optionsbesitzer kaufen oder verkaufen können, muss es sich nicht um Aktien handeln. Es können auch Fremdwährungen sein (etwa 100 000 Dollar) oder ein Kilo Gold, oder ein anderer Basiswert wie zum Beispiel ein Index.

Index-Option heisst: Hier ist keine Lieferung des Basiswerts möglich, weil der Index ein abstrakter Wert ist, der die Wertveränderung eines Marktes abbildet. Deshalb wird hier zum Zeitpunkt der Vertragserfüllung der Differenzbetrag zwischen abgemachtem und effektivem Index-Stand in bar ausbezahlt.

Optionen kauft man in der Regel bei der Bank, wodurch die üblichen Bankgebühren anfallen. Sie werden ausserbörslich gehandelt und

TIPP

Vorsicht vor freien Verkäufern und Wucherern

Optionen und andere Termingeschäfte wie zum Beispiel Devisenhandels-Geschäfte werden oft auch von freien Verkäufern angepriesen und aggressiv unter die Leute gebracht. Da sind in der Regel unseriöse Geschäftemacher am Werk, die vor allem in die eigene Tasche wirtschaften und Ihnen mit grosser Wahrscheinlichkeit einen Totalverlust bescheren.

Beispiel: Das Bundesgericht musste sich im Jahr 2009 mit dem Geschäftsführer einer Devisenhandels-Firma befassen, der private Schulden aus dem Geschäftsvermögen beglich und seiner Frau einen Lohn auszahlte, obwohl sie nichts für die Firma tat. Er wurde wegen mehrfacher Veruntreuung und ungetreuer Geschäftsbesorgung verurteilt.

Typisch ist auch der Fall der Zürcher Firmen Pinusmontana Invest AG und Fagussilva Invest AG. Sie versprachen Anlegern mit Devisenspekulationen «eine aussergewöhnlich hohe Rentabilität für Kapitaleinsätze» von bis zu 36 Prozent pro Jahr.

Es sei «in mehrjähriger Erfahrung» gelungen, «eine gut durchdachte Strategie zu entwickeln, die sich auf die kurzfristige Ausschöpfung eng begrenzter Kursveränderungen» konzentriere.

Beide Firmen wurden von der Eidgenössischen Bankenkommission (heute Finma) liquidiert, weil sie ohne Erlaubnis Gelder von privaten Anlegern angenommen hatten; dem K-Tipp ist der Fall eines deutschen Arztes bekannt, der so 350 000 Euro komplett verlor.

Typisch für solche Firmen ist übrigens, dass sie Renditechancen im zweistelligen Prozentbereich herausstreichen, das Risiko aber gleichzeitig herunterspielen. Oft schlagen sie vor, eine kleinere Summe zunächst «testweise» zu investieren.

Nach einem ersten, meist erfolgreichen Geschäft wird vorgeschlagen, eine zweite Geldsumme einzusetzen, die dann aber meist infolge angeblicher Marktentwicklungen verlorengeht. Darauf folgt das Angebot, den Verlust durch Einsatz eines noch höheren Geldbetrags auszugleichen.

Wucherer am Werk. Oft landen Optionenverkäufer vor dem Richter, weil sie Anleger schamlos ausnehmen. Die Verantwortlichen der Firma Buytec zum Beispiel verkauften Laien riskante Optionen und bescherten ihnen mit solchen Geldanlagen grosse Verluste. Sie wurden wegen gewerbsmässigen Wuchers verurteilt.

Grund: Die Opfer waren in Börsendingen unerfahren und die abgegebenen Informationen zu Risiken und Gefahren waren unverständlich.

Zudem haben die Täter die Anleger ausgebeutet, denn sie kassierten für sich selber exorbitante Kommissionen, die pro Geschäft 25 bis 61 Prozent der investierten Summe ausmachten. Sie haben damit gemäss Bundesgericht «die Gewinnchancen der Anleger praktisch verunmöglicht». (Bundesgerichtsurteil 6B_10/2009 vom 6.10.2009)

können sich im Kurs verändern – entsprechend der Kursentwicklung des Basiswerts. Die aktuellen Kurse können Sie im Internet oder in Finanzzeitungen verfolgen.

Werden Optionen verbrieft, damit sie an der Börse handelbar werden, heissen sie Optionsscheine, englisch Warrants (siehe Seite 137 f.). Auch diese können vollkommen wertlos werden, wenn sich der Wert des zugrundeliegendenden Gutes entgegen der Erwartung entwickelt.

Fazit: Optionen sind spekulativ und für unerfahrene Anleger nicht geeignet. Kaufen Sie nie Optionen auf Kredit – sonst riskieren Sie, dass das ganze eingesetzte Geld am Schluss verspielt ist, aber die Schuld immer noch besteht.

Erfahrene Anleger benützen Optionen in erster Linie, um Gewinne abzusichern. Wie das gehen kann, veranschaulicht folgendes Beispiel: Ein Anleger hat an der Börse kräftig verdient. Jetzt will er seine Gewinne absichern, ohne aus der Börse aussteigen zu müssen. Weil er vor allem Schweizer Blue Chips hält, kauft er dafür eine Put-Option auf den SMI.

Fällt der Markt, steigt der Wert des Puts exponentiell an. Mit diesem Gewinn kann er den ganzen oder zumindest einen Teil des Verlusts ausgleichen, den er mit den Blue Chips erleidet, die er weiterhin im Depot hält.

Steigt der Markt, verliert die Put-Option ihren Wert – was aber durch die Kurssteigerung seiner Aktien ausgeglichen wird.

Am schlechtesten fährt dieser Anleger, wenn sich die Kurse überhaupt nicht bewegen.

Futures

Optionen sind *bedingte* Termingeschäfte; der eine Vertragspartner räumt dem anderen das Recht ein, aber nicht die Pflicht, ein Geschäft an einem vorherbestimmten Termin zu vorher festgelegten Konditionen zu tätigen.

Im Unterschied dazu sind Futures *unbedingte* Geschäfte und für beide Vertragspartner verpflichtend.

Mit Futures spielt man mit dem ganz grossen Geld. Das Gefährliche daran: Im Gegensatz zum Roulette kann man mit Futures nicht nur seinen Einsatz vervielfachen oder schlimmstenfalls alles verlieren, mit Futures kann man auch viel Geld verlieren, das man gar nicht eingesetzt hat – und über das man schlimmstenfalls gar nicht verfügt. Denn es handelt sich hier um ein Spiel auf Pump.

Den Einsatz verfünffachen – oder nachzahlen müssen

Ein Beispiel: Ein Future (Terminkontrakt) lautet auf irgendeinen Rohstoff, beispielsweise Schweinebäuche, Kakao, Kaffee, Orangenkonzentrat, ein Industriemetall oder Erdöl.

Mit diesem Kontrakt erwirbt der Käufer zu einem heute definierten Preis, beispielsweise 100 000 Dollar, eine bestimmte Menge des Rohstoffs mit einer definierten Qualität. Auslieferung soll in sechs Monaten sei. Heute ist nur eine kleine Anzahlung fällig, beispielsweise 1000 Dollar für den Kontrakt.

Nun hofft der Käufer natürlich, dass sein Rohstoff in sechs Monaten deutlich mehr wert ist als die vereinbarten 100 000 Dollar – beispielsweise 105 000 Dollar. In diesem Fall kann er seinen Rohstoff sofort weiterverkaufen und die Differenz als Gewinn einstreichen.

Bezogen auf den Kontraktwert sind das zwar nur 5 Prozent – bezogen auf seinen Einsatz hat er sein Geld aber verfünffacht.

Passiert das Umgekehrte, nämlich dass der betreffende Rohstoff nach sechs Monaten für 95 000 Dollar zu haben ist, so verliert er nicht nur seinen Einsatz, sondern muss erst noch 4000 Dollar zuzüglich 1000 Dollar Gebühren nachschiessen.

100 000 Dollar sind eine übliche Kontraktgrösse, die Gewinn- und Verlustschwankungen sind dagegen häufig bedeutend höher. Eine Preissteigerung oder ein Preiszerfall um 50 oder mehr Prozent innerhalb von sechs Monaten ist keine Seltenheit.

Futures – selbst Banken empfehlen sie Privaten nicht

Entsprechend hoch sind die Chancen und die Risiken: Eine Nachschusspflicht von 50 000 Dollar kann bei einem Einsatz von 1000 Dollar hart und für manchen gar ruinös sein.

Denn ein Zurück gibt es bei Futures nicht. Im Gegensatz zu Optionen, wo man sich gegen eine Gebühr nur ein Kauf- oder Verkaufs*recht* sichert, ist man an einen Kontrakt gebunden. Das Geschäft gilt – ob man noch will oder nicht.

Während also bei Optionen das Risiko «nur» darin besteht, seinen Einsatz zu verlieren, ist das Verlustpotenzial bei Futures nach oben offen – abhängig vom Wert der Ware, die man dann kaufen muss. Da der Kurs theoretisch unbegrenzt fallen kann, ist auch das Verlustpotenzial unbegrenzt.

Futures werden an der Börse gehandelt. Die ausserbörslich gehandelten Varianten dazu heissen je nach Ausgestaltung Swap oder Forward.

Ähnlich funktionieren die strukturierten Produkte namens Mini-Futures – mit dem Unterschied, dass dort keine Nachschusspflicht besteht, das Verlustpotenzial also auf den Wert des Einsatzes beschränkt ist.

Fazit: Auch solche Terminkontrakte sind nur Leuten mit starken Nerven zu empfehlen. Selbst die Banken sind da äusserst zurückhaltend und empfehlen sie den Privatanlegern nicht.

Rohstoffe (Commodities)

Rohstoffe und die Ertragsmöglichkeiten, die sie bieten, sind ein Tummelfeld für Investoren mit hoher Risikobereitschaft. Dazu gehören Metalle, Energierohstoffe und Agrargüter.

Ab 1999 befanden sich die Rohstoffmärkte in einem klaren Aufwärtstrend, haben aber mit dem Einbruch der Weltwirtschaft im Jahr 2008 ebenso massiv an Wert eingebüsst.

Getrieben war die Preissteigerung bei den Rohstoffen vor allem vom unbändigen Rohstoffhunger der wachstumsstarken und bevölkerungsreichen Schwellenländer wie zum Beispiel China. Zudem zeigte sich bei vielen Rohstoffen ein ausgeprägter Angebotsengpass. Metalle wie Nickel, Blei, Platin und Zinn erreichten 2007 historische Höchstpreise.

Der Ölpreis stieg weit über die denkwürdige Marke von 100 Dollar je Barrel (159 Liter) und erreichte Spitzenwerte von 140 Dollar pro Fass.

Doch die Preise von Rohstoffen sind sehr instabil und neigen zur Bildung von Blasen, die immer wieder platzen. Denn sie sind einer ganzen Reihe von unberechenbaren Entwicklungen ausgesetzt.

Dazu gehören zum Beispiel Wettereinflüsse und Naturkatastrophen, aber auch massive Spekulationen, mit denen Insider die Preise nach oben treiben und dann wieder fallen lassen.

Die besonderen Risiken im Handel mit Rohstoffen

Auf der Homepage der Schweizerische Bankiervereinigung (www.swissbanking.ch) können Interessierte eine lesenswerte und einigermassen gut verständliche Broschüre herunterladen mit dem Titel «Besondere Risiken im Effektenhandel».

Dort sind weitere unberechenbare Einflüsse genannt, die die Rohstoffpreise beeinflussen:

- Verhältnis zwischen Angebot und Nachfrage
- staatliche Programme und Regulierungen, nationale und internationale Ereignisse
- staatliche Eingriffe, Embargos und Tarife
- Zins- und Wechselkursschwankungen
- Bestimmungen bezüglich Geldpolitik, Handels-, Fiskal- und Devisenkontrollen.

Rohstoffe (im Fachjargon Commodities genannt) werden in der Regel indirekt gehandelt – meist über Terminkontrakte (Futures). Das ist – wie auf Seite 148 f. geschildert – eine komplexe und sehr riskante Anlagekategorie. So gesehen sind Rohstoffe riskanter als Aktien.

Das gilt auch, wenn solche Terminkontrakte in strukturierte Produkte verpackt sind.

Wenn überhaupt, sollten Laien höchstens zu Rohstoff-Fonds oder ETFs greifen – und zwar sinnvollerweise in Fonds, die nicht in einzelne, sondern in eine Vielzahl von Rohstoffen investieren.

Gold und andere Edelmetalle

Die Kurse von Edelmetallen weisen in der Regel eine negative oder nur geringe Korrelation zu den traditionellen Anlageklassen wie Aktien oder Obligationen auf. Das heisst: Sie entwickeln sich mehrheitlich gegenläufig.

Das bietet eine gewisse Sicherheit und Stabilität im Portefeuille, wenn die Aktien und Obligationen wieder einmal in den Keller sausen. Deshalb haben Edelmetallanlagen in einem gut diversifizierten Portfolio durchaus ihre Berechtigung.

Der Goldpreis zum Beispiel (siehe Grafik auf der Seite rechts) blieb bei sämtlichen Aktiencrashs in den letzten 20 Jahren stabil oder legte sogar zu.

Freilich gilt es ein paar Gesetzmässigkeiten beim Kauf von Gold zu beachten – etwa: Wer Gold erwirbt, verzichtet von vornherein auf einen gesicherten Ertrag. Denn Gold bringt weder Zinsen noch Dividenden.

Dafür bietet es einen willkommenen Schutz vor der Inflation.

Der Goldpreis ist zudem an den Dollar gekoppelt. Fällt der Dollar gegenüber dem Schweizer Franken, so sinkt auch der Wert des Goldes in Schweizer Franken – und umgekehrt.

Sogar bei Goldanlagen kann es ein Ausfallrisiko geben

Nur wer physisches Gold kauft, befindet sich wirklich auf der sicheren Seite (siehe nächste Seite). Die rund 3000 Zertifikate und Derivate hingegen, die derzeit irgendwie auf Gold lauten, bilden den Goldpreis bloss nach oder koppeln die Derivate an irgendwelche Zusatzbedingungen, die mehr Sicherheit oder mehr Gewinn versprechen.

Macht der Herausgeber des Zertifikats Konkurs, so ist das Produkt mit grosser Wahrscheinlichkeit nichts mehr wert – es besteht also oft ein Emittentenrisiko.

Als erste Schweizer Bank hat die ZKB sogenannte Exchange-Traded Funds (ETFs) auf Edelmetalle auf den Markt gebracht. ETFs sind Indexfonds, die fortlaufend wie Aktien zum aktuellen Kurs

SO ENTWICKELTE SICH DER GOLDPREIS

Die Grafik zeigt den Goldpreis in Dollar pro Unze. Eine Unze wiegt 31,1 Gramm und ist die international gültige Standardeinheit für kleine Goldbarren.

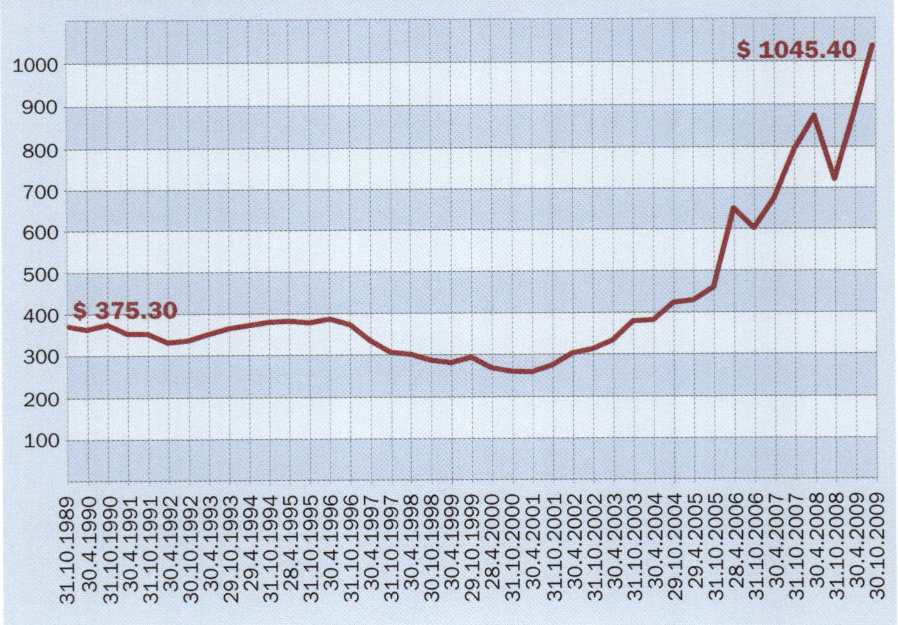

QUELLE: BLOOMBERG

über die Börse gehandelt werden (siehe Kapitel 5).

Wie alle ETFs sind auch diese Fonds direkt an ihren Index bzw. ihren Basiswert gekoppelt, in diesem Fall also an Gold, Silber, Platin und Palladium.

Im Gegensatz zu den länger bekannten Edelmetall-Zertifikaten bilden sie den Index nicht nur ab, sondern investieren physisch in den Basiswert. So entspricht ein Gold-ETF der ZKB genau 100 Gramm Gold, das man sich – gegen Gebühr – auch tatsächlich ausliefern lassen kann. Der Wert des Fonds wird quasi im Minutentakt basierend auf den gehandelten Edelmetallkontrakten berechnet.

Kilobarren oder Münzgold? Das sind die Varianten

Physisch, also handfest, lässt sich Gold auf verschiedene Weise kaufen:

- **Als Barren.** Gold ist vom Miniplättchen von 5 Gramm bis zum Grossbarren mit 12,44 Kilogramm bei der Bank erhältlich. Handelsüblich sind Barren zu 100 Gramm und zu einem Kilogramm sowie zu einer Unze (31,1 Gramm).

Je «gewöhnlicher» die Handelsform, desto besser für den Anleger, denn dann ist die Spanne zwischen Ankauf und Verkauf (der sogenannte Spread) am kleinsten.

5-Gramm-Plättchen kosten teilweise fast doppelt so viel wie ihr eigentlicher Goldwert und eignen sich höchstens als hübsches Geschenk.

Beim verbreiteten Kilobarren liegt der Spread dagegen oft unter einem Prozent.

Physisches Gold bewahrt man am besten in einem Banktresor auf. Selbst wenn die betreffende Bank pleitegehen sollte, hat man darauf vollen Zugriff.

- **Als Münzgold.** Als krisensichere Anlage eignen sich bloss Goldmünzen, die aus möglichst purem Gold bestehen. Dies gilt insbesondere für den kanadischen Maple Leaf und den australischen Nugget, die aus 999,9 Promille reinem Gold bestehen und genau eine Unze wiegen, oder dem US-amerikanischen Golden Eagle und dem südafrikanischen Krügerrand (916 Promille Feingehalt).

Entsprechend sind sie nur minim teurer als der Unzenpreis (Aufpreis für die Prägung) und bewegen sich auch genau parallel dazu.

- Leicht handelbar ist auch das **Goldvreneli** in 20 und 10 Franken. Sein Goldgehalt liegt aber deutlich tiefer. Für Goldvreneli mit Gebrauchsspuren liegen der An- und der Verkaufspreis meist um die zehn Prozent auseinander. Das bedeutet: Wer eines kauft und wieder verkauft, braucht eine zehnprozentige Wertsteigerung, um nur den Anschaffungspreis wieder zu erhalten.

Prägefrische Goldvreneli und solche mit speziell gesuchten Jahrgängen sind teilweise sehr viel teurer, interessieren aber mehr den Numismatiker als den

Anleger. Dies gilt auch für die allermeisten andern Goldmünzen. Ihr Wert erschliesst sich nur dem Sammler und hat mit dem Goldgehalt kaum mehr etwas zu tun.

«Gold gehört an den Hals meiner Frau»

Fazit: Auch die scheinbar sichere Anlage in Gold ist teils grossen Kursschwankungen unterworfen – ist also etwas für Spekulanten und eignet sich nicht für die langfristige und einigermassen sichere Anlage eines Vermögens (siehe Grafik auf Seite 151).

Noch riskanter sind Anlagen in Aktien von Goldminen-Betreibern, weil hier nebst den Schwankungen des Goldpreises auch noch das unternehmerische Risiko ins Spiel kommt.

Der Basler Finanzprofessor Erwin W. Heri hat es im Interview mit dem «Tages-Anzeiger» so formuliert: «Für Gold gibt es keinen fundamentalen Wert, da keine Erträge vorliegen. Ich habe mit Gold deshalb eher Mühe und investiere lieber in Dinge, die einen Ertrag abwerfen. Gold gehört eher an den Hals meiner Frau als ins Portfolio.»

Silber ist oft den Attacken von Spekulanten ausgesetzt

Silber war wie Gold viele Jahrhunderte lang das gängigste Zahlungsmittel für alltägliche Transaktionen, dient heute aber vor allem für Schmuck und zu industriellen Zwecken, insbesondere in der Chemie. Silber ist immer wieder Attacken von Spekulanten ausgesetzt und deshalb in seiner Entwicklung noch unberechenbarer als Gold.

Genauso grosse Skepsis ist bei **Platin** angebracht. Platin war bis ins 18. Jahrhundert wertlos. Danach kam es für die Dekoration von Porzellan zum Einsatz. Erst spät entdeckte man seine speziellen Eigenschaften wie die hohe Widerstandskraft gegen Korrosion und Oxydation. Damit stieg sein Preis markant an. Platin findet unter anderem für Autokatalysatoren Verwendung, für Uhren und Schmuck und in vielen Bereichen der Medizinaltechnik.

Private Equity – riskante Investitionen in junge Firmen

Unter Private Equity versteht die Finanzwelt Investitionen in kleinere, noch in der Entwicklung steckende Unternehmen, die auch noch an keiner Börse gehandelt werden – sogenannte Start-up-Unternehmen

Solche Beteiligungen haben in den Jahren vor der Finanzkrise einen wahren Boom erlebt. Jahresrenditen von über zehn Prozent waren eher die Regel als die Ausnahme. Genauso rasch sind sie aber wieder eingebrochen.

Die Wirtschaftskrise und die damit einhergehenden Firmenpleiten haben ihnen – und vielen ihrer Investoren – das Genick gebrochen.

Die Fachleute unterscheiden zur Hauptsache drei Möglichkeiten, wie sich in Private Equity investieren lässt:

- Direktinvestitionen
- Investitionen in Private-Equity-Fonds
- Investitionen in sogenannte Fund of Funds, also Dachfonds.

Bei der Direktanlage investiert der Anleger direkt in private Unternehmen, wobei er die Anlageobjekte selber bewerten, kontrollieren und betreuen muss, was viel Aufwand bedeutet und spezifische Fachkenntnisse sowie langjährige Erfahrung voraussetzt.

Diese Anlageform kommt für Normalanleger kaum in Betracht.

Trotzdem gibt es immer wieder Verkäufer, die solche Anlagen aggressiv am Telefon verkaufen. Ein paar Beispiele stehen im Kasten auf der Seite rechts.

Bei der Investition in Private-Equity-Fonds handelt es sich um eine kollektive Kapitalanlage, bei der das Geld aus einem Sammeltopf vieler Anleger kommt.

Ein Fund of Funds schliesslich ist ein Dachfonds, der nicht direkt in die jeweiligen Unternehmen, sondern in verschiedene Private-Equity-Fonds investiert. Dies dient der Diversifikation, verursacht aber wie bei allen Dachfonds relativ hohe Kosten. Denn nebst den einzelnen Fonds verlangt auch der Fund of Funds Gebühren, die oft mehrere Prozent pro Jahr betragen.

FRAGE

Aktien einer Jungfirma: Wie hoch sind die Risiken?

Ich möchte mich am Zürcher ETH-Spin-off-Unternehmen Concretum Construction Science beteiligen. Ist der offerierte Preis von 72 Franken pro Aktie realistisch, und was sind die Risiken?

Wie realistisch der Aktienpreis ist, lässt sich ohne sämtliche notwendigen Daten nicht beurteilen. Die Geschäftszahlen solcher Jungfirmen kennt meist nur die Geschäftsführung. Der Aktienkurs enthält häufig ein grosses «Potenzial» aus Hoffnungen, Wahrscheinlichkeiten und Hochrechnungen. Deshalb könnten Investoren auch alles Geld verlieren.

Studieren Sie vorab den Businessplan, reden Sie mit dem Geschäftsführer oder dem Finanzchef der Concretum.

Einige Zahlen zum Erfolg solcher von der ETH ausgegliederten und in eine eigenständige Firma umgewandelten «Spin-off»-Firmen erleichtern Ihnen den Entscheid. Seit 1998 entstanden 130 Spin-off-Unternehmen. Im Jahr 2007 existierten noch 115 Betriebe.

82 der von der ETH befragten Spin-offs hatten beim Start ein Aktienkapital von total 169 Millionen Franken. Das Kapital dieser Unternehmen wuchs bis Ende 2007 um 284 Prozent auf rund 650 Millionen Franken. Allerdings deckten die 10 grössten Spin-offs volle 91 Prozent dieser Wertsteigerung ab.

Mit andern Worten: Eine Beteiligung war nur bei 10 der von der ETH befragten 82 ETH-Spin-offs ein finanzieller Erfolg.

Weitere Details finden Sie unter www.ethz.ch beim Stichwort «The performance of spin-off companies».

Wenn das junge Pflänzchen verdorrt, ist das Geld futsch

Das Risiko solcher Finanzierungen ist hoch, da viele Unternehmen trotz oftmals innovativer Produkte oder Technologien nie die Marktreife erlangen – etwa weil die Konkurrenz schneller war oder das Geld vorzeitig ausging. In solchen Fällen endet das Engagement meist im Totalverlust.

Solche Fonds kommen für private Anleger auch deshalb nicht in

Reinfall mit Private Equity – ein paar Beispiele

K-Tipp und K-Geld berichten immer wieder über Verkäufer, die – meist per Telefon – hochriskante Aktien verkaufen und jeweils satte Gewinne in Aussicht stellen.

Zum Beispiel Aktien der Firma Inotech Biotechnologies mit Sitz in Basel. Sie entwickelt ein Medikament gegen den Morbus Morquio. Diese Erbkrankheit zerstört den Stoffwechsel und führt meist schon im Kindesalter zum Tod.

«Nun geht es dann ans Ernten, Sie können den Swimmingpool hinter dem Haus bestellen.» So klang es, wenn die gewieften Verkäufer diese Aktien jemandem schmackhaft machen wollten.

Doch Investitionen in die Entwicklung einer Therapie sind hochriskant, einen Erfolg kann niemand garantieren. Das bewahrheitete sich auch in diesem Fall. In einem Aktionärsbrief stand, die Entwicklung sei durch das Auftauchen eines Konkurrenten «in Frage gestellt» und man werde wohl an der nächsten Generalversammlung die Liquidation der Firma beantragen. Die Aktien seien dann nichts mehr wert.

Die Inotech-Aktien vermittelt hat die Zürcher Firma Private Equity Invest. Chef Markus Ritter betont, seine Verkäufer hätten «zu keiner Zeit übertriebene Gewinnerwartungen versprochen».

Geldverlust mit Schlüsselfinder. Eine teure Enttäuschung erlebten auch Anleger, die dem Geschäftsmann Bernhard Fanger vertrauten. 2002 sammelte er Geld für die Firma Giorox; diese wollte in Italien einen Schlüsselfunddienst aufziehen. Es endete mit einer Pleite, 37 Geschädigte verloren viel Geld.

2007 stand im K-Tipp, jetzt sammle Fanger wieder Geld – wieder für einen Schlüsselfunddienst. Diesmal hiess Fangers Firma Keyreturn Europe – und auch sie machte Konkurs. Für rund 100 Anleger entstand ein Verlust von weit über einer Million Franken.

Besonders bitter für die Anleger: Fanger verscherbelte ihnen auch dann noch teure Aktien, als sich schon abzeichnete, dass die Keyreturn Europe auf keinen grünen Zweig kommen würde.

Aktien an mittellose Rentnerin verkauft. Die Firma Küng & Partner Vermögensverwaltungs AG ging sogar so weit, dass sie einer mittellosen, 64-jährigen Rentnerin Aktien ihrer eigenen Firma für total 25 000 Franken verkaufte.

Die Frau hatte ein steuerbares Vermögen von null Franken, ihr bescheidenes steuerbares Einkommen aus Rente und Putzfrauenlohn betrug im Jahr nur gerade 24 000 Franken.

Die Anlage sei ihr am Telefon aufgeschwatzt worden, sagt die Rentnerin.

Immerhin: Nach Intervention des K-Tipp hat Küng & Partner Vermögensverwaltungs AG der Frau die gesamten 25 000 Franken umgehend zurückgeschickt. Firmenchef Kurt Küng sagt, die Frau habe seinen Verkäufer falsch über ihre Finanzsituation informiert. Sie bestreitet das. Küng muss aber einräumen, seine Firma habe die finanziellen Verhältnisse der Frau «falsch eingeschätzt».

Tipp: Lassen Sie sich keine Geldanlagen am Telefon aufschwatzen. Seriöse Geldberater verkaufen ihre Produkte nicht auf diesem Weg.

Frage, weil sie jeweils einen hohen Mindesteinsatz von beispielsweise einer Million Franken verlangen. Und sie setzen eine sehr lange Anlagedauer von 10 bis 12 Jahren voraus.

Hedge-Fonds

«Hedgen» bedeutet eigentlich absichern mit dem Ziel, Verluste zu vermeiden oder wenigstens zu minimieren. Ursprünglich wurden mit dieser Strategie Geschäfte im Agrarsektor abgesichert.

Mit den aktuellen Zielen eines Hedge-Fonds hat dies allerdings nichts mehr zu tun. Eher im Gegenteil: Hedge-Fonds zeichnen sich durch hochspekulative, aggressive und intransparente Anlagestrategien aus, was sie sehr risikoreich macht. Auch sie versprechen teilweise, in allen Marktphasen positive Renditen zu erzielen (Absolute-Return- oder Total-Return-Ansatz, siehe Seite 103).

Hedge-Fonds – die «Cowboys der Vermögensverwaltung»

Hedge-Fonds investieren in alles, was die Finanzwelt zu bieten hat. Das reicht von Aktien bis zu Derivaten und Futures (siehe Seite 148 f.). In ihren Anlageentscheiden sind die Fondsmanager weitgehend frei, sie dürfen auch Leerverkäufe tätigen oder Kredite aufnehmen; sie spekulieren also auch mit geliehenem Geld. Und sie schrecken in Einzelfällen nicht vor Insidergeschäften und kriminellen Machenschaften zurück.

Hedge-Fonds wurden auch schon als «Cowboys der Vermögensverwaltung» betitelt.

Viele Hedge-Fonds sind private Anlagefonds, die alles dürfen und nur schwachen staatlichen Kontrollen unterstehen. Viele haben ihren Sitz vor allem aus steuerlichen Gründen in Offshore-Zentren, wo von Gesetzgebung und Aufsicht keine scharfen Regulierungen zu erwarten sind, wodurch die Anleger weniger gut geschützt sind.

Bekannte Hedge-Fonds sind etwa die Quantum Funds des Investmentbankers George Soros sowie der 1998 zusammengebrochene Long-Term Capital Management Fonds, der vor seinem Ende Jahresrenditen von 40 Prozent erzielte.

Die Finanzkrise 2008 hat die Hedge-Fonds (und die entsprechenden Dach-Hedge-Fonds) erst recht in Verruf gebracht. Die durchschnittlichen Verluste betrugen 20 Prozent (was allerdings weniger ist als der Verlust der «normalen» Aktienindexe). Viele Hedge-Fonds mussten geschlossen werden.

Kommt dazu, dass viele Hedge-Fonds auch in die Anlagevehikel von Bernard Madoff investiert haben, der als einer der grössten Börsenbetrüger aller Zeiten gilt. Vorsichtige und weitsichtige Finanzanalysten hingegen trauten dem Mann und seinen konstant hohen Renditen von Anfang an nicht.

Fazit: Kleinanleger sollten die Finger von solchen spekulativen Produkten lassen, die im übrigen für den Anleger auch sehr teuer sind.

Immobilien

In Immobilien sind weltweit viel grössere Vermögenswerte investiert als in Aktien und Obligationen. Nach dem Platzen der Technologieblase im Jahr 2002 haben Anleger diese Anlagekategorie wiederentdeckt. Sie haben vor allem in eigenes Wohneigentum investiert, weshalb sich in der

Schweiz Preise und Mieten von Wohnobjekten in einem sanften Aufwärtstrend befinden.

Zu Übertreibungen kam es dagegen nicht – abgesehen von ein paar Ausnahmen, etwa an der Zürcher Goldküste, im Oberengadin oder am Genfersee.

Die Schweiz ist deshalb von der Immobilienkrise, welche die USA, Grossbritannien oder Spanien durchgemacht haben, denn auch weitgehend verschont geblieben. Selbst im Krisenjahr 2008 haben die Immobilienpreise in den meisten Schweizer Regionen weiter leicht angezogen.

Immobilienmärkte entwickeln sich zudem bis zu einem gewissen Grad unabhängig von den Finanzmärkten und unterliegen geringeren Wertschwankungen.

Ein klarer Nachteil ist aber: Wer ein Haus oder eine Wohnung kaufen möchte, braucht viel Eigenkapital, das vor allem Kleinanleger nicht haben.

Immobilien-Anlagen: Ganze Häuser für Grossanleger...

Immobilienanlagen müssen jedoch nicht unbedingt eigenen Wohnzwecken dienen. Immobilien sind auch eine interessante Kapitalanlage, mit der sich attraktive Renditen und stabile Erträge erwirtschaften lassen.

Dabei spielen der Standort sowie Ausstattung und Nutzungsflexibilität der Immobilie eine wesentliche Rolle.

Privatanleger können ihr Geld entweder direkt oder indirekt in Immobilien investieren.

- Ein **direktes Investment** bedeutet, Immobilien direkt zu kaufen. Der Hauptvorteil des direkten Immobilienbesitzes besteht in der persönlichen Kontrolle über die Liegenschaft und über alle Anlageentscheidungen.

Der Nachteil liegt im langfristigen Anlagehorizont, dem hohen Kapitalbedarf sowie im grossen administrativen Aufwand. Hinzu kommt, dass sich der grösste Teil der Schweizer Immobilien in Privatbesitz befindet, weshalb der Handel wenig transparent und schwierig ist.

Und: Wer ein Haus oder einen Wohnblock als Investition kauft, handelt sich damit ein Klumpenrisiko ein, ist also mangelhaft diversifiziert.

Dafür können Eigentümer von Wohnimmobilien die Teuerung in der Schweiz – zeitlich verzögert – mit bis zu 40 Prozent auf die Mieter überwälzen. Wohnimmobilien bieten daher auch einen gewissen Inflationsschutz.

...oder Aktien und Fonds für Kleinsparer

- Anleger können aber bereits mit kleineren Summen in **indirekte Immobilienanlagen** investieren. Seit einigen Jahren erfreuen sich indirekte Immobilienanlagen deshalb grosser Beliebtheit.

Für den Privatanleger kommen dazu sowohl Immobilienfonds als auch Immobilienaktien in Frage:

- Bei **Immobilienfonds** halten die Investoren Anteile an einem Vermögen, das von der Fondsleitung verwaltet wird – wie bei jedem anderen Anlagefonds auch. Neben dem Wert der gehaltenen Immobilien ist der Fondskurs durch Angebot und Nachfrage bestimmt.

- Börsenkotierte **Immobilien-Beteiligungsgesellschaften** sind Aktiengesellschaften. Die Investoren halten Aktien an der entsprechenden Immobilienfirma – wie «normale» Aktionäre.

Immobilienfonds minimieren die Risiken, indem sie geografisch und nach Immobilienkategorien diversifizieren. Zudem können sie direkt und indirekt in Immobilien investieren.

Anders als international anlegende Fonds investieren Schweizer Immobilienfonds vorwiegend in Wohnliegenschaften. Dieser Markt ist jedoch von einem weiterhin knappen Angebot geprägt, weshalb mit tendenziell steigenden Preisen zu rechnen ist.

Der Wert eines Immobilienfonds ist durch die Bewertung der darin enthaltenden Liegenschaften sowie durch die Ertragskraft

TIPP

Geld verloren mit «Vorsorgewohnungen» im Ausland

Wer möchte das nicht: Eine Wohnung kaufen im Wert von 230 000 Franken, dafür nur etwa 110 000 Franken in monatlichen Raten abzahlen – und nach 25 Jahren erst noch Mieterträge als gesicherte Rente beziehen?

Über ein solches Angebot der Firma Fokus Invest aus Oberwil BL berichtete K-Geld in Ausgabe 6/08. Die verlockende Modellrechnung enthielt die folgenden Eckpunkte:

- Die Südoststeirische Sparkasse vergab eine Hypothek zum günstigen Zinssatz von 2,35 Prozent. Das war im Juli 2005.
- Zusätzlich erhielten die Käufer ein Darlehen als Ersatz für ihr fehlendes Eigenkapital zu einem Zinssatz von 2 Prozent.
- Gleichzeitig wurden zwei Lebensversicherungen abgeschlossen.
- Den laufenden Kosten für Hypothek, Darlehen, Darlehensrückzahlung, Lebensversicherungen und Verwaltung (812 Franken im Monat) standen auf der anderen Seite garantierte Mieteinnahmen von 451 Franken gegenüber. So verblieb eine monatliche Ratenzahlung durch die Käufer von 361 Franken (25 Jahre lang). Mit diesen (bescheidenen) monatlichen Kosten durften die Käufer aufgrund der Unterlagen rechnen.

Nach 25 Jahren – so das Versprechen – sollte die Wohnung schuldenfrei den Käufern gehören, weil die Hypothek dank den Lebensversicherungen auf einen Schlag abgezahlt würde.

Ab diesem Zeitpunkt – so das Versprechen – dürfen die Besitzer die Mieteinnahmen quasi als Altersrente behalten oder die Wohnung verkaufen. Deshalb der Name Vorsorgewohnung.

Leider erwiesen sich die Annahmen als Schönwetterprognose. Denn einerseits stiegen die Zinsen massiv an; und auf der Einnahmenseite wurden den Käufern plötzlich weniger Mieteinnahmen gutgeschrieben als prognostiziert.

Das Zahlengerüst geriet also völlig aus dem Lot – und dann sollten die Schweizer Käufer plötzlich Tausende von Franken nachzahlen.

Sie weigerten sich aber – und bereits hat die Bank die Mieteinnahmen gepfändet, und es droht ein Notverkauf der «Vorsorgewohnung» zu einem tiefen Preis – und unter dem Strich ein happiger Geldverlust.

Der **Tipp** ist klar: Kaufen Sie keine «Vorsorgewohnungen» oder «Ertragswohnungen» im Ausland. Das Risiko ist viel zu gross.

der Mietzinseinnahmen bestimmt. Die Performance des Fonds besteht zu 10 bis 30 Prozent aus der Kursentwicklung und zu 70 bis 90 Prozent aus der Fondsausschüttung.

Immobilienfonds schütten ihre Gewinne, oder zumindest Teile davon, jährlich aus. Die Anleger erhalten damit eine regelmässige Einnahme, unabhängig vom Börsenkurs des Fonds.

Immobilienfonds sind dann attraktiv, wenn damit eine bessere Performance erzielt werden kann, als dies am Aktien- oder Obligationenmarkt möglich ist.

Einnahmen aus Vermietungen sind weniger konjunkturanfällig

Schweizer Immobilienfonds weisen gemäss Angaben der Zürcher Kantonalbank eine langjährige durchschnittliche Ausschüttung von 3,2 Prozent pro Jahr auf.

Für Immobilienfonds kann mit einer stabilen Wertentwicklung gerechnet werden. Der Grund: Die Vermietung von Wohnungen ist weniger konjunkturanfällig als jene von Büro- und Verkaufsflächen. Das zeigte sich auch im Krisenjahr 2008: Schweizer Immobilienfonds konnten sich mit einer Rendite von 0,5 Prozent knapp im Plus halten.

Aber auch Immobilienfonds eignen sich nur für risikobereite Anleger mit einem Anlagehorizont von über fünf Jahren.

Aufgepasst: Wer Fondsanteile mit einem hohen Aufschlag (Agio) kauft und die Anteile während schlechter Börsenzeiten verkaufen muss, riskiert einen Verlust. Als Agio wird die Differenz zwischen dem Preis des Fonds und dem Verkehrswert der darin enthaltenen Immobilien bezeichnet.

Immobiliengesellschaften sind flexibler – aber auch riskanter

Eine Alternative zu Immobilienfonds bieten Aktien von Immobilien-Beteiligungsgesellschaften.

Im Gegensatz zu den meisten Immobilienfonds konzentrieren sich Investitionen von Immobiliengesellschaften mehrheitlich auf Geschäftsbauten.

Aktien von Immobiliengesellschaften unterliegen deshalb eher konjunkturellen Schwankungen. Die durchschnittliche Rendite von Immobilienaktien liegt gemäss Angaben der Zürcher Kantonalbank bei 4,6 Prozent pro Jahr. Ende 2008 hingegen brachen sie wie der Gesamtaktienmarkt ein und verzeichneten einen Verlust von 22,7 Prozent.

Immobiliengesellschaften sind deutlich flexibler als Immobilienfonds und geniessen grössere Freiheiten, da sie nur dem Obligationenrecht und nicht dem Anlagefondsgesetz unterstehen. Das ermöglicht es den Gesellschaften, mehr Schulden zu machen als ein Immobilienfonds, was ihre Aktienanteile im Gegenzug allerdings auch risikoreicher macht.

8 Überblick im Steuer-Dschungel
So zahlen Sie nicht zu viel

Ob Sparkonto, Wertschriften oder Lebensversicherung: Zum Sparen und Anlegen gibt es unterschiedliche Instrumente. Bei der Wahl ist es ratsam, auch die steuerlichen Konsequenzen im Auge zu behalten.

Im ersten Teil dieses Kapitels geht es um die **Einkommenssteuer**. Sie ist auf alle Vermögenserträge zu entrichten. Bei diesen Erträgen wird in der Regel die **Verrechnungssteuer** abgezogen.

Im zweiten Teil des Kapitels (Seite 174 f.) wird die **Vermögenssteuer** behandelt.

Zur Steuerbelastung für Anleger gehören auch die Stempelabgaben (siehe Kasten auf Seite 171).

Die Einkommens- und Verrechnungssteuer

Auf Vermögenserträge ist grundsätzlich die Einkommenssteuer geschuldet. Als Erträge gelten Zinsen auf Bankkonten und Obligationen sowie Dividenden aus Aktienbesitz. Sie sind steuerpflichtig wie jedes andere Einkommen auch.

Das Gleiche gilt für die Erträge von Obligationen sowie Dividenden von Aktien, die in Anlagefonds gehalten werden.

Bei diesen Erträgen zieht der Auszahler (in der Regel die Bank) die Verrechnungssteuer von 35 Prozent jeweils direkt ab. Die Verrechnungssteuer kann man aber zurückfordern (siehe Seite 166 f.).

Private Kapitalgewinne, also die Differenz zwischen Kauf- und Verkaufspreis von Wertpapieren, sind dagegen überall steuerfrei. Steuerpflichtig sind Kapitalgewinne nur für Unternehmen und für Personen, die den Wertschriftenhandel professionell betreiben (siehe Ausführungen auf Seite 176 ff.).

Unter steuerlichen Aspekten muss die Devise also heissen: Möglichst tiefe Zinserträge und möglichst hohe Kursgewinne erwirtschaften. Doch aufgepasst: Je höher das Gewinnpotenzial, desto grösser ist auch das Verlustrisiko.

Anlegen mit Obligationen: Das ist zu beachten

Steuerlich sind schweizerische Obligationen (sowie Kassenobligationen der Banken, Pfandbriefe und Festgelder) wenig interessant: Die Zinserträge sind voll zu versteuern und unterliegen der Verrechnungssteuer.

Steuerfreie Kurs*gewinne* hingegen sind zumindest bei Kassenobligationen, Pfandbriefen und Festgeldern ausgeschlossen.

Trotzdem sollten Sie auch bei Obligationen ein paar steuerliche Aspekte beachten:

- Sie sollten nur Obligationen erwerben, bei denen möglichst wenig Marchzins (Zins pro rata) aufgelaufen ist. Diesen müssen Sie nämlich dem Verkäufer abgeben, können ihn aber ausser im Kanton Zürich nicht von den Steuern absetzen (siehe Details im Kasten auf Seite 66).
- Obligationen *verkaufen* sollten Sie auf der andern Seite möglichst kurz vor dem Zinstermin: So erhalten Sie Ihrerseits den für Sie

steuerfreien Marchzins, und der steuerbare Bruttozins fällt erst beim Käufer an.

Den regelmässigen Kauf und Verkauf derselben Obligationen über den Zinstermin hinaus taxieren die Behörden allerdings als Steuerumgehung.

- Obligationen mit tiefem Zins liegen oft unter dem Ausgabepreis. Zurückbezahlt werden sie aber zu 100 Prozent. Diese Kursgewinne sind steuerfrei.
- Bei Franken- und Fremdwährungsobligationen von ausländischen Schuldnern entfällt die Verrechnungssteuer. Somit spart man den Zinsverlust für die Zeit zwischen Abzug und Rückerstattung der Verrechnungssteuer.

Spezielle Bestimmungen für Wandler und Nullprozenter

- Wandelobligationen tragen einen tiefen Zinscoupon, berechtigen dafür aber zur Wandlung in eine Aktie des betreffenden Unternehmens (siehe Seite 73 ff.). Wenn der Aktienkurs steigt, explodieren die Kurse der Option (des Wandlungsrechts); den Optionsschein kann man gewinnbringend und steuerfrei an der Börse verkaufen.
- Nur mit Vorsicht zu geniessen sind hingegen Null-Coupon-Obligationen (auch Zero-Bonds oder Nullprozenter genannnt, siehe Erklärung auf Seite 78). Ihr Ausgabepreis liegt weit unter dem Nominalwert, dafür sind sie mit sehr wenig oder gar keinem Zins ausgestattet. Nach Ende ihrer Laufzeit erhält man aber die vollen 100 Prozent des Nennwerts zurückbezahlt.

Die Steuerbehörden akzeptieren dies aber nicht als steuerfreien Kapitalgewinn, sondern rechnen die Differenz zwischen Kaufpreis und Auszahlung als steuerpflichtigen Zinsertrag auf.

Das Gleiche passiert, wenn man Nullprozenter vorzeitig über die Börse veräussert: Der ver-

Fortsetzung auf Seite 163

IN DIESEM KAPITEL

Gemilderte Doppelbesteuerung für Unternehmer

AGs- und GmbHs werden als Unternehmen besteuert, ihre Aktionäre und Gesellschafter als Privatpersonen.

Dies ist eine klare Trennung – doch sie führt zu einer Doppelbesteuerung: Zunächst wird der Reingewinn der AG oder der GmbH versteuert, anschliessend fallen beim Aktionär bzw. Gesellschafter noch Einkommenssteuern auf die ausgeschüttete Dividende bzw. Gewinnausschüttung an (beide werden hier als Dividende bezeichnet).

Diese Doppelbesteuerung erscheint aus Sicht der Unternehmer ungerecht. Das wissen auch der Bund und die Kantone. Auf breiter Front haben sie deshalb in den letzten Jahren die Dividendenbesteuerung gelockert.

Am grosszügigsten zeigen sich dabei die Glarner, die auf Dividendeneinkünfte bloss noch 20 Prozent der normalen Abgaben verlangen. In der Tabelle rechts ist dies als «Entlastung» um 80 Prozent bezeichnet.

Die Tabelle zeigt aber auch, dass dazu eine Mindestbeteiligung am entsprechenden Unternehmen erforderlich ist – im Kanton Glarus zum Beispiel von 10 Prozent.

Im Kanton Schwyz zum Beispiel ist die Entlastung 75 Prozent, es sind also noch 25 Prozent der Dividende als Einkommen zu versteuern, und dafür reicht bereits eine Beteiligung von 5 Prozent.

Ein halbes Dutzend Kantone entlasten Unternehmenseigentümer zusätzlich auch noch bei der Vermögenssteuer.

Der Bund besteuert ab einer Mindestbeteiligung von 10 Prozent Dividendeneinkünfte im Privatvermögen nur zu 60 Prozent.

Dank der neuen Regelung lohnt es sich für private Unternehmer wieder, nicht betriebsnotwendige Mittel als Dividenden aus ihrer Gesellschaft zu beziehen. Denn bereits ab einer Steuermilderung um 30 bis 40 Prozent – so haben Simulationsrechnungen ergeben – lohnen sich höhere Löhne statt der Gewinnausschüttung nicht mehr. Die Steuerprogression und Abgaben an die AHV und andere Sozialversicherungen übersteigen dann in den meisten Fällen die kumulierte Besteuerung auf Gewinn und Dividende.

Diese Kanton mildern die Doppelbesteuerung nicht und fehlen deshalb in der Tabelle: BS, FR, GE, JU, NE, TI, VD und VS.

KANTONE MIT ENTLASTUNG

Kanton	Erforderliche Mindestbeteiligung	Entlastung auf Dividende	Entlastung bei Vermögenssteuer
Bund	10%	40%	Nein
AG	10%	60%	50%
AI	10% oder 2 Mio. Fr.	55%	Nein
AR	10% oder 2 Mio. Fr.	40%	Nein
BE	10% oder 2 Mio. Fr.	40%	Nein
BL	10%	50%	Nein
GL	10%	80%	Nein
GR	10%	50%	50%
LU	5% oder 5 Mio. Fr.	50%	40%
NW	5% oder 5 Mio. Fr.	50%	43%
OW	20%	50%	Nein
SG	10%	50%	Nein
SH	20% oder 2 Mio. Fr.	50%	33,33%
SO	10%	50%	Nein
SZ	5%	75%	Nein
TG	5%	50%	Nein
UR	10%	60%	60%
ZG	5% oder 5 Mio. Fr.	30%	30%
ZH	10%	50%	Nein

QUELLE: EIDGENÖSSISCHE STEUERVERWALTUNG, STAND 2009

Fortsetzung von Seite 161

meintliche Kursgewinn gilt steuerlich als Zinsertrag.

Aktien: Die Dividende fällt steuerlich nicht so ins Gewicht

Über eine längere Zeitdauer betrachtet, lässt sich in den meisten Perioden mit Aktien eine bessere Rendite erwirtschaften als mit Obligationen oder mit einem Sparkonto. Dies vor allem auch deshalb, weil die Kapitalgewinne steuerfrei sind, die einkommenssteuerpflichtige Dividende aber relativ bescheiden ist.

Dividenden von Unternehmen, an denen man mehr als 10 Prozent hält, sind bei der direkten Bundessteuer nur zu 60 Prozent steuerpflichtig. Die meisten Deutschschweizer Kantone besteuern Dividenden von solchen Unternehmen und von Unternehmen im eigenen Kanton ebenfalls tiefer (siehe Kasten links).

Anlagefonds: Erträge werden ausgesondert und besteuert

Fonds erzielen sowohl steuerpflichtige Erträge als auch steuerfreie Kursgewinne. Dabei spielt es keine Rolle, ob es sich um einen ausschüttenden oder thesaurierenden Anlagefonds handelt (Definition auf Seite 113).

Das heisst: Auch wenn der Fonds die steuerpflichtigen Erträge wieder investiert statt auszahlt, werden sie ausgesondert und müssen vom Besitzer als Einkommen versteuert werden, das der Verrechnungssteuer unterliegt.

Inzwischen gilt diese Regelung beim Bund und in allen Kantonen auch bei den Anlagefonds nach luxemburgischem Recht (Sicav), die früher steuerfrei waren.

Tipp: Infos zur Besteuerung von Anlagefonds finden Sie auf der Homepage des Fondsverbandes Swiss Funds Association SFA (www.sfa.ch).

Die Quellensteuer auf ausländische Wertpapiere

Zinsen und Dividenden auf ausländische Wertpapiere werden normalerweise durch den betreffenden Staat mit einer Quellensteuer belegt (analog zur schweizerischen Verrechnungssteuer).

FRAGE

Tiefere Steuern nach Börsenverlusten?

Ich habe viel Geld an der Börse verloren. Darf ich diese Verluste von meinem steuerbaren Einkommen abziehen?

Nein. Privatpersonen dürfen Verluste auf ihren Kapitalanlagen steuerlich nicht geltend machen. In guten Börsenzeiten anfallende Kapitalgewinne müssen Private ja auch nicht versteuern.

Abzugsfähig sind nur die mit der Kapitalanlage verbundenen Verwaltungskosten. Dazu gehören etwa die Bankspesen sowie die Depot- und Safegebühren, nicht aber die Börsengebühren (Courtage) oder das Honorar des Vermögensberaters (siehe Kasten auf Seite 169).

Anders sieht die Situation für professionelle Wertschriftenhändler aus: Für sie stellt der Kapitalgewinn ihr Einkommen dar, aus dem sie teilweise oder vollständig ihren Lebensunterhalt bestreiten. Darum müssen sie Kapitalgewinne als Einkommen versteuern und Sozialabgaben darauf entrichten. Im Gegenzug dürfen sie Kapitalverluste abziehen.

Wo ein Doppelbesteuerungsabkommen besteht – und das ist normalerweise der Fall –, können Sie die Quellensteuer zurückfordern (siehe Tabelle unten). Die entsprechenden Formulare erhalten Sie bei den Banken und bei den kantonalen Steuerämtern. Manche Staaten behalten einen Teil des kassierten Geldes aber selbst. So erstattet Japan bei einer Quellensteuer von 25 Prozent nur 5 Prozent auf Dividenden zurück. Auf Zinsen sind es 15 Pro-

Quellensteuer auf Dividenden: Entlastung für Schweizer mit ausländischen Aktien

Bei den in der Schweiz kotierten Aktien erhalten Anleger vorerst nur 65 Prozent der Dividenden ausbezahlt. Die restlichen 35 Prozent gehen als Verrechnungssteuer an den Staat. Wird die Dividende dann ordentlich deklariert und versteuert, so wird die Verrechnungssteuer zurückvergütet.

Ganz ähnlich funktioniert dies mit im Ausland kotierten Aktien. Wer zum Beispiel deutsche Aktien hält, erhält in einem ersten Schritt nur 75 Prozent der Dividende ausbezahlt. 25 Prozent behält der deutsche Fiskus.

Für Steuerpflichtige mit Wohnsitz in der Schweiz ist aber der Schweizer Fiskus zuständig. Wird die Dividende in der Schweiz ordentlich versteuert, darf man gemäss Doppelbesteuerungsabkommen 10 Prozent zurückfordern. Die restlichen 15 Prozent behält der deutsche Staat. Dafür muss man lediglich die verbleibenden 85 Prozent des Dividendenbetrags in der Schweiz versteuern.

Die Rückforderung der Quellensteuer übernehmen normalerweise die Banken (gegen Gebühr). Der Steuerpflichtige muss die pauschale Steueranrechnung beantragen. Dazu dient das Ergänzungsblatt DA-1 zum Wertschriftenverzeichnis.

Ähnlich funktioniert das bei fast allen Staaten, mit denen die Schweiz Doppelbesteuerungsabkommen geschlossen hat. Die Entlastungssätze sind allerdings unterschiedlich (Tabellenangaben in Prozent):

Land	Quellensteuer	Abzug im Ausland	in der Schweiz zu versteuern
Dänemark, Irland	–	–	100
Südafrika	15	7,5	92,5
China, Finnland, Indien, Island, Rumänien, Ungarn	20	10	90
Australien, Belgien, Deutschland, Estland, Frankreich, Grossbritannien, Israel, Italien, Japan, Kanada, Kroatien, Lettland, Litauen, Luxemburg, Malaysia, Südkorea, Marokko, Neuseeland, Niederlande, Norwegen, Österreich, Polen, Russland, Schweden, Singapur, Slowenien, Slowakei, Spanien, Südkorea, Thailand, Tschechien, USA	25	15	85
Griechenland	35	35	65

QUELLE: EIDG. STEUERVERWALTUNG, STAND 2009

zent, die Entlastung liegt ebenfalls bei 5 Prozent. Entsprechend müssen Sie in der Schweiz aber auch nur den effektiv ausbezahlten Ertragsanteil versteuern.

Wer grosse Wertschriftenbestände hat und auch ausländische Wertschriften besitzt, lässt sich mit Vorteil von seiner Bank ein Steuer-Depotverzeichnis erstellen und beauftragt sie – gegen Gebühr – auch mit der Rückforderung der Quellensteuer.

Derivate und «Strukis»: Komplizierte Besteuerung

Derivate ist der Oberbegriff für Finanzinstrumente wie Futures und Optionen. Sie hängen in ihrer Kursentwicklung von einem Basisprodukt (z. B. einer Aktie, einer Währung oder einem Index) ab. Call-Optionen geben das Recht, innerhalb einer festgelegten Frist eine Aktie zu einem bestimmten Preis zu kaufen. Put-Optionen beinhalten ein analoges Verkaufsrecht (Details auf Seite 144 ff.).

Wegen ihrer extremen Hebelwirkung sind die Kursausschläge der Derivate viel höher als beim Basisprodukt. Damit winken zwar grosse Gewinne. Es droht aber auch der Totalverlust.

Die Gewinne auf die «klassischen» Formen von Derivaten sind steuerfrei.

Wird damit aber eine Anlage oder ein garantierter Zins kombiniert (wie bei einigen strukturierten Produkten), so ist nur der Optionsteil steuerfrei, der Ertrag aus der Zinskomponente dagegen unterliegt der Einkommenssteuer.

Bei allen kombinierten Produkten geht es also immer um die Abgrenzung von Vermögensertrag und Kapitalgewinn – eine Unterscheidung, die oft sehr kompliziert und für Laien nicht nachvollziehbar ist.

Bei den Barrier Reverse Convertibles zum Beispiel (siehe Seite 130 ff.) unterliegt nicht der ganze fixe Coupon der Einkommenssteuer. Ein Teil gilt als Option und damit als steuerfreier Kapitalgewinn.

Wie bei einem Verkauf die Besteuerung erfolgt, bleibt für die Anlegerinnen und Anleger ebenfalls oft unklar. Denn wie hoch der Kapitalgewinn war und welchen Anteil die steuerbare Obligationenkomponente zum Ertrag beisteuerte, lässt sich bei manchen strukturierten Produkten nur schwer erkennen und vereinzelt sogar erst im Nachhinein eruieren.

Selbst für das Steueramt gibt es «intransparente» Produkte

Komplex präsentiert sich die Situation auch bei einem Verkauf des Produkts vor dem offiziellen Verfall. Wie es besteuert wird, hängt vom einzelnen Produkt ab: Bei periodisch verzinsten Produkten wird der gesamte Ertrag dem letzten Käufer alleine aufgebürdet; der Verkäufer muss den vom Kauf bis zum Verkauf aufgelaufenen Kapitalertrag nicht versteuern, sondern nur die erhaltenen Coupons.

Handelt es sich aber um ein Produkt mit überwiegender Einmalverzinsung, so wird der Verkäufer auch im Börsenhandel aufgrund seiner Haltedauer besteuert.

Noch komplizierter ist die Situation, wenn es sich um ein sogenannt «intransparentes» Produkt handelt, bei dem Zins- und Optionskomponente nicht klar getrennt sind: In diesem Fall ist die gesamte Differenz zwischen Kauf- und Verkaufs- bzw. Rücknahmepreis steuerpflichtig.

Die Bezeichnung «intransparent» stammt übrigens nicht von Kritikern dieser Produkte, sondern wird auch von der Steuerverwaltung offiziell so gebraucht.

Unter gewissen Voraussetzungen können die Steuerbehörden ein nicht transparentes Produkt nachträglich sogar für transparent erklären. Mit massiven Steuerfolgen: Erfolgte der Verkauf mit einem Verlust, so wären eigentlich keine Steuern fällig. Aufgrund der nachträglich erstellten Transparenz könnte der Zinsanteil aber doch noch steuerpflichtig werden, es würde also ein doppelter Verlust entstehen.

Umgekehrt beim Verkauf mit Gewinn: Statt der Besteuerung auf den gesamten Gewinn wäre nachträglich nur noch die kleine Zinskomponente steuerpflichtig, der Kapitalgewinn würde dagegen steuerfrei.

Anlageformen ohne Verrechnungssteuer

Einige Anlageformen sind von der Verrechnungssteuer befreit. Zum Beispiel Vorsorgekonten der 3. Säule.

Daneben gibt es aber eine ganze Reihe von Sonderregelungen. Von der Verrechnungssteuer ausgenommen sind insbesondere:

- Dividenden auf ausländischen Aktien und Anlagefonds,
- Festgeld- oder Treuhandanlagen im Ausland und
- Franken- und Fremdwährungsobligationen von ausländischen Schuldnern.

Es versteht sich von selbst, dass solche Kapitalanlagen häufig als Steuerschlupfloch missbraucht werden. Solche Anlagen muss man aber – genau gleich wie alle andern auch – in der Schweiz bei der Steuer deklarieren, sonst macht man sich der Steuerhinterziehung schuldig.

Falls Sie die Steuerinfos nicht verstehen – Hände weg!

Es ist also unabdinglich, nicht nur die Funktionsweise eines strukturierten Produkts, sondern auch seine Besteuerung vor dem Kauf genauestens zu analysieren.

Tipp: Lesen Sie zur Besteuerung von strukturierten Produkten das jeweilige Factsheet oder Termsheet. Falls Sie das nicht verstehen oder keine Informationen finden, sollten Sie von einem Kauf absehen.

An Details Interessierte finden weitere Infos zur Besteuerung von strukturierten Produkten im Kreisschreiben Nr. 15 der Eidgenössischen Steuerverwaltung vom 7. Februar 2007. Im Internet: www.estv.admin.ch → Dokumentation → Direkte Bundessteuer → Kreisschreiben.

Was aber klar ist: Sämtliche kombinierten Produkte unterliegen bei den Kantonen und Gemeinden der Vermögenssteuer.

Die Verrechnungssteuer ist kaum zu umgehen

Bereits ab 50 Franken Zinsertrag auf einem Sparkonto fordert die

Steuerbehörde die Verrechnungssteuer ein. Auf Lohn- und Postkonten sowie auf Dividenden unterliegen schon die kleinsten Erträge der Verrechnungssteuer in der Höhe von 35 Prozent.

Diese 35 Prozent lässt sich der Fiskus vorab überweisen, um allfälliger Steuerhinterziehung vorzubeugen. Konkret: Wenn eine Bank einen Zins gutschreibt, überweist sie gleichzeitig 35 Prozent der Summe an die Bundeskasse. Auf der Zinsgutschrift für den Bankkunden ist dies entsprechend vermerkt.

Für die Bundeskasse ist das auch ein günstiges Darlehen, denn für die Zeitspanne zwischen Abzug und Rückerstattung der Verrechnungssteuer vergütet der Bund keine Zinsen.

Auch die Auszahlungen von Lebens- und Rentenversicherungen können mit einer Verrechnungssteuer belastet sein (Kapitalauszahlungen mit 8 Prozent und Rentenauszahlungen mit 15 Prozent). Allerdings nur dann, wenn man seiner Versicherungsgesellschaft eine Meldung an die Steuerbehörden ausdrücklich untersagt.

Anspruch auf Rückerstattung verjährt nach drei Jahren

Immerhin: Die Verrechnungssteuer können Sie mit der Steuererklärung zurückfordern. Und das ist meist mehr, als man auf den erzielten Vermögensertrag tatsächlich versteuern muss.

Wichtig: Sie müssen die Verrechnungssteuer innerhalb von drei Jahren nach Ablauf des Jahres, in dem sie abgezogen wurde, zurückfordern. Danach verjährt Ihr Anspruch.

Doch aufgepasst: Auch wer sich ausrechnet, dass sein Grenzsteuersatz höher liegt und er besser fahren würde, wenn er auf die Rückforderung der Verrechnungssteuer verzichtet, muss die entsprechenden Konten oder Wertschriften in der Steuererklärung deklarieren. Sonst läuft er Gefahr, ein Mehrfaches in Form von Nach- und Strafsteuern entrichten zu müssen. Was der Grenzsteuersatz bedeutet, steht im Kasten auf der nächsten Seite.

Die Besteuerung von Lebensversicherungen

Das Alterssparen wird vom Staat steuerlich begünstigt. Deswegen sind nicht nur die Pensionskasse und die Säule 3a, sondern auch die privaten Lebensversicherungen steuerlich privilegiert. Mehr In-

FRAGE

Wurde mir die Rückerstattung zu Recht verweigert?

Wegen einer längeren Auslandreise habe ich mich im September bei der Wohngemeinde für ein halbes Jahr abgemeldet. Nach meiner Rückkehr im April wurde mir die Rückzahlung der Verrechnungssteuer verweigert. Ist dies zulässig?

Ja. Anspruch auf Rückerstattung der Verrechnungssteuer besteht nur, wenn man am Stichtag 31. Dezember einen steuerrechtlichen Wohnsitz in der Schweiz hat.

Für Auslandaufenthalte von weniger als einem Jahr lohnt es sich darum nur in den wenigsten Fällen, sich von seiner Wohngemeinde abzumelden.

STICHWORT

Grenzsteuersatz

Das Schweizer Steuersystem ist gekennzeichnet durch eine hohe Progression bei der Einkommenssteuer – sowohl beim Bund als auch in den meisten Kantonen und Gemeinden.

Das heisst: Hohe Einkommen werden überproportional belastet.

Diese Mehrbelastung äussert sich im sogenannten Grenzsteuersatz. Er zeigt an, wie hoch die Steuerbelastung auf den letzten 100 Franken ist, die noch hinzuverdient werden.

Bei sehr hohen steuerbaren Einkommen – etwa ab 200 000 Franken – kann der Grenzsteuersatz je nach Wohnort mehr als 40 Prozent betragen.

Wer Steuern sparen will, muss also alles daransetzen, seine Grenzsteuerbelastung zu senken.

Progression und Grenzsteuersatz kommen übrigens auch bei der Vermögenssteuer zum Tragen.

fos zum Thema Pensionskasse und Säule 3a finden Sie im Saldo-Ratgeber «Gut vorsorgen: Pensionskasse, AHV und 3. Säule».

Die «normalen», gemischten Lebensversicherungen mit periodischer Prämienzahlung, Todesfallschutz und Sparanteil sind während ihrer Aufbauphase zum Rückkaufswert als Vermögen steuerpflichtig. Details dazu stehen im K-Tipp-Ratgeber «So sind Sie richtig versichert». Sie erhalten beide Bücher über Tel. 044 253 90 70.

Beachten Sie zu den Lebensversicherungen auch die Übersicht auf den Seiten 172/173.

In den ersten drei Jahren liegt der Rückkaufswert von «normalen» gemischten Lebensversicherungen oft noch bei null, weil die Versicherungen zunächst ihre eigenen Kosten decken. Erst dann beginnt auch der Sparanteil dank Einzahlungen und Erträgen langsam zu wachsen.

Die Versicherungsgesellschaften teilen den Rückkaufswert jedes Jahr mit. Im Kanton Luzern ist der Rückkaufswert nur zu zwei Dritteln, im Kanton Schwyz sogar nur zur Hälfte steuerpflichtig.

Einmalprämie: Der Wertzuwachs ist steuerfrei

Investieren Sie einen Teil Ihres Vermögens in eine Lebensversicherung mit Einmalprämie (bei der Sie die ganze Versicherungssumme also nicht in Jahrestranchen, sondern auf einmal einzahlen), so ist der Wertzuwachs (Zinserträge und Überschussanteile) bei der Auszahlung steuerfrei.

Voraussetzung ist beim Bund und bei den Kantonen allerdings, dass Sie die Versicherung auf eine Dauer von mindestens fünf Jahren abgeschlossen haben und die Rückzahlung nicht vor dem 60. Altersjahr erfolgt.

Zudem muss der Versicherungsnehmer auch der Begünstigte sein (Ausnahme: Ehepartner) und die Versicherung muss vor dem 66. Altersjahr abgeschlossen werden.

Für Einmaleinlagen-Versicherungen, die vor 1999, 1998 beziehungsweise 1994 abgeschlossen worden sind, gelten beim Bund

und in den meisten Kantonen noch weniger strenge Regelungen oder gar Steuerfreiheit:

- Vor 1999: AR, FR, GE, LU, NW, VD, ZG und ZH steuerfrei; BE, GL, NE, TG, UR, VS steuerfrei, falls das Vertragsverhältnis schon fünf Jahre gedauert hat und der Versicherte bei Fälligkeit mindestens 60 ist. GR, SG und TI verlangen für die Steuerfreiheit zusätzlich, dass der Vertrag vor dem 60. Altersjahr abgeschlossen wurde.
- Vor 1998: AG steuerfrei.
- Vor 1994: Bund und SO steuerfrei, falls die Vertragsdauer mindestens fünf Jahre betrug oder das 60. Altersjahr bei Auszahlung erreicht ist. AI, falls das Vertragsverhältnis mindestens zehn Jahre gedauert hat. OW, falls das Vertragsverhältnis mindestens zehn Jahre gedauert hat und der Versicherte bei Fälligkeit mindestens 60 Jahre alt ist.

Einige Kantone gewähren keine Steuervorteile

In den übrigen Kantonen ist die Steuerfreiheit von Einmalprämien-Versicherungen umstritten. Vorsicht ist also beim Umzug in einen andern Kanton am Platz. Die erwartete Steuerfreiheit könnte sich plötzlich als Illusion erweisen.

Der Kanton Thurgau verlangt, dass die Todesfallsumme mindestens das Doppelte des Kapitalanteils ausmacht.

Und auch die Kantone Aargau, Graubünden und Luzern wollen die Steuervorteile nicht mehr gewähren, wenn der Kapitalanteil in der Police überwiegt. Weitere Kantone dürften folgen, sodass die Einmaleinlagen-Versicherung als Instrument zum Steuernsparen künftig an Attraktivität verlieren könnte.

Zudem verlangt der Staat auf einmalfinanzierte Lebensversicherungen eine Stempelabgabe von 2,5 Prozent, was deren Rendite leicht schmälert.

TIPP

Verwaltung des Vermögens: Kosten von den Steuern abziehen!

Die Verwaltung des eigenen Vermögens verursacht Kosten, die Sie wenigstens teilweise vom steuerbaren Einkommen abziehen dürfen. Für Honorare von Beratern oder Vermögensverwaltern gilt dies aber nicht.

Abzugsfähig ist in der Regel eine Pauschale von 0,5 bis 3 Promille des Steuerwerts (im Kanton Zürich beispielsweise 3 Promille bis zu einem maximalen Vermögen von 2 Millionen Franken) oder der effektive Aufwand für:

- Depot- und Safegebühren
- Depot- und Steuerverzeichnisse
- Kosten für die Einforderung der Vermögenswerte und Inkassospesen
- Spesen für die Rückforderung von Quellensteuern
- Kontoeröffnungs- und Saldierungsspesen
- Spesen für die Kontoführung und die Einlösung von Dividenden- und Zinscoupons
- Gebühren für Steuerausweise und -auszüge
- Entschädigung für die Willensvollstreckung.

Nicht abzugsberechtigt sind:

- Honorare für Finanz-, Anlage- und Steuerberater
- Honorare für selbständige Vermögensverwalter
- Börsen- und Bankgebühren für den Aktienkauf und -verkauf (Courtagen)
- Emissionsabgaben auf Aktien und Obligationen
- Auch Gebühren für die Vermögensverwaltung durch Banken sind gemäss Bundesgericht nicht mehr abzugsfähig.

Statt in eine Einmaleinlage kann man das Geld auch auf ein Prämiendepot einzahlen. Daraus entrichtet man dann künftig seine jährlichen Prämien.

In diesem Fall unterliegen die Zinserträge auf dem Depot allerdings der Einkommens- und Verrechnungssteuer.

Vorsicht bei fremdfinanzierten Lebensversicherungen

Steuerlich noch interessanter ist es, die Lebensversicherung mit

Leibrente: Diese Steuern werden fällig

Alle Auszahlungen von Leibrenten müssen die Empfänger «nur» zu 40 Prozent versteuern, falls sie sie vollständig selber finanziert haben. Das ist allerdings quasi eine Doppelbesteuerung, denn in der Regel handelt es sich dabei um Geld, das bereits einmal als Einkommen versteuert wurde.

Wann Leibrenten sinnvoll sind und wann nicht, steht detailliert im Kasten auf Seite 32.

Möglich ist auch ein Aufschub der Rentenzahlungen um ein paar Jahre. So zahlt man z. B. mit 60 ein und macht ab, dass die Rente ab 65 fliessen soll. So wächst das einbezahlte Kapital während der Aufschubphase noch an, was zu einer höheren Rente führt.

Besteuerung der Rückgewähr im Todesfall: Bei Leibrenten *mit* Rückgewähr geht das nicht «verbrauchte» Kapital im Todesfall an die Erben. Genauer: Wenn Leibrentenbezüger sterben und die sogenannte Rückgewähr abgemacht ist, erhalten die Erben den nicht «verbrauchten» Anteil der Leibrente ausbezahlt.

40 Prozent dieser Rückgewährsumme müssen die Erben als steuerbares Einkommen versteuern. Die Besteuerung erfolgt gesondert vom übrigen Einkommen zum Vorsorgetarif (Steuersatz für die direkte Bundessteuer: ⅕ des normalen Einkommenstarifs).

Die übrigen 60 Prozent der Rückgewährsumme unterliegen einer allfälligen Erbschaftssteuer am letzten Wohnsitz des Verstorbenen.

Steuern bei Rückkauf. Von der Rückgewähr zu unterscheiden ist der Rückkauf; in diesem Fall entscheidet die versicherte Person entgegen der ursprünglichen Absicht, auf die monatlichen Renten zu verzichten und das einbezahlte Geld vorzeitig zurückzuverlangen.

Der Bund und die meisten Kantone besteuern Rückkäufe zurzeit noch zu 40 Prozent der Rückkaufsumme.

In Zürich unterliegt die Rückkaufsumme der Einkommenssteuer – zusammen mit dem übrigen Einkommen. Für die Bestimmung des Steuersatzes wird der Rückkaufbetrag jedoch in eine lebenslängliche Rente umgerechnet, was die Steuerlast etwas mildert.

Gemäss Steuerkonferenz soll die Zürcher Lösung künftig gesamtschweizerisch zur Anwendung kommen.

Leibrente und Vermögenssteuer. Während der Aufschubphase sind Leibrenten mit Rückgewähr in allen Kantonen als Vermögen zu versteuern.

Leibrenten *ohne* Rückgewähr sind dagegen überall von der Vermögenssteuer befreit.

Nach Beginn der Rentenzahlungen werden Leibrenten von Kanton zu Kanton unterschiedlich als Vermögen besteuert: In Basel, Bern und Zürich unterliegen laufende Leibrenten mit Rückgewähr nicht der Vermögenssteuer – im Gegensatz zu den meisten anderen Kantonen.

Übrigens: Die Aufsplittung in abgestufte Zeitrenten und eine darauffolgende Leibrente, wie sie einige Versicherungen propagierten, nützt steuerlich gesehen überhaupt nichts. Sie werden aufgerechnet und dann wie gewöhnliche Leibrenten besteuert.

Einmalprämie nicht aus dem eigenen Vermögen, sondern mit geborgtem Geld zu finanzieren. So spart man nicht nur am steuerfreien Vermögenszuwachs, sondern kann auch noch die Schuldzinsen vom Einkommen und die Schulden vom Vermögen in Abzug bringen. Zu diesem Zweck können Sie zum Beispiel Ihre Hypothek erhöhen oder Ihre Wertschriften verpfänden. Vereinzelt bieten die Versicherungen die Fremdfinanzierung auch direkt an.

Allerdings ist bei dieser Finanzierungsform Vorsicht geboten: Das Ganze riecht nämlich nach Steuerumgehung. Es sollten schon ein paar plausible Gründe vorhanden sein, weshalb man ausgerechnet diese Variante wählt, denn die Steuerbehörden haben ihre Praxis bei fremdfinanzierten Lebensversicherungen massiv verschärft.

Und: Geldgeschäfte mit geborgtem Geld sind doppelt riskant.

STICHWORT

Stempelabgaben

Der Bund erhebt bei der *Ausgabe* von Wertschriften und beim *Handel* mit Wertschriften eine Emissionsabgabe bzw. eine Umsatzabgabe, die in der Regel vom Anleger zu bezahlen sind. Zu den Stempelabgaben zählen auch die Abgaben auf Versicherungsprämien.

■ Die **Emissionsabgabe** beträgt zum Beispiel bei Kassenobligationen 0,06 Prozent des investierten Betrages für jedes Jahr der Laufzeit (siehe Rechenbeispiel auf Seite 43). Bei Neuemissionen von Pfandbrief und «Eidgenossen» fällt keine Emissionsabgabe an.

Auf inländische Obligationen beträgt die Emissionsabgabe 0,12 Prozent. Diese bezahlt in der Regel der Emittent selber, sie wird also den Käufern nicht direkt belastet.

■ Die **Umsatzabgabe** wird im Prinzip bei allen Käufen und Verkäufen von Wertpapieren fällig. Sie beträgt 0,15 Prozent für inländische Wertpapiere und 0,3 Prozent auf ausländische Wertpapiere, und zwar bezogen auf den effektiv zu bezahlenden Preis. Zwei Rechenbeispiele sehen Sie im Kasten auf Seite 67.

■ Die **Abgabe auf Versicherungsprämien** liegt normalerweise bei 5 Prozent. Ausnahme: Bei einmalfinanzierten Lebensversicherungen sind es nur 2,5 Prozent (siehe Seite 169).

Fremdfinanzierung: Steuerbehörden stellen Bedingungen

In der Praxis haben sich folgende Kriterien herausgeschält, nach denen die Steuerbehörden entscheiden, ob sie eine solche fremdfinanzierte Versicherung akzeptieren – oder eben nicht:

■ Die Versicherung dient tatsächlich vor allem der Altersvorsorge und ist auch nicht wesentlich schlechter verzinst als eine Lebensversicherung mit periodischen Prämien.

■ Das Vermögen steht in vernünftiger Relation zur Summe der Lebensversicherung. Konkret: Sie müssten den geborgten Anteil an der Einmalprämie jederzeit auch aus Ihrem eigenen Vermögen bezahlen können.

■ Eine andere Finanzierungsform ist unzumutbar. So kann die Steuerbehörde beispielsweise nicht verlangen, dass man sein Haus oder etwa eine Firmenbeteiligung verkauft, nur um dann die Lebensversicherung aus eigenem Kapital finanzieren zu können.

Fortsetzung auf Seite 174

Lebensversicherungen und Steuern: So hat der Fiskus bei der freien u

Sparversicherung mit Jahresprämie	Säule 3a (gebunden)
Einzahlung der Prämien	Abzugsfähig bis zum Maximalbetrag[1]
Kapitalerträge[3]	Steuerfrei
Vermögen	Steuerfrei
Kapitalauszahlung	Steuerbar zu reduziertem Einkommenssteuertarif, getrennt v. übr. E
Rentenauszahlung	Zu 100 % als Einkommen steuerbar, zusammen mit übrigem Einkom
Fondsgebundene Sparversicherung (Fondspolice) mit Jahresprämien	
Einzahlung der Prämien	Abzugsfähig bis zum Maximalbetrag[1]
Kapitalerträge[3]	Steuerfrei
Vermögen	Steuerfrei
Kapitalauszahlung	Steuerbar zu reduziertem Einkommenssteuertarif, getrennt v. übr. E
Rentenauszahlung	Zu 100 % als Einkommen steuerbar, zusammen mit übrigem Einkom
Reine Todesfallrisiko-Versicherung mit Jahresprämien[2]	
Einzahlung	Abzugsfähig bis zum Maximalbetrag[1]
Kapitalerträge[3]	—
Vermögen	—
Kapitalauszahlung	Steuerbar zu reduziertem Einkommenssteuertarif, getrennt v. übr. E
Reine Erwerbsunfähigkeits-Versicherung (Invalidenrente) mit Jahresprämien[2]	
Einzahlung	Abzugsfähig bis zum Maximalbetrag[1]
Kapitalerträge[3]	—
Vermögen	—
Rentenauszahlung	Zu 100 % als Einkommen steuerbar, zusammen mit übr. Einkomme
Einmaleinlage	
Einzahlung	—
Kapitalerträge[3]	—
Vermögen	—
Kapitalauszahlung	—
Rentenauszahlung	—
Fondsgebundene Einmaleinlage	
Einzahlung	—
Kapitalerträge[3]	—
Vermögen	—
Kapitalauszahlung	—
Rentenauszahlung	—
Sofort beginnende Leibrente mit einmaliger Einzahlung	
Einzahlung	—
Kapitalerträge[3]	—
Vermögen	—
Rentenauszahlung	—

ebundenen Vorsorge die Hand im Spiel

äule 3b (freie Vorsorge)

n Rahmen der Abzugspauschalen für Versicherungsprämien
teuerfrei, sofern die Laufzeit mindestens 5 Jahre beträgt
teuerbar zum Rückkaufswert
teuerfrei (inkl. techn. Zinsen u. Überschüsse), wenn Laufz. mind. 5 J.
u 40% als Einkommen steuerbar, zus. mit dem übrigen Einkommen

n Rahmen der Abzugspauschalen für Versicherungsprämien
teuerfrei, sofern die Laufzeit mindestens 10 Jahre beträgt
teuerbar zum Rückkaufswert
teuerfrei (inkl. techn. Zinsen u. Überschüsse), wenn Laufz. mind. 10 J.
u 100% als Einkommen steuerbar, zus. mit dem übrigen Einkommen

n Rahmen der Abzugspauschalen für Versicherungsprämien
–
–
G, AI, BL, GL, SH, SZ, VD, ZG steuerfrei (BS, GE, GR und SO bedingt).
und und übrige Kantone steuerbar zu red. Tarif getrennt vom übr. Eink.

n Rahmen der Abzugspauschalen für Versicherungsprämien
–
–
u 100% als Einkommen steuerbar, zus. mit übrigem Einkommen

n Rahmen der Abzugspauschalen für Versicherungsprämien
teuerfrei, sofern Laufzeit mind. 5 Jahre[4], Auszahlung ab vollendetem
0. Altersjahr und Abschluss vor Vollendung des 66. Altersjahres
teuerbar zum Rückkaufswert
teuerfrei, sofern Laufzeit mind. 5 Jahre[4], Auszahlung ab vollendetem
0. Altersjahr und Abschluss vor Vollendung des 66. Altersjahres
u 100% als Einkommen steuerbar, zus. mit dem übrigen Einkommen

n Rahmen der Abzugspauschalen für Versicherungsprämien
teuerfrei, sofern Laufzeit mind. 10 Jahre, Auszahlung ab vollendetem
0. Altersjahr und Abschluss vor Vollendung des 66. Altersjahres
teuerbar zum Rückkaufswert
teuerfrei, sofern Laufzeit mind. 10 Jahre, Auszahlung ab vollendetem
0. Altersjahr und Abschluss vor Vollendung des 66. Altersjahres
u 100% als Einkommen steuerbar, zus. mit dem übrigen Einkommen

n Rahmen der Abzugspauschalen für Versicherungsprämien
teuerfrei
teuerfrei, falls ohne Rückgewähr abgeschlossen[5]
u 40% als Einkommen steuerbar, zus. mit dem übrigen Einkommen

QUELLE: VZ VERMÖGENSZENTRUM

Wie werden Lebensversicherungen steuerlich behandelt? Die Tabelle beantwortet die folgenden Fragen – und zwar je für Anlagen in der gebundenen 3. Säule (Säule 3a) beziehungsweise in der freien Vorsorge (Säule 3b):

- Kann man die Prämienzahlung (Einzahlung) steuerlich vom Einkommen absetzen?
- Wie sind die Erträge, also technische Zinsen und Überschüsse, zu versteuern?
- Wie ist das Vermögen während der Laufzeit zu versteuern?
- Wie sieht es bei der Auszahlung des Kapitals bzw. der Rente aus?

1 6566 Franken für Angestellte, 32 832 Franken für Selbständige
2 Angaben gelten nur für Versicherungen, bei denen Überschüsse zur Prämienreduktion verwendet werden
3 Setzen sich aus technischen Zinsen und Überschüssen zusammen
4 Fondspolicen: Laufzeit mind. 10 Jahre
5 In AI, AR, FR, GE, GL, GR, LU, NW, SO, SG, SH, TG, TI und VD steuerbar, falls mit Rückgewähr abgeschlossen. Im Todesfall unterliegen 60% der Rückgewähr der Erbschaftssteuer, 40% der Einkommenssteuer

Fortsetzung von Seite 171

Dieser kleine Steuertrick hat jedoch einen gewaltigen Nachteil: Das Darlehen für die Lebensversicherung muss man verzinsen. Damit sich die Fremdfinanzierung für den Versicherten unter dem Strich auch wirklich lohnt, muss darum der Grenzsteuersatz bei mindestens 30 Prozent liegen (siehe «Stichwort Grenzsteuersatz» auf Seite 168).

Zudem variieren die Zinskosten bei den verschiedenen Lebensversicherungen stark. Es lohnt sich auf jeden Fall, bei mehreren Gesellschaften Offerten einzuholen.

Viele weitere Informationen zur Steuerthematik finden Sie im K-Tipp-Ratgeber «So sparen Sie Steuern», der jedes Jahr aktualisiert wird. Sie können ihn unter Telefon 044 253 90 70 bestellen.

Vermögenssteuer: Die Kurslisten sind massgebend für den Steuerwert

Den Steuerwert von Geldern auf Bank- und Postkonten für die Vermögenssteuer zu ermitteln, ist einfach: Er entspricht dem Saldobetrag auf den Konten. Etwas komplizierter ist es dagegen bei den Wertschriften.

Der Steuerwert einer Kapitalanlage ist nur selten gleichzusetzen mit dem Börsenkurs, dem Kaufpreis oder dem Nominalwert.

Die steuermässig gültigen Kurse auf Aktien, Obligationen und Anlagefonds sind aus der Kursliste ersichtlich, die bei den Banken oder bei der Eidgenössischen Steuerverwaltung erhältlich ist (www.estv.admin.ch → Dienstleistungen → Direkte Bundessteuern → Kurslisten).

Aufgeführt sind dort auch die Kurse für Devisen, Kassenobligationen, Edelmetalle, Rückkaufswerte für Lebensversicherungen usw.

Für die Steuerwertlisten wird der letzte gehandelte Kurs des letzten Handelstages verwendet. In der Schweiz wird in der Regel am 31. Dezember nicht gehandelt – also sind es meistens die Schlusskurse vom 30. Dezember.

Die Bewertung von Derivaten, Münzen und Skulpturen

Zur steuerlichen Bewertung von Aktien, die nicht an der Börse gehandelt werden (etwa von Familienunternehmen), gibt es an der gleichen Adresse eine Wegleitung.

Kassenobligationen sind grundsätzlich zum Nominalwert zu versteuern. Liegt ihr Zins aber deutlich unter dem aktuellen Zinsniveau, so darf man eine Korrektur gemäss Kursliste oder Wegleitung vornehmen.

Eine Sonderstellung nehmen die Derivate ein, also die in Kapitel 7 beschriebenen Optionen und Futures: Sie sind aufgrund ihrer kurzen Laufzeit von der Vermögenssteuer ausgenommen. Ausnahme: Derivate mit Anlagekomponente, also strukturierte Produkte, fallen trotzdem unter die Vermögenssteuer.

Bei Gold, Silber, Münzen und Fremdwährungen genügt es, in der

Steuererklärung den Kurswert gemäss Depotauszug der Bank einzutragen. Für Festgeldanlagen ist eine Kopie der Zinsabrechnung beizulegen.

Bilder, Schmuck, Skulpturen, Weinkeller und andere Wertgegenstände sind in der Regel steuerfrei, soweit es sich nicht um eigentliche Sammlungen handelt.

Vermögenssteuern:
Zürich und die Innerschweiz sind besonders günstig

Die Tabelle zeigt, wie unterschiedlich das Vermögen in der Schweiz besteuert wird. Wie die Einkommenssteuer variiert auch die Vermögenssteuer von Kanton zu Kanton und von Gemeinde zu Gemeinde sehr stark. **Lesebeispiel:** Für ein Reinvermögen von 500 000 Franken zahlt ein Ehepaar in der Stadt Zug 420 Franken an Staats-, Gemeinde- und Kirchensteuer, in Freiburg 2804 Franken. Die Zahlen gelten für kinderlose, katholische Ehepaare.

Kanton, Hauptort	Reinvermögen in Franken		
	200 000	500 000	1 000 000
AG Aarau	70	1243	3636
AI Appenzell	282	1128	2538
AR Herisau	390	1677	4017
BE Bern	567	1883	4772
BL Liestal	138	1841	6529
BS Basel	450	1800	5150
FR Freiburg	**1002**	**2804**	6810
GE Genf	326	1879	5356
GL Glarus	381	1524	3429
GR Chur	337	1445	3904
JU Delsberg	432	1602	4118
LU Luzern	455	1890	4655
NE Neuenburg	624	2611	**6912**
NW Stans	177	584	**1263**
OW Sarnen	227	680	1435
SG St. Gallen	266	1862	4522
SH Schaffhausen	223	1561	5218
SO Solothurn	306	1470	3308
SZ Schwyz	92	644	1564
TG Frauenfeld	**0**	967	2578
TI Bellinzona	**0**	1497	4196
UR Altdorf	260	1430	4280
VD Lausanne	658	2662	6553
VS Sitten	581	2115	5134
ZG Zug	26	**420**	2029
ZH Zürich	67	577	2061

QUELLE: EIDG. STEUERVERWALTUNG, STAND 2008

Börsenprofis müssen Kapitalgewinne als Einkommen versteuern

Für «normale» Privatanleger, die ab und zu ein Börsengeschäft tätigen, sind Kapitalgewinne aus Börsengeschäften steuerfrei. Wer jedoch gewerbsmässig bzw. regelmässig und in grossem Stil mit Wertschriften handelt und sich damit zumindest einen Teil seines Lebensunterhalts verdient, muss seine Kapitalgewinne als Einkommen versteuern.

Das kann auch Privatleute betreffen, die ihr Vermögen selber verwalten und deshalb wie Börsenprofis regelmässig Wertpapiere kaufen und verkaufen.

Für Unternehmen und professionelle Vermögensverwalter oder Wertschriftenhändler gehört der Kauf und Verkauf von Wertschriften zum Geschäftszweck. Die Wertschriftenhändler bestreiten ihren Lebensunterhalt zumindest teilweise aus den erzielten Börsengewinnen. Für sie ist der Kapitalgewinn ihr normales Einkommen und deshalb auch als solches zu versteuern.

Dafür dürfen sie ihre Verluste quasi als Berufsaufwand mit den erzielten Gewinnen und anderen Einkünften aufrechnen. In einem schlechten Börsenumfeld, wie beispielsweise in den Jahren 2001/2002 und 2007/2008, kann das durchaus seine Vorteile haben.

Allerdings ist zu beachten, dass man nicht einfach wahlweise in schlechten Jahren als selbständiger Wertschriftenhändler auftreten kann und in guten Börsenjahren wieder den Kleinsparer mit Hang zur Börse mimt. Der Weg zurück ist dann weitgehend verbaut.

Wie alle andern dürfen auch professionelle Wertschriftenhändler selbstverständlich die entstandenen Kosten für Bankspesen usw. abziehen (siehe Kasten auf Seite 169).

Diese Merkmale sprechen für professionellen Börsenhandel

Die Grenze zwischen privater Verwaltung des Vermögens und professionellem Handel ist jedoch fliessend. Für die Steuerpflicht ist beim Bund und in den meisten Kantonen ausschlaggebend, ob die Tätigkeit «gewerbsmässig» erfolgt. Kriterien dafür sind:

- Auftritt am Markt als Wertschriftenhändler, zum Beispiel als Berater für Dritte
- häufige und grosse Börsengeschäfte (auch von Privaten)
- Verwendung spezifischer Kenntnisse, z.B. als Bankangestellter oder als Börsenmakler
- sofortige Wiederanlage erzielter Börsengewinne
- Börsengeschäfte auf Kredit oder fremde Rechnung.

Manchmal genügt es, wenn nur ein einziges dieser Kriterien erfüllt ist. Nachdem das Bundesgericht am 1. März 2000 die obenstehenden Kriterien als verbindlich erklärt hat, haben alle Kantone ihre Praxis massiv verschärft. Die Zeiten, da nur jene Leute als gewerbsmässige Wertschriftenhändler eingestuft wurden, die über eine Börsenlizenz verfügen, sind jedenfalls vorbei.

Kreisschreiben nennt die verbindlichen Kriterien

Im Kreisschreiben Nr. 8 vom 21. Juni 2005 der Hauptabteilung DVS (Hauptabteilung Direkte Bundessteuer, Verrechnungssteuer, Stempelabgaben) sind nun verbindliche Kriterien festgehalten, die bei der Abgrenzung zum Börsenprofi helfen sollen.

Ist nur schon ein Kriterium *nicht* erfüllt, droht die Gefahr, als professioneller Wertschriftenhändler eingestuft zu werden. Anders ausgedrückt: Wer alle folgenden Kriterien erfüllt, kann Kapitalgewinne steuerfrei für sich behalten.

- Die Haltedauer der Wertschriften beträgt mindestens ein Jahr.
- Der Umsatz beträgt weniger als das Fünffache des Bestandes zu Jahresbeginn.
- Die Kapitalgewinne betragen weniger als die Hälfte der steuerbaren Einkünfte.
- Es besteht kein enger Zusammenhang zu der sonstigen beruflichen Tätigkeit.
- Die Anlagen sind nicht fremdfinanziert oder die steuerbaren Vermögenserträge (Zinsen, Dividenden) sind grösser als die entsprechenden Schuldzinsen.
- Derivate (Optionen) beschränken sich auf die Absicherung von Wertschriftenpositionen.

Wer als gewerbsmässiger Händler tätig ist, muss übrigens auf seine Kapitalgewinne auch AHV- und die übrigen Sozialversicherungsbeiträge entrichten. Dabei kommt der Satz für Selbständige zur Anwendung, auch wenn der Wertschriftenhandel nur im Nebenjob erfolgt.

Urteil: Rentnerpaar muss wie ein Börsenprofi Steuern zahlen

Wie sich die genannten Kriterien im Einzelfall auswirken können, zeigt ein Entscheid des Bundesgerichts vom 23.10.2009 (Urteil 2C_868/2008). Es verpflichtet ein Zürcher Rentnerpaar, Börsengewinne aus dem Jahr 2004 in der Höhe von fast 940 000 Franken als Einkommen zu versteuern.

Die Vorinstanz hatte den Börsengewinn noch als steuerfreien Kapitalgewinn durchgehen lassen.

Das Rentnerehepaar – der Ehemann ist inzwischen verstorben – hatte im Jahre 2004 enorme Gewinne an der Börse erzielt. Das Ehepaar hatte sein Vermögen von 2,227 Millionen Franken einem Vermögensverwalter anvertraut. Mittels teilweise risikoreichen Transaktionen und unter Einsatz von Fremdgeld gelang es dem Börsenprofi, mit insgesamt 184 Transaktionen und einem getätigten Umsatz von 35 Millionen Franken einen Wertschriftengewinn von fast 940 000 Franken zu erzielen.

Die grössten Gewinne erzielte das Ehepaar mit spekulativem Optionen- und Devisenhandel.

Die Zürcher Steuerbehörden stuften das Ehepaar als gewerbsmässige Wertschriftenhändler ein, was für das Ehepaar erhebliche steuerliche Konsequenzen hatte:

Statt mit einem Einkommen von gut 40 000 Franken wurde das Ehepaar mit einem Einkommen von über 867 000 Franken veranlagt.

Das Zürcher Verwaltungsgericht hiess eine gegen diese Veranlagung eingereichte Beschwerde des Ehepaares gut. Es befand, ein todkranker Rentner und eine Hausfrau könnten nicht als gewerbsmässige Wertschriftenhändler eingestuft werden.

Doch das Bundesgericht hat eine Beschwerde des Zürcher Steueramtes gutgeheissen. Im Ergebnis waren sich die Richter einig, dass das Ehepaar bzw. die Erbengemeinschaft für ein Einkommen von 867 000 Franken Einkommenssteuern bezahlen muss. Es spiele keine Rolle, ob jemand selber an der Börse handelt oder ob dies ein Vermögensverwalter für ihn tut.

Kriterien sind schwammig und schlecht fassbar

Bei der Begründung hatten die Richterinnen und Richter aber erhebliche Differenzen. Es zeichnet sich ab, dass die von verschiedenen Seiten harsch kritisierte Praxis des Bundesgericht in der Frage, wer als gewerbsmässiger Wertschriftenhändler zu gelten habe, in Fluss gerät.

Denn die Abgrenzungskriterien sind schwammig und wenig fassbar, weshalb – so die Kritik – Willkür und Ungleichbehandlungen Tür und Tor geöffnet seien. So gilt laut Bundesgericht bereits das planmässige und systematische Kaufen und Verkaufen an der Börse als Indiz für einen professionellen Handel.

Dies steht im Widerspruch zum Ratschlag, man solle systematisch und planmässig vorgehen und diversifizieren.

Auch der Einsatz von Optionen war laut höchstrichterlicher Praxis bisher ein Indiz für Gewerbsmässigkeit, was von einzelnen Richtern dahingehend kritisiert wurde, das Bundesgericht trage den neuen Entwicklungen und starken Änderungen am Finanzmarkt zu wenig Rechnung.

Auch die Kriterien der Häufigkeit der Transaktionen und die Besitzdauer wurden in Frage gestellt, weil sie zu wenig aussagekräftig seien.

Künftig dürften insbesondere zwei Kriterien, weil quantifizierbar, im Mittelpunkt stehen: Die Höhe des eingesetzten Fremdkapitals sowie das Verhältnis zwischen dem Eigenvermögen und dem getätigten Umsatz.

Wichtig sei, so ein Richter, dass Transparenz herrsche und der Steuerzahler künftig zum Voraus wisse, ob sein Handeln an der Börse als schlichte Verwaltung seines Vermögens oder als professioneller Wertschriftenhandel eingestuft werde.

8

Steuern

9 Der richtige Umgang mit Geldberatern

So werden Sie nicht über den Tisch gezogen

Berater und Vermögensverwalter können ein Segen sein – wenn sie gewissenhaft arbeiten und einzig das Wohl der Kunden im Auge haben. Wenn sie aber vor allem auf die eigenen Verkaufsprovisionen schielen, kann das die Anleger viel kosten und zu Verlusten führen. Doch wenn sie klare Fehler machen, haften sie für den Schaden.

In diesem Kapitel geht es um Finanzberater, um Bankberater sowie um Vermögensverwalter. Und um die Frage, wen man in Geldangelegenheiten oder Anlagefragen zu Rate ziehen soll – und welche Konsequenzen das haben kann.

- Der erste Teil des Kapitels befasst sich mit den **Bankberatern** – also mit denjenigen Bankangestellten, die ihren Kunden Anlagevorschläge unterbreiten, bei denen aber jeder formelle Kauf- oder Verkaufsentscheid letztlich beim Kunden liegt. Der Bankberater handelt also nur auf Einzelweisung bzw. überlässt die Ausführung ausschliesslich seinem Kunden.
- Bei den **Vermögensverwaltern** (ab Seite 186) sieht die Sache anders aus. Hier delegiert der Anleger alle Auswahl- und Kaufentscheide an eine Person seines Vertrauens. Der Vermögensverwalter hat direkten Zugriff auf das Vermögen seines Kunden und ist in seinen Anlageentscheiden im Rahmen der gewählten Strategie frei.

Das Mandat für einen Vermögensverwalter geht also viel weiter. Deswegen wird dafür im Normalfall ein formeller Vertrag abgeschlossen, was für eine Finanzberatung nicht unbedingt nötig ist.

TIPP

Das Geld allein verwalten? Das müssen Sie wissen

Falls Sie ein ausgewiesener Finanzexperte sind, brauchen Sie keinen Berater und erst recht keinen Vermögensverwalter.

Aber: Einer der grössten und häufigsten Fehler bei Geldanlagen ist die Selbstüberschätzung. Gerade Leute, die sich für das Finanzgeschehen interessieren, laufen Gefahr, falsche Entscheide zu treffen, weil sie ihr Können als zu hoch einstufen.

Betrachten Sie Ihre Fähigkeiten realistisch, und holen Sie im Zweifelsfall lieber die Meinung eines Experten oder einer Expertin ein. Denn das Geld für eine Beratung ist gut angelegt, wenn es Sie vor (weiteren) Verlusten schützt.

Das gilt insbesondere für Leute, die in Gelddingen aus dem Bauch entscheiden. Wenn Sie Ihre Gefühle in Geldangelegenheiten nicht im Griff haben, kann es teuer werden. Finanzanlagen sollte man mit dem Kopf auswählen, nicht mit dem Bauch. Und nicht aufgrund von aggressiven Inseratekampagnen. Wem das schwerfällt, der kann sich durch Beratung vor teuren Anlagefehlern bewahren.

Auch wenn Sie nicht sicher sind, ob Ihre Anlagen genügend diversifiziert sind oder noch den Anlagezielen entsprechen, können Sie sich beraten lassen.

Bedenken Sie aber: Es gibt keine Garantie dafür, dass Sie mit Hilfe eines Beraters mehr Rendite erzielen. Im Gegenteil: Viele Leute fahren besser, wenn sie ihre Geldangelegenheiten selber in die Hand nehmen. Informationen dazu stehen im Kasten auf Seite 183.

■ Schliesslich gibt es noch freie Berater, die diesen Namen nicht verdienen und denen man eher nicht vertrauen sollte (Seite 200 f.).

Hilfe beim Berater holen: Darauf müssen Sie achten

Die grosse Bankenkrise von 2008 hat viele Schwachstellen in der Bankberatung offengelegt. Vor allem aber hat sie gezeigt, dass die «Berater» der Banken in erster Linie Verkäufer sind.

Das hat die Geschichte mit den Lehman-Papieren mit aller Deutlichkeit gezeigt (siehe Seite 143). Lehman ist inzwischen fast zu einem Synonym für Fehlberatung durch die Bank geworden.

Insbesondere Berater der Credit Suisse und ihrer Tochterbanken haben Sparerinnen und Sparern im grossen Stil und aggressiv strukturierte Produkte der amerikanischen Bank Lehman Brothers empfohlen oder regelrecht aufgeschwatzt.

Sie argumentierten dabei mit dem Kapitalschutz (siehe Seite 139 ff.) und drängten die Papiere auch völlig risikoscheuen Leuten auf, die ihr Geld auf dem Sparkonto hatten und von Börsengeschäften absolut nichts wissen wollten.

Das unrühmliche Ende: Lehman Brothers ging am 15. September 2008 bankrott, die Papiere der Sparer wurden wertlos. Die Schweizer Banken haben ihre Kundinnen und Kunden nur zum Teil entschädigt.

Die Berater handelten nicht aus Nächstenliebe. Tatsache ist, dass die Produzenten von Finanzprodukten Entschädigungen (Provisionen) an die Verkäufer zahlen. Was die Verkäufer wiederum «motiviert», diese Produkte vermehrt zu empfehlen.

Genau das passierte übrigens auch mit den Absolute-Return-Fonds, die viele Bankberater, die oft unter Verkaufsdruck stehen, auch konservativen Sparern aufgeschwatzt haben (siehe Kasten auf Seite 103).

Im Nachhinein zeigte sich zudem, dass viele Anleger die Risiken der getätigten Anlagen über-

IN DIESEM KAPITEL

haupt nicht kannten oder dass sie nicht in genügendem Masse darüber aufgeklärt wurden.

In Zuge der Finanzkrise zeigte sich auch, dass allzu viele Berater zu vielen unerfahrenen Kunden viel zu komplizierte Produkte verkauft hatten.

Das falsche Anreizsystem ist denn auch einer der Hauptgründe, warum viele Bankkunden mit der Beratung unzufrieden sind.

Das belegt zum Beispiel eine Studie der Universität Zürich von 2009. Darin kritisieren die Befragten unter anderem das Anreizsystem der Berater. «Der Kunde will mehr Transparenz und Neutralität» schreiben die Autoren. «Er möchte, dass die Bank und der Berater stärker auf seine Bedürfnisse eingehen.»

Das deutsche Institut für Service-Qualität hat im Sommer 2009 Testberatungen in deutschen Banken durchgeführt und kommt zu einem wenig schmeichelhaften Ergebnis: Die Bankberater hätten aus der Finanzkrise keine Lehren gezogen, und ihre Empfehlungen seien weiterhin auf die eigenen Provisionen ausgerichtet statt auf die Bedürfnisse der Kunden. Man kann davon ausgehen, dass dies auch für die Schweizer Banken gilt.

Die wichtigsten Tipps für den Umgang mit Finanzberatern

Jede Beratung ist auch ein Verkaufsgespräch. Wer das weiss, kann sich entsprechend vorbereiten.

Beachten Sie deshalb die folgenden Tipps im Umgang mit Finanzberatern, damit Sie nicht über den Tisch gezogen werden (siehe dazu auch den Kasten auf Seite 23):

■ **Will ich überhaupt eine Beratung?** Lassen Sie sich nur beraten, wenn Sie auch ein Bedürfnis haben und konkrete Vorschläge erwarten. Oft melden sich Bankberater von sich aus – das Ergebnis sind dann regelmässig unsinnige Abschlüsse oder teure Umschichtungen von bisherigen Anlagen.

■ **Welcher Berater?** Über die Leistungen von Finanzberatern gibt es viele falsche Vorstellungen. Die am meisten verbreitete lautet: Der Finanzberater kann traumhafte Gewinne erwirtschaften. Seriöse Berater machen aber mit gutem Grund keine derartigen Versprechungen. Sie können nämlich die Börsenentwicklung nicht viel besser einschätzen als Laien.

Informieren Sie sich über die Erfahrungen des Beraters und lassen Sie sich seinen Lebenslauf zeigen. Wie lange ist er schon im Geschäft?

Versuchen Sie, mehrere Berater vorher zu treffen und zu «beschnuppern», damit Sie eine Auswahl haben.

■ **Vorbereitung.** Legen Sie vor dem Beratungsgespräch den Betrag, die Dauer und das Ziel der Anlage fest. Wie war mein Geld bisher angelegt? Welches Ziel will ich erreichen? Wie lange kann ich mein Geld entbehren? Will ich einen bestimmten Betrag auf einmal

Studie zeigt: Ohne Anlageberater bleibt unter dem Strich mehr

Finanzberater verleiten ihre Kunden zu höheren Risiken und animieren sie zu häufigen An- und Verkäufen. Zu diesem Resultat kommt eine statistische Analyse der Goethe-Universität in Frankfurt am Main.

Eine deutsche Direktbank mit einer Online-Börsen-Plattform hatte den Forschern Zugriff auf die Daten ihrer Anlagekunden gewährt. Die Stichprobe umfasste Konten von 32 751 zufällig ausgewählten Einzelkunden im Zeitraum von Januar 2001 bis Juni 2006 (66 Monate). Über 4100 der Kontoinhaber (12,7 Prozent) arbeiteten mit unabhängigen Anlageberatern zusammen.

Ergebnis der Analyse: Vergleicht man lediglich die erzielten Renditen von Anlegern mit und ohne Berater, darf sich die Finanzbranche auf die Schultern klopfen: Bei Beizug eines Beraters beträgt der Nettoertrag (nach Abzug der Gebühren) 7,68 Prozent jährlich, ohne Betreuer nur 5,4 Prozent.

Eine weitergehende Auswertung zeigt allerdings, dass für die höheren Renditen nicht die Berater verantwortlich sind, sondern primär der Kundentyp. Es sind vor allem ältere, erfahrene Anleger, die sich einen Finanzberater leisten. Dieser Kundentyp erreicht laut der Studie in der Regel auch ohne Berater bessere Erträge.

Anleger mit Berater gehen mehr Risiken ein. Berücksichtigt man diese Faktoren und geht man von identischen Kunden aus, so kommt die Studie zum Schluss: Anleger mit Berater gehen höhere Risiken ein und verzeichnen mehr An- und Verkäufe in ihrem Portfolio als solche, die auf eigene Faust investieren.

Und wer die Hilfe von Finanzprofis in Anspruch nimmt, erwirtschaftet unter dem Strich eine tiefere Rendite als ohne Betreuung. Grund: Der zusätzliche Ertrag, der dank Beratung erzielt wird, fällt geringer aus als die Gebühren und Entschädigungen, die für diese Unterstützung zu bezahlen sind.

Wirtschaftsprofessor Andreas Hackethal, einer der Autoren der Studie, ist der Meinung, dass sich die Forschungsresultate «mit Sicherheit» auf die Schweiz übertragen lassen. Er kritisiert, dass Finanzberater ihre Kunden zu höheren Risiken sowie zu unnötigen An- und Verkäufen verleiten.

Die Studie will jedoch nicht belegen, dass Berater überflüssig sind. Für unerfahrene Anleger mit wenig Zeit sei der Beizug eines Finanzprofis sinnvoll. Aufgrund der Forschungsresultate fordert Hackethal aber mehr Transparenz: Der Kunde müsse die Leistung eines Anlageberaters direkt mit der Performance der Konkurrenz vergleichen können.

Für Walter Wittmann, ehemaliger Wirtschaftsprofessor der Universität Fribourg, ist die Studie «ein vernichtendes Urteil für Anlageberater». Völlig überraschend sind für ihn die Ergebnisse aber nicht. Ein «fundamentales Problem» stellen für Wittmann die verdeckten Provisionen dar, die Berater von den Banken erhalten.

anlegen oder in monatlichen Raten sparen?

Und: Wie viel Risiko will ich eingehen? Schreiben Sie genau auf, ob Sie Ihr Geld ganz sicher, mit wenig Risiko oder mit erhöhtem Risiko anlegen wollen.

Vergessen Sie niemals den wichtigen Grundsatz, dass sich hohe Renditen nur über erhöhte Risiken erzielen lassen.

Eine nützliche Checkliste zur Vorbereitung finden Sie auf der Homepage des deutschen Bundesministeriums für Verbraucherschutz unter www.bmelv.de mit dem Suchbegriff «Finanzcheckliste». Neben nützlichen allgemeinen

Hinweisen zu Finanzanlagen kann das Dokument auch als Vorlage für ein Gesprächsprotokoll dienen.

■ **Festlegen der Strategie.** Bestehen Sie darauf, dass der Berater mit Ihnen einen umfassenden Finanzplan erstellt und daraus abgeleitet eine Strategie entwickelt; die Grundsätze dazu sind in Kapitel 1 dargestellt.

Die wichtigste Leistung von Beratern ist übrigens nicht das Prognostizieren der Börsenentwicklung oder die Auswahl der Anlagen. Vielmehr besteht sie darin, den Anleger vor grossen Verlusten durch grobe Anlagefehler zu schützen.

Ein guter, kundenorientierter Berater hindert Sie an falschen Entscheidungen, die Sie aus Unwissenheit, Angst oder übertriebener Risikobereitschaft heraus treffen würden. Er macht Sie also vielleicht nicht zum Millionär. Aber er sorgt dafür, dass Sie sich nicht wegen falscher Investments ruinieren.

■ **Lassen Sie keinen Zeitdruck zu.** Nehmen Sie sich für die Beratung und den Investitionsentscheid Zeit – lassen Sie sich vom Berater nicht unter Druck setzen. Wenn der Berater zur Eile drängt, ist immer etwas faul.

■ **Risiko.** Denken Sie daran, dass Banken und Bankberater vielleicht etwas ganz anderes meinen, wenn Sie die Wörter «konservativ», «risikoarm» oder «ausgewogen» gebrauchen (siehe Seite 16 ff.). Die Gefahr, dass Anleger und Berater in diesem Punkt aneinander vorbeireden, ist gross.

Lassen Sie sich das Risiko genau beziffern, damit Sie wissen, mit wie viel Prozent Verlust Sie im schlimmsten Fall mit welcher Wahrscheinlichkeit rechnen müssen.

Solche Risikoangaben betreffen immer Perioden in der Vergangenheit. Fragen Sie deshalb, innerhalb welcher Zeitperiode der maximale Verlust eingetreten ist.

Formulieren Sie Ihre Risikobereitschaft mit eigenen Worten und achten Sie darauf, dass dies ins Beratungsprotokoll aufgenommen wird.

Es genügt nicht, wenn Sie wissen, wie viel Risiko Sie eingehen. Sie müssen auch verstehen, wann und unter welchen Umständen es zu Verlusten kommen kann.

■ **Checkliste und Zeuge.** Eine Checkliste kann sicherstellen, dass Sie alle wichtigen Punkte mit Ihrem Finanzberater klären und nichts vergessen geht. Eine fachkundige Begleitperson dient als Zweitmeinung und Zeuge vor Gericht bei allfälligen Falschberatungen.

■ **Honorarberatung.** Wer gratis berät, langt bei den Provisionen meist umso kräftiger zu. Bevorzugen Sie daher Berater, die auf Honorarbasis arbeiten. Die Honorare schwanken zwischen 150 bis 250 Franken pro Stunde. Das gibt eine gewisse Sicherheit, dass sich die Beratung am Interesse des Kunden orientiert.

Psychologie in der Bankberatung: Checkliste für Anleger

An der Universität im deutschen Mannheim arbeitet die «Behavioral Finance Group». Die Forscher um Professor Martin Weber greifen Erkenntnisse aus der Psychologie auf, um das Anlegerverhalten und andere Phänomene an den Kapitalmärkten zu erklären.

In diesem Zusammenhang hat die Gruppe auch einen «Kodex zur Anlageberatung» entwickelt.

Er zeigt, «woran sich ein guter Berater erkennen lässt, welche Fragen er stellen muss, welche Daten er erheben sollte und wie er manipulieren kann».

Hier eine Auswahl der entscheidenden Punkte aus der Checkliste für Anleger:

Beratungskonzept

- Wird eine Risikoanalyse bezüglich Ihres Vermögens durchgeführt? Wird untersucht, welche kritischen Ereignisse in der Zukunft Ihr Vermögen bzw. Ihre Altervorsorge beeinflussen können?
- Macht Ihnen der Berater klar, dass Sie den Markt nicht schlagen können und dass eine vernünftige Diversifikation einer der wichtigsten Aspekte des Anlageerfolgs ist? Das ist gut.
- Rät Ihnen der Berater von Zeit zu Zeit ohne triftige Gründe, das Portfolio umzuschichten? Das ist schlecht.

Einstellung des Anlegers

- Sind Sie überzeugt, dass die vom Berater erhobenen Spar- und Ausgabenpläne Ihre wirklichen Ziele und Wünsche widerspiegeln?
- Wurden die Auswirkungen Ihrer Risikoeinstellung auf Ihre Anlageentscheidung mit Hilfe von Simulationen verdeutlicht?

Erkenntnisse der Behavioural-Finance-Forschung

- Macht Sie Ihr Berater auf psychologische Fallen, zum Beispiel im Rahmen von Fragetechniken, aufmerksam? Oder nutzt er solche Techniken gar aus, um mehr zu verkaufen?

Vergütungsstruktur und Kosten

- Kennen Sie die Anreizstruktur Ihres Beraters (Vergütung, Beförderung, Vorgaben aus der Zentrale)?
- Wissen Sie, welche Produkte Ihnen warum angeboten werden? Ist diese Auswahl stimmig begründet?
- Wie reagiert Ihr Berater, wenn Sie ihm vorschlagen, einen Exchange-Traded Fund zu kaufen? Das wäre oft sinnvoll (siehe S. 109 ff.).

Risikoaufklärung und Produkteverständnis

- Wird Ihnen das Risiko der empfohlenen Anlage transparent gemacht?
- Wird Ihnen verdeutlicht, warum Sie für die erwartete Rendite gerade dieses Risiko tragen müssen?
- Wird Ihnen eine Benchmark (ein bekanntes Produkt mit ähnlichem Risiko) genannt?
- Haben Sie bei längerfristigen Anlagen über den Effekt der erwarteten Inflation gesprochen?
- Kennen Sie die offenen und versteckten Gebühren Ihrer Anlage?
- Könnten Sie einem Freund die Produkte erläutern, die Sie in Ihrem Portfolio haben?
- Wovon hängt die Wertentwicklung dieser Produkte ab?

Das lesenswerte Papier ist im Internet gratis zugänglich unter www.behavioral-finance.de.

- **Kosten und Provisionen.** Sprechen Sie Ihren Berater auch auf allfällige Provisionen und Vertriebsvergütungen sowie die Produktkosten an und lassen Sie sich seine Aussagen schriftlich geben. Zu den Produktekosten gehören Abschlussgebühren, laufende Kosten der Anlage inklusive Depotkosten, Ausgabeaufschläge und

Provisionen. Diese muss der Anleger zahlen.

Provisionen und Vertriebsvergütungen kassieren meist die Berater. Mehr zu den Vergütungen für Banken und Vermögensverwaltern (Retrozessionen) steht auf Seite 191 ff.

■ **Beratungsprotokoll.** Verlangen Sie von Ihrem Berater ein Gesprächsprotokoll. Unterschreiben Sie das Gesprächsprotokoll des Beraters erst, nachdem Sie noch mindestens eine Nacht darüber geschlafen haben.

Alternative dazu: Setzen Sie selber einen Brief mit den wichtigsten Gesprächsergebnissen auf und lassen Sie diesen von Ihrem Finanzberater unterschreiben.

Konkret: Wenn Ihnen Ihr Bankberater eine Anlage verkaufen will mit dem Argument, sie sei absolut risikolos, dann lassen Sie ihn diese Aussage unterschreiben! Wenn er sich darauf behaften lässt – umso besser für Sie. Wenn nicht, hat er Sie angeschwindelt.

■ **Anlage-Empfehlung**. Beharren Sie als Mindestforderung auf einer schriftlichen Begründung der empfohlenen Anlagestrategie. Denken Sie daran, dass viele Bankberater nur hauseigene Produkte verkaufen – und das sind nicht immer die besten. Anders ausgedrückt: Wenn man Ihnen nur hauseigene Produkte empfiehlt, sollten Sie vielleicht den Berater wechseln.

Achten Sie auch darauf, dass Sie vom Berater nicht nur die schönfärberischen Prospekte einer Anlage erhalten, sondern auch den «offiziellen», ausführlichen Verkaufsprospekt des Herausgebers. Dort finden sich jeweils auch deutlich formulierte Risikohinweise.

Tipp: Bestehen Sie darauf, dass man Ihnen auch ETFs empfiehlt (siehe Seite 109 ff.). Diese kostengünstigen Indexfonds sind für viele Anleger erste Wahl. Der Berater wird sich allerdings in dieser Sache nicht allzusehr ins Zeug legen, weil ihm die Vermittlung von ETFs keine oder nur eine geringe Provision einbringt.

■ **Verständliche Produkte.** Lassen Sie die Finger von Finanzprodukten, die Sie auch nach eingehender Beratung nicht verstehen. Löchern Sie Ihren Berater, bis Sie die Sache verstanden haben. Nachfragen ist *nicht* peinlich!

Wahl eines Vermögensverwalters – das müssen Sie wissen

Falls Sie sich einem unabhängigen Vermögensverwalter anvertrauen oder der Bank ein entsprechendes Vermögensverwaltungsmandat erteilen, delegieren Sie einen grossen Teil der Entscheidungsbefugnis. Denn der Vermögensverwalter kann ohne Rücksprache mit Ihnen entscheiden, welche Anlagen er wann kauft oder verkauft.

Daher müssen Sie Ihren Vermögensverwalter bzw. Ihre Bank auf Herz und Nieren prüfen, bevor Sie

Fortsetzung auf Seite 188

Vermögende Kundinnen und Kunden: Die Goldesel der Banken

Ein Vermögensverwaltungskunde ist aus Sicht der Banken ein guter Kunde. Er ist reich, diskret und hat meist weder Zeit und Lust noch das nötige Fachwissen, um sich mit seinem Vermögen zu befassen.

Der Vermögensverwaltungskunde gibt seiner Bank deshalb eine Vollmacht, und die Bank kann innerhalb der gemeinsam vereinbarten Anlagerichtlinien fast nach Belieben Finanzprodukte kaufen und verkaufen. Das ermöglicht ihr, im grossen Stil Gebühren zu kassieren – bei geringem Aufwand.

Die Zeitschrift K-Geld hat 2007 auf wesentliche Schwachpunkte hingewiesen:

Die UBS beispielsweise bot Schweizer Kunden verschiedene Vermögensverwaltungsprogramme an, etwa das Mandat UBS Absolute Return. Es war gemäss UBS-Werbung «für private Anleger bestimmt, die unabhängig von den Marktbedingungen stabile Erträge erzielen wollen».

K-Geld lag ein Anlagevorschlag für ein Mandat UBS Absolute Return über einen Anlagebetrag von 700 000 Franken vor. Die Gebühren für die Vermögensverwaltung betrugen gemäss Preisliste vom Sommer 2005 jährlich 1,6 Prozent.

Viele Kunden halten diese 1,6 Prozent für eine scheinbar individuelle Vermögensverwaltung gerechtfertigt. Tatsache ist aber,

- dass darin längst nicht alle Gebühren enthalten sind
- und dass vor allem kleinere Vermögensverwaltungskunden keineswegs von einer individuellen Betreuung ihres Portfolios profitieren. Ihre Portfolios gleichen sich wie ein Ei dem anderen. Die Vermögensverwaltung ist also standardisiert – was dazu führt, dass ein einziger Bankberater oft mehr als 100 Kunden «betreut».

Ein Blick in den Anlagevorschlag für das Mandat UBS Absolute Return zeigte: Das Depot war voll mit UBS-Produkten. Das Anlagevermögen von 700 000 Franken war in rund zwei Dutzend UBS-Fonds und strukturierte Produkte der UBS aufgeteilt. Anlageprodukte von Dritten fanden sich fast keine.

Dreimal Gebühren zahlen. Viele Produkte in den Depots von Vermögensverwaltungskunden sind nicht zum öffentlichen Vertrieb zugelassen; sie stehen ausschliesslich Vermögensverwaltungskunden zur Verfügung.

Wie zum Beispiel der Dachfonds Pluris Alternative Investment Strategies, der gemäss K-Geld in vielen Depots von Credit-Suisse-Kunden lag. Ein Dachfonds ist ein Fonds, der nur in andere Fonds investiert.

Die Credit Suisse hat ihn einzig zum Zweck aufgelegt, eine Anlagerichtlinie der Bankiervereinigung zu erfüllen. Die Richtlinie besagt, dass alternative Anlagen aus mehr als nur einem Produkt bestehen müssen, also beispielsweise aus mehreren Fonds, die unter einem Dach vereint sind.

Ein Factsheet des genannten Dachfonds Pluris Alternative Investment Strategies vom August 2004 zeigte, dass er aus zwei damals ebenfalls von der Credit Suisse geführten Hedge-Fonds bestand. Ein Kunde, dem die CS diesen Dachfonds ins Depot legte, zahlte der CS also gleich dreimal Gebühren:

- Der Kunde zahlte für den Dachfonds jährliche Gebühren von 1,5 Prozent plus eine Ausgabekommission von 0,65 Prozent.
- Der Kunde zahlte für die beiden Hedge-Fonds, aus denen der Dachfonds bestand, jährliche Gebühren in ähnlicher Grössenordnung. Die CS gab die Höhe der Gebühren dieser beiden Fonds gegenüber K-Geld nicht bekannt.
- Und der Kunde zahlte für ein Vermögensverwaltungsmandat je nach Mandat und Anlagevolumen rund 1,5 Prozent pro Jahr.

Insgesamt zahlt also ein Vermögensverwaltungskunde einer Grossbank leicht Gebühren von 3 Prozent oder mehr pro Jahr. Bei einem Vermögen von einer Million sind das 30 000 Franken – unabhängig von der erzielten Wertsteigerung des Portfolios.

Fortsetzung von Seite 186

jemandem Ihr Vertrauen schenken. Ein solches Mandat kann sich allenfalls lohnen,

- wenn Sie über ein Vermögen von mehr als einer halben Million Franken verfügen,
- wenn Sie wenig Interesse daran haben, sich selber mit Ihren Finanzanlagen zu beschäftigen,
- und wenn Sie bereit sind, jährlich zusätzlich zu den sonst üblichen Gebühren rund 1,5 Prozent Ihres Vermögens für die Verwaltung zu zahlen.

Für den Umgang mit dem Vermögensverwalter gelten übrigens die gleichen «Spielregeln», wie sie zu Beginn dieses Kapitels zum Thema Bankberater aufgestellt wurden. Auch hier kann es sich allenfalls lohnen, falls möglich Referenzen einzuholen.

TIPP

Vermögensverwaltung: Verlangen Sie den GIPS-Bericht

Die Bezeichnung GIPS steht für Global Investment Performance Standards. Das ist ein internationales Regelwerk für Banken und Vermögensverwalter, mit dem sie ihre Performance nach anerkannten Standards messen und darstellen können.

Wer ein Vermögensverwaltungsmandat zu vergeben hat, kann bei der betreffenden Bank den GIPS-Bericht verlangen. Allerdings unterziehen sich nicht alle Banken und Vermögensverwalter diesem Standard.

Der GIPS-Bericht zeigt die erzielte Performance in den letzten fünf Jahren – und zwar für jede einzelne Portfolio-Strategie, die die Bank für die jeweiligen Anlegerprofile anbietet. Wie zum Beispiel «Einkommen», «Ausgewogen», «Rendite» oder «Defensiv».

Zudem vergleicht der GIPS-Bericht die erzielte Performance mit einer Benchmark, also einem Referenzindex. Das verschafft dem potenziellen Kunden Transparenz und gibt ihm zumindest eine Ahnung, ob hier ein fähiger Vermögensverwalter am Werk ist, der in der Vergangenheit die Messlatte übertraf.

Allerdings: Für unmittelbare Vergleiche von Banken untereinander taugen GIPS-Berichte eher nicht. Denn die jeweiligen Portfolio-Strategien unterscheiden sich insbesondere im Aktienanteil von Bank zu Bank – selbst wenn sie die gleiche Bezeichnung tragen. Entsprechend unterschiedlich sind auch die Benchmarks, an denen sich die jeweiligen Mandate messen.

Hohe Kosten, aber nur durchschnittliche Leistungen

Für die Banken ist die Vermögensverwaltung ein lukratives Geschäft. Sie verlangen oft eine grosse Mindestanlagesumme für eine individuelle Verwaltung und sind auch bei den Gebühren keineswegs zimperlich (siehe Kasten auf der vorhergehenden Seite).

Solche Gebühren für die Vermögensverwaltung rechtfertigen sich nur für sehr vermögende Privatpersonen, wobei die Einstiegshürde meistens bei 500 000 Franken liegt. Es gibt auch Banken, die erst ab einem Anlagevermögen von einer Million Franken aktiv werden.

Allerdings gehört man selbst mit diesem keineswegs kleinen Betrag noch nicht zu den für die Banken interessantesten Kunden. Verschiedene Tests haben gezeigt, dass die Banken zwar auch bei kleineren Vermögen hohe Gebühren kassieren, für Beratung und Portfolios aber vor allem bei

Fortsetzung auf Seite 190

CHECKLISTE

Vermögensverwaltung: Immer alles schriftlich regeln!

Wer sein Geld zur Verwaltung in fremde Hände gibt, sollte diese Punkte beachten:

Welchen Vermögensverwalter wählen?

- Fragen Sie im Freundes- und Bekanntenkreis. Vielleicht hat jemand gute (oder schlechte) Erfahrungen gemacht.
- Seien Sie skeptisch, wenn man Ihnen unrealistisch hohe Traumrenditen verspricht.
- Mit einem grösseren Vermögen können Sie bei der Bank vielleicht «märten» und die prozentualen Kosten drücken.
- Verlangen Sie den GIPS-Bericht, bevor Sie sich entscheiden (siehe Kasten links).
- Wählen Sie einen Vermögensverwalter, der seine Retrozessionen offenlegt und an Sie weitergibt (siehe Kasten auf Seite 192).

Der Vertrag mit dem Vermögensverwalter. Schriftliche Abmachungen sind oberstes Gebot. Und: Schliessen Sie nie einen Vertrag ohne ausführliches Beratungsgespräch ab.

- Anlageziele: Welche finanziellen Ziele hat der Kunde mit dem angelegten Vermögen (z. B. Einkommenssicherung nach der Pensionierung)?
- Lassen Sie sich die vorgeschlagenen Strategien und Anlageinstrumente erklären.
- Holen Sie eine Zweitmeinung ein, wenn Sie Zweifel an den Anlagevorschlägen haben.
- Unterschreiben Sie nichts, was Sie nicht verstehen.
- Referenzwährung: In welcher Währung wird der Kunde den Grossteil seiner künftigen Ausgaben tätigen?
- Risikobereitschaft: Wie hoch ist die maximale Vermögensschwankung, die der Kunde in Kauf nehmen möchte?
- Reporting: Welche Informationen erhält der Kunde über den aktuellen Vermögensstand? In welchen Abständen erhält er diese Informationen?
- Spezifische Richtlinien: In welchem Verhältnis stehen verschiedene Anlageformen wie Aktien und Obligationen zueinander? Welche Länder, Währungen, Branchen sollen berücksichtigt oder ausgeschlossen werden? Sind Anlagen auf Kredit zulässig? Sind Termin- und Derivatgeschäfte zulässig?
- Kosten: Wie hoch sind Verwaltungsgebühr und eine allfällige Gewinnbeteiligung? Kann der Vermögensverwalter sein Honorar direkt dem Kundenkonto belasten?
- Kündigungsfrist: Akzeptieren Sie keine Kündigungsfristen. Der Vertrag muss jederzeit kündbar sein.
- Retrozessionen: Regeln Sie deren Offenlegung und Weitergabe an Sie.

Viele Vermögensverwalter – sowohl Banken als auch unabhängige Selbständige – sind dem Verband Schweizerischer Vermögensverwalter (VSV) angeschlossen. Auf der VSV-Homepage sind die rund 1000 Mitglieder aufgeführt (www.vsv-asg.ch). Hier finden Sie auch die Standesregeln.

Der VSV empfiehlt, bei der Auswahl eines Vermögensverwalters darauf zu achten:

- Ist der Vermögensverwalter einer Selbstregulierungsorganisation (SRO) angeschlossen oder direkt der Eidgenössischen Finanzmarktaufsicht (Finma) unterstellt? Denn nur dann darf ein Vermögensverwalter in der Schweiz tätig sein.
- Steht der Vermögensverwalter im Telefonbuch und ist er im Handelsregister eingetragen? Sind seine Büroräumlichkeiten sichtbar am Haus angeschrieben?
- Können Sie jederzeit mit Ihrem Vermögensverwalter einen Termin vereinbaren?
- Verlangen Sie Informationsunterlagen und Verträge vom Vermögensverwalter und überprüfen Sie diese.
- Der Vermögensverwalter sollte mit Ihnen ein auf Ihre Bedürfnisse abgestimmtes Anlageprofil erstellen. Hierzu sollte er Ihre finanzielle Situation, Anlageziele, Anlagehorizont und Ihre Risikoneigung sorgfältig analysieren.

Fortsetzung von Seite 188

Anlagesummen unter 5 Millionen Franken kaum mehr als Standardlösungen bieten (siehe Kasten auf Seite 187).

Wer also ein Vermögen von unter fünf Millionen Franken hat, sollte ernsthaft prüfen, sich selbst um seine Geldanlagen zu kümmern und sich vielleicht sporadisch beraten lassen – gratis oder gegen Honorar.

Bestehen Sie auf dem Einsatz von kostengünstigen ETFs

Das Wichtigste beim Abschluss eines Vermögensverwaltungsvertrags ist ein ausführliches persönliches Gespräch zur Festlegung der persönlichen Anlageziele (siehe auch Kasten auf Seite 189).

Dabei gilt: Die Bank muss die persönlichen Verhältnisse, die Fachkenntnisse und die Risikofähigkeit des Kunden kennen und die Anlageziele darauf abstimmen.

Noch wichtiger: Achten Sie als Kunde darauf, dass der daraus resultierende Auftrag für Ihre Vermögensverwaltung schriftlich festgehalten wird. Eine Besprechungsnotiz genügt im Streitfall nicht.

Die Bank ist verpflichtet, das Vermögen entsprechend der formulierten Vorgaben und Richtli-

TIPP

Für die Vermögensverwaltung: Offerten einholen, Kosten vergleichen

Je mehr Sie für die Vermögensverwaltung zahlen, desto geringer wird die Rendite.

Ein Rechenbeispiel: Bei einem Vermögen von 100 000 Franken, einer Anlagedauer von 10 Jahren, einer Bruttorendite von 4 Prozent und einer Pauschalgebühr von 2 statt 1,2 Prozent ergibt sich eine Renditedifferenz von satten 10 000 Franken.

Es lohnt sich also, verschiedene Offerten mit Kostendach zu verlangen und die Kosten zu vergleichen.

Achten Sie aber darauf, wie das Kostendach für die Verwaltungsgebühren definiert ist. Etliche Verwalter verlangen nämlich einen Pauschalpreis, die sogenannte All-in-Gebühr. Diese umfasst meist die Kosten für Vermögensverwaltung, Depotgebühren, Kontoführung und gewisse Courtagen. Letzteres sind Börsen- und Bankgebühren für den Aktienkauf und -verkauf.

Die Höhe der All-in-Gebühr hängt von der Bank, der Vermögensgrösse und der Anlagestrategie ab und bewegt sich zum Beispiel für ein Vermögen von 250 000 Franken zwischen rund 0,5 und 1,3 Prozent. Je höher die Anlagesumme, desto tiefer wird die Gebühr in der Regel.

Aber aufgepasst: Die Bezeichnung «all in» («alles dabei») ist irreführend: Denn oft sind Produktgebühren nicht enthalten – etwa bei Anlagefonds und strukturierten Produkten – sowie Kosten bei Devisengeschäften.

Diese Kosten können sogar höher sein als die «offiziellen» Gebühren der Vermögensverwalter.

Vergessen Sie nicht: Viele Kundendepots von Banken bestehen zur Hälfte oder sogar ausschliesslich aus bankeigenen Produkten – was oft nur den Banken etwas bringt. Holen Sie deshalb auch Offerten von unabhängigen Vermögensverwaltern ein, die Ihr Depot eher unvoreingenommen zusammenstellen.

Tipp: Verlangen Sie ein Muster-Reporting, damit Sie sehen, wie genau der Verwalter die Rendite sowie alle Kosten und Gebühren ausweist.

nien zu verwalten. Insbesondere ist sie ohne ausdrückliche Zustimmung des Kunden nicht ermächtigt, Kredite aufzunehmen.

Weicht die Bank von den Vorgaben des Kunden ab, muss sie den daraus entstandenen Schaden tragen. Je abwegiger die Investments, desto weiter geht die Haftung der Bank (siehe Seite 194 ff.).

Zu den Pflichten der Vermögensverwaltung gehört auch, dass die Bank die Risiken der vorgeschlagenen Anlageinstrumente den Kunden erklärt.

Wichtig: Holen Sie mehrere Offerten ein und vergleichen Sie auch die Gebührensätze.

Tipp: Wählen Sie einen Vermögensverwalter, den Sie für seine Dienstleistung entschädigen müssen, der Ihnen dafür aber im Gegenzug alle Vergütungen weitergibt, die er von Banken erhält (siehe Kasten auf der nächsten Seite).

Und: Bestehen Sie darauf, dass der Vermögensverwalter auch kostengünstige ETFs einsetzt.

Retrozessionen gehören dem Kunden

In der Finanzbranche sind Rückvergütungen üblich; sie werden meist Kickbacks oder Retrozessionen genannt. Solche Vergütungen oder Provisionen fliessen im Hintergrund – meist ohne dass die Kunden davon erfahren.

Konkret: Wenn ein Vermögensverwalter seinen Kunden Fonds oder strukturierte Produkte oder andere Finanzprodukte ins Depot legt, wird er dafür in der Regel vom Herausgeber des Produkts mit Geld belohnt.

Und von Depotbanken erhalten die externen Vermögensverwalter Geld, wenn sie das Geld des Kunden dort deponieren, also der Bank Depotgebühren und Transaktionskosten zuschanzen.

Gemäss Schätzungen handelt es sich dabei insgesamt um ein Volumen von rund 3 bis 5 Milliarden Franken pro Jahr.

Von *Rück*vergütungen ist deshalb die Rede, weil diese Vergütungen im Grunde vom Kunden via allerlei Gebühren und Kommissionsgelder bezahlt werden, und der Herausgeber oder die Bank gibt einen Teil dieser Gebühr an den Vermittler zurück.

Beauftragte müssen die Kickbacks offenlegen

Laut Bundesgericht gehören solche Rückvergütungen bzw. Vertriebsentschädigungen den Kunden. Denn: Vermögensverwaltungsverträge unterstehen dem Auftragsrecht. Deshalb sind die Vermögensverwalter gegenüber ihren Kunden (Auftraggebern) rechenschaftspflichtig.

Daraus folgt: Die Beauftragten müssen den Kunden offenlegen, wie viel sie an Rückvergütungen erhalten. Und das Geld gehört den Auftraggebern, wenn sie diesen Anspruch nicht ausdrücklich an den Vermögensverwalter abtreten, also darauf verzichten.

Dies hat das Bundesgericht in einem wegweisenden Entscheid festgehalten. (BGE 132 III 460 vom 22.3.2006)

Gratisberatung oder Honorarberatung nach Aufwand?

Im Lauftext auf Seite 181ff. ist die Problematik geschildert: Vermögensverwalter und Berater werden von den Banken und den Finanzprodukt-Anbietern mit Vergütungen in unterschiedlicher Höhe belohnt, falls die Berater deren Produkte in den Kundendepots platzieren. Das schafft falsche Anreize.

Denn der Berater bzw. Vermögensverwalter kommt so in Versuchung, nicht diejenigen Produkte zu empfehlen und auszuwählen, die für den Kunden am besten sind, sondern diejenigen, die ihm selber die höchsten Vergütungen einbringen.

Für Susan Emmenegger, Direktorin des Instituts für Bankrecht in Bern, steht fest: «Die meisten Vermögensverwalter und Banken nehmen solche Retrozessionen entgegen und stehen deshalb in einem Interessenkonflikt.»

Tipp: Um das zu umgehen, können sich Kunden an Vermögensverwalter wenden, die diesen Geldfluss offenlegen und ihn mit den Kunden teilen. Es gibt auch Vermögensverwalter, die auf solche Vergütungen der Banken mehr oder weniger verzichten und dafür dort für den Kunden tiefere Gebühren aushandeln.

Ein Trend in diese Richtung – weg vom Retrozessionsmodell – ist klar absehbar; es kann aber sein, dass ein solcher Vermögensverwalter mehr für seine eigentliche Dienstleistung verlangt.

Verlangen Sie Transparenz. Pochen Sie in jedem Fall darauf, dass Sie vollumfänglich aufgeklärt werden über die Entschädigungen, die der Vermögensverwalter erhält – und die im Grunde Ihnen gehören. Fragen Sie deshalb Ihren Vermögensverwalter konkret:

- Erhält er von der Bank Transaktionskosten rückvergütet für Käufe und Verkäufe von Einzeltiteln, die Ihnen belastet wurden?
- Erhält er von der Bank einen Teil der Depotgebühren zurück, die Sie jährlich zahlen?
- Erhält er von Fondsgesellschaften einen Teil der Ausgabekommission zurück?
- Erhält er von der Fondsgesellschaften einen Teil der Management-Fee zurück, die er Ihnen zukommen lassen kann?
- Erhält er sonstige Retrozessionen von Anbietern von Finanzprodukten wie zum Beispiel von strukturierten Produkten?

Ein pauschaler Verzicht ohne Kenntnis der Höhe der Kickbacks ist nicht gültig. Denn Kunden können nicht rechtsgültig auf etwas verzichten, worüber sie nicht informiert sind.

Die Retrozessionen und deren unterschiedliche Höhe verursachen Interessenkonflikte und können bei einem Berater falsche Anreize auslösen (siehe Kasten oben).

Er wird nämlich vorzugsweise jene Produkte empfehlen, die ihm höhere Vergütungen einbringen – also beispielswiese Anlagefonds und strukturierte Produkte statt kostengünstige Exchange-Traded Funds (ETFs).

Das Bundesgerichtsurteil gilt auch für die Banken

Beachten Sie zum Thema Retrozessionen die folgenden Punkte:

- Im Banken-Sprachgebrauch werden Retrozessionen oft nicht so deutlich benannt, sondern hinter dem beschönigenden Ausdruck «Zuwendungen Dritter» versteckt.
- Zu den Retrozessionen zählen auch die sogenannten Finder's Fees, also Belohnungen für das Vermitteln neuer Kundinnen und Kunden.

■ Zu den Retrozessionen gehören nicht nur zurückgezahlte Kaufgebühren, sondern auch sogenannte Bestandesprovisionen, die dann fliessen, wenn beispielsweise Fonds lange und in grossen Mengen in den Depots liegen.
■ Der Anspruch des Kunden auf Vergütung verjährt gemäss Bundesgericht erst nach zehn Jahren.

Tipp: Falls Sie einen unabhängigen, bankexternen Vermögensverwalter haben, können Sie ihm folgenden Brief schreiben: «Ich beziehe mich auf die Wertschriftentransaktionen im Rahmen meines Kontos und das Bundesgerichtsurteil zu den Retrozessionen. Ich bitte Sie, mir die Höhe sämtlicher Zuwendungen bekannt zu geben, die Sie in den letzten zehn Jahren für die Abwicklung meiner Aufträge von Dritten erhalten haben, und diesen Betrag innert 30 Tagen meinem Konto gutzuschreiben.»
■ Das Bundesgerichtsurteil gilt nicht nur für unabhängige, bankexterne Vermögensverwalter, sondern auch für Vermögensverwaltungsmandate von Banken.

Banken diktieren einen rückwirkenden Verzicht

■ Die Banken haben nun angefangen, ihren Kunden Unterlagen abzugeben, worin sie die Bandbreiten der Vergütungen – nach den Produktekategorien geordnet – aufführen.

Und sie haben in ihre Geschäftsbedingungen (AGB) klammheimlich einen Passus eingeführt, wonach der Kunde auf die erwähnten Entschädigungen verzichtet – auch rückwirkend.

Die CS schreibt dazu in den AGB: «Sollte die Bank Entschädigungen erhalten, verzichtet der Kunde auf eine diesbezügliche Ablieferung.»

Mit anderen Worten: Die Bank anerkennt zwar, dass eine gesetzliche Ablieferungspflicht besteht.

FRAGE

Darf der Vermögensverwalter Retrozessionen kassieren?

Im Kleingedruckten der «Verwaltungsvollmacht für externe Vermögensverwalter» meines Vermögensverwalters steht: «Ich nehme zur Kenntnis, dass UBS dem Bevollmächtigten Volume Discounts auf den mir belasteten Kommissionen gewähren kann und die Offenlegung derselben gegenüber mir ausschliesslich dem Bevollmächtigten obliegt.» Darf mein Vermögensverwalter aufgrund dieses Artikels Retrozessionen kassieren?

Er ist nur berechtigt, Retrozessionen zu behalten, wenn er Sie als Kundin über deren Erhalt und Höhe informiert hat und Sie damit einverstanden sind. Die entsprechenden Informationen müssen im Vertrag stehen, den Sie mit Ihrem Vermögensverwalter geschlossen haben.

Der von Ihnen zitierte Passus entstammt jedoch dem UBS-Standard-Formular für externe Vermögensverwalter. Die UBS als Depotbank sichert sich damit gegenüber den Kunden eines Vermögensverwalters ab. Die Bank will verhindern, dass Kunden von externen Vermögensverwaltern bei ihr mit Anfragen zu Retrozessionen zugunsten des Vermögensverwalters vorstellig werden.

Diese Verwaltungsvollmacht sagt nichts darüber aus, ob Ihr Vermögensverwalter Retrozessionen behalten darf. Suchen Sie das Gespräch mit ihm, sofern Sie nicht zufrieden sind mit seinen Angaben zu Retrozessionen.

Sie sackt aber das Geld, das den Kunden gehört, selber ein, indem sie dem Kunden den Verzicht auf diese Gelder vorschreibt.

Auch die UBS hat eine neue Klausel in den Depotbestimmungen: «Kommt die UBS in den Genuss von Vergütungen, welche sie nach Art. 400 des schweizerischen Obligationenrechts dem Depotinhaber abzuliefern hat, ist dieser einverstanden, darauf zu verzichten.»

Mit diesem Satz gibt die UBS selber zu, dass sie Geld zurückbehält, das ihr von Gesetzes wegen nicht gehört. Und diktiert dem Kunden den Verzicht auf die ihm zustehenden Provisionen.

FRAGE

Hilft der Rechtsschutz bei Problemen mit der Bank?

Die Credit Suisse hat mir Lehman-Papiere mit Kapitalschutz angedreht. Wegen des Lehman-Konkurses droht mir nun der Totalverlust. Die CS will mich nicht entschädigen, obwohl sie mir die Risiken verschwiegen hat. Kann ich mit meiner Rechtsschutz-Versicherung gegen die Bank vorgehen?

Nein. Die Rechtsschutz-Versicherungen schliessen eine Deckung für solche Streitfälle aus. Das steht in den allgemeinen Versicherungsbedingungen.

Alle Gesellschaften formulieren dies in mehr oder weniger ähnlichem Wortlaut: Nicht versichert seien Streitfälle aus Kauf und Verkauf von Wertpapieren sowie Beteiligungen an Unternehmen, aus Bank- und Börsengeschäften, Spekulations- und Termingeschäften sowie anderen Finanz- und Anlagegeschäften.

Viele Gesellschaften bieten jedoch eine einmalige Kurzberatung an.

Dem Depotinhaber schenkt sie aber über die Höhe der zurückbehaltenen Summen nicht reinen Wein ein. Sondern vertröstet ihn damit, auf Wunsch «nähere Informationen zu Vergütungen» zu geben.

Solche pauschalen Abtretungsklauseln sind nur dann zulässig, wenn die Höhe der Retrozessionen ungefähr bekannt ist.

Wer nicht verzichten will, riskiert den Rauswurf

Tipp: Wer die neue Bankenklausel auf Verzicht der ihm zustehenden Gelder nicht akzeptieren will, kann dies der Bank per eingeschriebenem Brief mitteilen. Beispielsweise mit diesem Wortlaut: «Ich verzichte auf keine Ansprüche, die mir nach Gesetz zustehen. Die neue Klausel in den Vertragsbedingungen akzeptiere ich nicht.»

Allerdings riskiert man dann, dass die Bank das Konto kündigt.

- Diskussionen über Retrozessionen können Sie vermeiden, wenn Sie einen Vermögensverwalter wählen, der solche Vergütungen anstandslos seinen Kunden zukommen lässt (siehe Kasten auf Seite 192).
- Gute Infos zum Thema finden Sie im Internet auf dem Portal www.kickbacks.ch.

Mangelnde Sorgfalt: So haften Banken und Vermögensverwalter

Das Folgende gilt für Banken und Vermögensverwalter; der Einfachheit halber ist immmer nur von Banken die Rede.

Wer sein Vermögen von einer Bank verwalten lässt, gibt dieser einen Auftrag. Daraus ergibt sich, dass die Bank gemäss Gesetz für die «getreue und sorgfältige Ausführung» der ihr übertragenen Geschäfte haftet.

Die wichtigste Frage lautet also: Wann liegt mangelnde Sorgfalt vor, aus der sich eine Haftung der Bank ableiten liesse? Einen solchen Entscheid kann letzten Endes nur der Richter fällen.

Eine mögliche Richtschnur für Kunden mit einem Vermögensverwaltungsauftrag sind beispielsweise die entsprechenden Richtlinien der Bankiervereinigung. Sie finden die «Richtlinien für Vermögensverwaltungsaufträge» im Internet auf www.swissbanking.org (→ Selbstregulierung → Richtlinien).

Wichtig sind diesbezüglich auch etliche Entscheide des Bundesgerichts.

Drei Punkte aus den erwähnten Richtlinien:

- **Anlagepolitik.** In den Richtlinien steht beispielsweise, der Auftrag müsse «im Rahmen der jeweils gewählten Anlagepolitik» ausgeführt werden. Hält sich eine Bank nicht an diese Vorgaben, haftet sie für den entstandenen Schaden.

- **Anlageinstrumente.** Zudem verlangen die Richtlinien eine Beschränkung «auf die banküblichen Anlageinstrumente» – wobei hier anzufügen ist, dass auch alternative Anlageklassen wie Hedge-Fonds oder Private-Equity-Investments darunter fallen.

- **Risikostreuung.** Weiter heisst es in den Richtlinien: «Die Bank vermeidet Klumpenrisiken infolge unüblicher Konzentration auf eine zu kleine Anzahl von Anlagen.»

Ein Klumpenrisiko liegt wohl auch dann vor, wenn eine Bank strukturierte Produkte von nur einem einzigen Emittenten ins Depot legt, wie das z. B. bei vielen Kunden der Credit Suisse mit ihren Lehman-Papieren der Fall war (siehe Seite 143). Das gilt selbst dann, wenn der betreffende Emittent die allerhöchste Bonität hat. Allerdings gibt es dazu (noch) keinen Gerichtsentscheid.

Das Gesetz enthält auch die Pflicht zur Risikoaufklärung

Zur Sorgfalt gehört im Bankgeschäft auch die Aufklärung der Kundinnen und Kunden über die Risiken einer Vermögensanlage. Das ergibt sich auch aus dem «Bundesgesetz über die Börsen und den Effektenhandel (BEHG)», kurz Börsengesetz. Dort heisst es in Artikel 11 unter dem Titel «Verhaltensregeln»: «Der Effektenhändler hat gegenüber seinen Kunden:

- eine Informationspflicht; er weist sie insbesondere auf die mit einer bestimmten Geschäftsart verbundenen Risiken hin;
- eine Sorgfaltspflicht; er stellt insbesondere sicher, dass die Aufträge seiner Kunden bestmöglich

erfüllt werden und diese die Abwicklung seiner Geschäfte nachvollziehen können.

Bei der Erfüllung dieser Pflichten sind die Geschäftserfahrenheit und die fachlichen Kenntnisse der Kunden zu berücksichtigen.»

So urteilte das Bundesgericht

Das sind zwei Entscheide des Bundesgerichts, die Fälle von Vermögensverwaltung betreffen:

- **Anlagestrategie missachtet.** Eine Stiftung liess ihr Vermögen durch einen Vermögensverwalter betreuen. Das Portfolio hatte Ende 1998 noch einen Wert von 1 094 921 D-Mark, im August 2001 war es auf 227 652 D-Mark geschmolzen. Es war eine konservative Anlagestrategie vereinbart worden.

Das Bundesgericht verpflichtete den Vermögensverwalter, der Stiftung wegen Sorgfaltspflichtverletzung 479 980 Dollar zu bezahlen.

Die Bank war von der vereinbarten Anlagestrategie abgewichen, weil sie den Aktienanteil zwischenzeitlich sogar auf 96 Prozent erhöht hatte; zudem kaufte die Bank überwiegend hochspekulative Titel von jungen Unternehmen aus dem Internet-Bereich. (Urteil 4C.18/2004 vom 3.12.2004)

- **Unsorgfältige Vermögensverwaltung.** Ein Handwerker vertraute einem Vermögensverwalter 125 000 Franken an. Er unterschrieb eine Auftragsbestätigung für Optionen und bestätigte, die Risiken im betreffenden Börsengeschäft zu kennen. Nach wenigen Monaten erhielt der Kunde nur noch 16 521 Franken zurück.

Wegen unsorgfältiger Vermögensverwaltung und unklar formulierten Kommissionsbedingungen musste der Vermögensverwalter dem Handwerker den Schaden von 108 479 Franken bezahlen. (Urteil BGE 124 III 155 vom 7.10.1997)

Wörtlich heisst es im Urteil: «Besonders ausgeprägt sind die Aufklärungs- und Beratungspflichten bei der Empfehlung und Vermittlung von erfahrungsgemäss hochspekulativen und damit risikobehafteten Terminoptionsgeschäften.

Der in solchen Geschäften unerfahrene Kunde ist klar auf das Verlustrisiko sowie die Minderung der Gewinnchancen je nach Höhe der vom Vermittler gleichzeitig mit der Vornahme des Geschäftes verrechneten Provision aufzuklären und mit der Gefahr vertraut zu machen, dass er das eingesetzte Geld in kurzer Zeit verlieren kann.

Dabei genügt es nicht, dieses Verlustrisiko bloss zu erwähnen und dazu formell die Einwilligung des Anlegers einzuholen, wenn ihm gleichzeitig unrealistische Gewinnaussichten vorgespiegelt werden.»

Banken haften auch bei falscher Beratung

Die bisherigen Ausführungen zur Haftung bezogen sich auf Kunden mit einem eigentlichen Vermögens*verwaltungs*auftrag.

Doch auch Kunden, die sich «nur» beraten lassen, können Banken für Schäden haftbar machen – selbst dann, wenn gar kein schriftlicher Vertrag vorliegt. Das verdeutlicht ein Entscheid des Bundesgerichts vom 13.6.2008 (Urteil 4C.68/2007):

Ein gutbetuchter Kunde liess sich von der damaligen Bank Leu eine «Finanzplanung» ausarbeiten. Darin empfahl die Bank dem Chirurgen, sein Geld zu 100 Prozent in Aktien anzulegen. Die Titelauswahl besorgte der Anleger selber.

Die vorgeschlagene Anlagestrategie war besonders riskant, weil sie den Tipp enthielt, zusätzliche Bankkredite aufzunehmen, um mit diesem Geld ebenfalls an der Börse zu spekulieren.

Dann kam der Börsenabsturz von 2001, der Anleger verlor 80 Prozent seiner Investition. Deswegen verlangte er von der Bank Leu Schadenersatz für den entstandenen Verlust; er bezifferte ihn auf 4,38 Millionen Franken.

Die Bank muss bei riskanten Strategien «abmahnen»...

Vor Gericht argumentierte der enttäuschte Kunde, die Bank habe ihn schlecht beraten und ihm eine fehlerhafte Finanzplanung vorgelegt. Und deswegen sei sie für den Schaden verantwortlich: Sein Beratungsauftrag zur finanziellen Absicherung im Alter sei mangelhaft ausgeführt worden.

Auf diese Argumentationsschiene ist das Bundesgericht nicht eingegangen. Dennoch haben die Richter in Lausanne dem Mann einen Schadenersatz von immerhin 720 000 Franken zugesprochen, den ihm die Bank Leu (heute Clariden Leu) zahlen muss.

Der Grund: Die Bank hat ihre Aufklärungspflicht verletzt. Denn der Leu-Kunde stand damals kurz vor seiner Pensionierung. Und da wäre es gemäss Bundesgericht angezeigt gewesen, den Kunden vor seiner spekulativen kreditfinanzierten Aktienstrategie zu warnen bzw. ihn «abzumahnen», wie sich das Gericht ausdrückt.

Denn gemeinhin gilt: Kurz vor und während der Pensionierung sollten ältere Semester von risikobehafteten Anlagestrategien Abschied nehmen und mehr auf Sicherheit und Substanzerhaltung ihres Vermögens setzen.

Die Bank hätte also ihren Kunden auf die «allfällige Unangemessenheit und die Verlustrisiken» seiner bisherigen Strategie hinweisen müssen. Eine Abmahnung sei aber nicht erfolgt.

...aber Kunden müssen auch «sorgfältig und umsichtig» sein

Allerdings gab das Gericht dem Mann eine Mitschuld. Er habe «nicht genügend Sorgfalt und Umsicht zu seinem eigenen Schutz aufgewendet». Er hätte sich der «allgemeinen Verlustmöglichkeiten seiner hochspekulativen Investitionstätigkeit bewusst sein müssen».

Fazit: Das Bundesgericht nimmt Banken und Vermögensverwalter streng in die Pflicht. «Einen Anlageberater oder Anlagevermittler treffen neben der Aufklärungspflicht auch Beratungs- und Warnpflichten», heisst es im Urteil zum konkreten Fall.

Und: «Der Kunde ist hinsichtlich der Risiken der beabsichtigten Investitionen aufzuklären, nach Bedarf in Bezug auf die einzelnen Anlagemöglichkeiten sachgerecht zu beraten und vor übereilten Entschlüssen zu warnen.»

Mehr noch: «Die Anforderungen an die Aufklärungspflicht sind höher, wenn der Auftraggeber nicht nur mit seinem Vermögen, sondern auch mit von der Bank gewährten Krediten spekuliert.»

Die Bank muss auch ohne Aufforderung aufklären

Diese Aufklärungspflicht kommt übrigens genauso zum Tragen, wenn eine Bank von sich aus auf den Kunden zugeht und ihm ein bestimmtes Finanzprodukt empfiehlt.

Auch in solchen Fällen muss die Bank den Kunden unaufgefordert über die Risiken aufklären und prüfen, ob das Produkt zu seinem individuellen Anlage- und Risikoprofil passt.

Verpfändete Aktien zu schnell verkauft – die Bank haftet

Eine andere Seite der Bankhaftung zeigt der folgende Fall: Ein Anleger hatte für seine Börsengeschäfte von seiner Depotbank einen Lombardkredit, mit dem er auf Pump kaufen konnte. Dazu hatte er sein Depot der Bank verpfändet.

Als die verpfändeten Wertschriften nicht mehr reichten, um den Kredit zu decken, sprach die Bank mehrmals mit dem Anleger – bis sie an einem bestimmten Tag ohne weitere Vorwarnung einen Teil der verpfändeten Wertschriften eigenmächtig verkaufte.

Das durfte die Bank nicht, sagt das Bundesgericht. Gemäss Verträgen hätte sie dem Kunden ein bis zwei Tage Zeit einräumen müssen, um den Minussaldo selber auszugleichen.

Weil die Kurse in dieser Zeit stiegen, entstand dem Mann ein Schaden von 122 934 Franken, den die Bank übernehmen muss. (Bundesgerichtsurteil 4A_521/2008 vom 26.2.2009)

Kunden müssen «energisch» und schriftlich reklamieren

Dass sich aber die Gerichte nicht immer auf die Seite der Bankkunden stellen, zeigen die zwei folgenden Fälle.

■ **Falsch reklamiert.**
Ein Zahnarzt wurde von seinem Kundenberater der UBS jeweils über die geplanten Börsentransaktionen informiert; in 34 Fällen unterblieb der vorherige Kontakt allerdings.

Das beanstandete der Zahnarzt beim Berater per Telefon, doch der Bankangestellte handelte weiterhin auf eigene Faust.

Als aus diesen Geschäften ein Verlust von 1,6 Millionen Franken resultierte, reklamierte der Zahnarzt schriftlich bei der Bankdirektion und verlangte Schadenersatz.

Alternative zum Gerichtsweg: Der Gang zum Ombudsman

Die Institution des Bankenombudsmans (in der Schweiz nur mit einem «n» geschrieben) wurde Anfang der Neunzigerjahre von den Banken ins Leben gerufen, um dem Kunden eine neutrale und fachkundige Anlaufstelle bei Problemen und Beschwerden anzubieten.

Der Bankenombudsman hat aber keine richterliche Gewalt, fällt also keine Urteile. Er kann nur versuchen, zwischen den Parteien zu vermitteln und den Dialog zu fördern, sodass eine einvernehmliche Verhandlungslösung resultiert. Er kann die Bank zu nichts verpflichten.

Wer als Kunde ein Problem mit seiner Bank hat, sollte zunächst direkt Kontakt mit der Bank aufnehmen und eine Lösung suchen. Zur besseren Dokumentierung ist es von Vorteil, diesen Kontakt schriftlich herzustellen und auf eine schriftliche Antwort zu bestehen.

Erst wenn diese Antwort ungenügend scheint, kann man sich an den Bankenombudsman wenden – per Telefon oder schriftlich. Wichtig: Wie der Name sagt, interveniert der Bankenombudsman nur bei Problemen mit Banken – aber beispielsweise nicht bei Schwierigkeiten mit freien Anbietern von Finanzprodukten.

Tipp: Der Bankenombudsman kann nur vermitteln, das Einlenken der Bank ist jeweils freiwillig.

Oft ist deshalb der Weg über einen Anwalt oder über eine Anwältin erfolgversprechender, denn es ist durchaus möglich, dass eine Bank eher Kompromisse macht, wenn sie sieht, dass es der Kunde wirklich ernst meint und einen Anwalt eingeschaltet hat.

Weitere Hinweise und und eine Checkliste für Anfragen an den Bankenombudsman finden Sie im Internet unter www.bankenombudsman.ch.

Die Adresse lautet: Schweizerischer Bankenombudsman, Bahnhofplatz 9, Postfach 1818, 8021 Zürich, Telefon (08.30 bis 11.30 Uhr): 043 266 14 14.

Damit ist er vor Bundesgericht abgeblitzt. Seine telefonischen Reklamationen beim Kundenberater seien nicht genügend energisch gewesen, befanden die Richter. Als klar war, dass der Kundenberater weiterhin eigenmächtig vorging, hätte der Kunde gemäss Bundesgericht sofort und schriftlich bei der Direktion vorstellig werden müssen. (Urteil 4C.194/2005 vom 28.9.2005)

Die Redaktion der Juristenzeitschrift Plädoyer kürt jährlich das «Fehlurteil des Jahres». Dieser Richterspruch schaffte es im Jahr 2005 aufs Podest. Er sei «ein Hofknicks» vor der Bank, sagte Ex-Bundesrichter Karl Spühler, der in der Jury von Plädoyer sass.

Jury-Mitglied und Rechtsprofessorin Alexandra Rumo-Jungo betonte, die Transaktionen seien ohne Auftrag erfolgt und stellten somit eine Vertragsverletzung dar. «Damit hat die Bank den Fehler gemacht und nicht der Kunde.» Sie sprach von einer «komplett verdrehten Sichtweise» des Gerichts.

Das Fazit ist klar: Wer mit dem Vorgehen des Beraters nicht einverstanden ist, sollte es nicht bei Telefonaten belassen, sondern bei der Direktion vorstellig werden – schriftlich und eingeschrieben.

■ Broschüre überreicht – das könnte reichen.

Ein Bankkunde beauftragte seine Bank mit der Ausführung verschiedener Börsengeschäfte. Beim Börsenabsturz von 2001 verlor er mit Aktien aus der IT-Branche viel Geld, wofür er die Bank haftbar machen wollte.

Sein Argument: Die beratende Bank hätte ihn gestützt auf die Informationspflicht gemäss Börsengesetz besser über die Risiken aufklären müssen.

Das Bundesgericht kam zwar zum Schluss, die Bank hätte den Kunden aufgrund der andauernden Geschäftsbeziehung unaufgefordert beraten bzw. warnen müssen. Die höchsten Richter waren allerdings der Ansicht, die Bank habe das «in standardisierter Form» und «in ausreichendem Masse» getan – und das genüge.

Konkret: Die Bank habe dem Kunden die Broschüre «Besondere Risiken im Effektenhandel» überreicht, und er habe den Empfang sogar schriftlich bestätigt. (Urteil BGE 133 III 97 vom 4. 1. 2007)

Fazit: Wenn die Bank beweisen kann, dass sie Ihnen diese Bro-

CHECKLISTE

So erkennen Sie seriöse und unseriöse Berater

Seriöse Berater

- schlagen Ihnen Anlagen vor, die in Ihrem Interesse sind und nicht diejenigen, die dem Berater am meisten Verkaufsprovisionen einbringen.
- geben Ihnen alle verfügbaren Unterlagen über die geplante Kapitalanlage ab.
- räumen Ihnen mehrere Tage Bedenkzeit ein.
- weisen Sie ausführlich auf die Risiken hin.
- geben Ihnen die wichtigsten Fakten der Anlage wie Kosten, Sicherheit, Laufzeit und Höhe der Renditeerwartung schriftlich ab; sie haften dann nämlich für ihre Angaben.
- haben nichts dagegen, dass Sie den Anlagevorschlag einer anderen Fachperson vorlegen.
- Informieren über Retrozessionen und vergüten Sie Ihnen zurück.

Unseriöse Berater

- melden sich bei Ihnen unaufgefordert per Telefon und wollen unbedingt vorbeikommen, weil sie angeblich ein tolles Angebot haben.
- versprechen hohe Renditen ohne jegliches Risiko.
- reden nicht über die Kosten.
- setzen Sie unter Druck und drängen Sie zu einer schnellen Unterschrift.
- geben Ihnen keine schriftlichen Unterlagen.
- geben Ihnen wichtige schriftliche Unterlagen wie zum Beispiel den Risikohinweis erst nach der Unterschrift.
- inserieren in Tageszeitungen mit den Wertzuwachsraten, die sie in der Vergangenheit angeblich erzielt haben, ohne darauf hinzuweisen, dass das für die Zukunft nichts aussagt.
- kritisieren Ihre bisherige Anlagepolitik und drängen auf eine schnelle Umschichtung.
- geben Ihnen gewisse Informationen nur mündlich.
- weigern sich, ein Beratungsprotokoll zu unterschreiben.
- hatten früher einen handwerklichen Beruf und sind quasi über Nacht Finanzberater geworden, ohne eine ernsthafte Ausbildung nachweisen zu können.
- haben nur mit wenigen oder gar nur mit einem Anbieter einen Vertrag und empfehlen nur dieses Produkt, ohne Alternativen zu erwähnen.
- suchen ihre Opfer auch auf sozialen Netzwerken im Internet wie Facebook oder Xing.

schüre überreicht hat, so sind allfällige Haftungsansprüche schwieriger durchzusetzen.

Sie finden die Broschüre «Besondere Risiken im Effektenhandel» im Internet unter www.swissbanking.org beim Menüpunkt «Informationen für Bankkunden». Die Broschüre ist lesenswert und auch für Laien einigermassen gut verständlich.

Vorsicht vor unseriösen Finanzberatern

Es passiert immer wieder: Ein ehemaliger Schulkollege, zu dem Sie längst keinen Kontakt mehr haben, ruft Sie an und möchte vorbeikommen. Er habe einen sehr interessanten Vorschlag zu machen, alles Weitere erkläre er dann mündlich.

Wenn Sie solche Leute zu sich ins Haus kommen lassen, machen Sie einen Fehler. Denn dahinter stecken meist Mitarbeiter von sehr rührigen Vertriebsorganisationen, die keine Ausbildung haben und oft nur ein einziges Produkt verkaufen.

Solche Vertriebe haben Provisionsverträge mit den Produkteherstellern und haben gar keine Beratung im Sinn, sondern nur den Verkauf. Sie vermitteln also nur Produkte, die ihnen viel Geld einbringen.

In der Regel verkaufen diese Verkäufer Fondspolicen (siehe Seite 26 ff.) und Fondssparpläne (siehe Seite 125 ff.). Und zwar vorzugsweise im Freundes-, Familien- und Bekanntenkreis.

Mit anderen Worten: Wenn Sie es mit freischaffenden Finanzberatern zu tun haben, sollten Sie immer klären, was für eine Ausbildung sie haben, für wen sie arbeiten und wie sie bezahlt werden. Daran können Sie abschätzen, welche finanziellen Eigeninteressen sie mit ihren Empfehlungen verfolgen.

Typisch für die Mitarbeiter von solchen Vetriebsorganisationen ist übrigens, dass sie nicht nur verkaufen, sondern die Käufer auch dazu animieren, das Produkt selber ebenfalls zu verkaufen.

Dieses Vorgehen ist insbesondere für sogenannte Strukturvertriebe typisch, bei denen diejenigen Verkäufer, die in der Hierarchie weiter oben stehen, an den Verkäufen der unteren Strukturvertriebler mitverdienen.

Tipp: Lassen Sie sich nicht dazu überreden, innerhalb einer unbekannten Vertriebsorganisation Finanzprodukte zu verkaufen – vor allem dann nicht, wenn Sie im Ausgang zum Beispiel in einer Bar darauf angesprochen werden. Sie verärgern nur Ihr persönliches Umfeld.

Und: Dass Sie so auf den in Aussicht gestellten hohen Verdienst kommen, ist eher unwahrscheinlich. Denn die dazu versprochene «Ausbildung» ist meist nur eine Schnellbleiche, die sich oft darauf beschränkt, die Adressen von möglichen Opfern aufzuschreiben.

Auf www.ktipp.ch finden Sie unter «Warnlisten» Namen von solchen Firmen.

10 Informationen und Tipps zu Geldanlagen
Adressen, Fachbücher und Links

Adressen

Eidgenössische Finanzmarktaufsicht Finma
Einsteinstrasse 2
3003 Bern
Tel. 031 327 91 00
info@finma.ch
www.finma.ch

Schweizerischer Bankenombudsman
Bahnhofplatz 9
Postfach 1818
8021 Zürich
Tel. 043 266 14 14
www.bankenombudsman.ch

Schweizerische Bankiervereinigung
Postfach 4128
4002 Basel
Tel. 061 295 93 93
office@sba.ch
www.swissbanking.org

Schweizerischer Verband für Strukturierte Produkte
Splügenstrasse 10
8002 Zürich
Tel. 043 534 97 72
info@svsp-verband.ch
www.svsp-verband.ch

VZ Vermögenszentrum
Beethovenstrasse 24
Tel. 044 207 27 27
8002 Zürich
www.vermoegenszentrum.ch

Literatur

K-Tipp-Ratgeber:
- **Pensionierung richtig planen**
Konsumenteninfo AG, 2009
- **So sind Sie richtig versichert**
Konsumenteninfo AG, 2008
- **So sparen Sie Steuern**
Konsumenteninfo AG, 2009

Saldo-Ratgeber:
- **Gut vorsorgen: Pensionskasse, AHV und 3. Säule**
Konsumenteninfo AG, 2009
- **Erben und vererben**
Konsumenteninfo AG, 2008

Alle K-Tipp- und Saldo-Ratgeber können Sie über Telefon 044 253 90 70 bestellen oder im Internet auf www.ktipp.ch

Karin Baur, Anno Fricke u. a.:
Bankentricks ... und was Sie dagegen tun können
Stiftung Warentest, 2009

Matthäus den Otter:
Investmentfonds – Grundlagen, Chancen, Risiken
Verlag NZZ Libro, 2003

Benjamin Feingold, Roland Lang:
Handeln mit Futures und Optionen
Finanzbuch Verlag, 2004

Volker Gelfahrt:
Die besten Anlagestrategien der Welt
Investieren wie Buffett, Lynch, Graham und Co.
Finanzbuch Verlag, 2005

Benjamin Graham:
Intelligent Investieren
Finanzbuch Verlag, 2007

Max Gunther:
Die Zürich-Axiome
Die wahren Gesetze der Geldanlage
Finanzbuch Verlag, 2005

Katinka Gyomlay, Sandra Willmeroth, Marcel Sigrist:
Börse im Klartext
Werd Verlag, 2003

Thomas Hammer:
ABC der Geldanlage
Das aktuelle Verbraucherlexikon
Verbraucherzentrale, 2009

Werner Heiring u.a.:
Fit for Money
Erfolgreich sparen und anlegen
Bank-Verlag Medien, 2007

Erwin W. Heri:
- **Die acht Gebote der Geldanlage**
  Helbling & Lichtenhahn Verlag, 2002
- **Was Anleger auch noch wissen sollten**
  Helbling & Lichtenhahn, 1996

Stefan Horn:
Aktien – Einsteigerbuch
Tm Boersenverlag, 2007

Herman J. Knipper (Hrsg.):
Die besten Strategien für Privatanleger
Treffsicher investieren in Aktien, Anleihen, Immobilien und Co.
Redline Wirtschaft, 2007

Michael Kunzmann und Nicola Waldmeier:
VZ-Ratgeber Hypotheken
VZ-Vermögenszentrum, 2009

Uwe Lang:
Die gefährlichsten Börsenfallen – und wie man sie umgeht
Campus, 2007

Hermann May, Ulla May:
Geldanlage – Vermögensbildung
Oldenbourg Wissenschafts-Verlag, 2009

James Pardoe:
So macht es Warren Buffett
Linde Verlag, 2005

Fleur Platow
Mehr Sicherheit beim Geldanlegen
Frauen investieren anders
Hoffmann & Campe, 2002

Andreas Preissner:
Das kleine Buch der Geldanlage
Wiley-VCH, 2007

Wolfgang Ratgeber:
Millionär – durch das kleine Einmaleins der Börse und die besten Aktien-Strategien
Books on Demand, 2007

Marc Oliver Rieger:
Optionen, Derivate und strukturierte Produkte
NZZ Libro, 2009

Jim Rogers:
Rohstoffe – Der attraktivste Markt der Welt
Wie jeder von Öl, Kaffee und Co. profitieren kann.
Finanzbuch Verlag, 2005

Beate Sander:
Börsenstrategien für Privatanleger
Richtig handeln in jeder Marktsituation
Finanzbuch Verlag, 2006

David F. Swensen:
Erfolgreich investieren – Strategien für Privatanleger
Murmann Verlag, 2007

Steffen Tolle:
Strukturierte Produkte in der Vermögensverwaltung
NZZ Libro, 2007

Phil Town:
Regel Nummer 1
Einfach erfolgreich anlegen!
Börsenmedien, 2007

Jürgen Wagner:
Gier frisst Hirn
Von Betrügern und Betrogenen
Orell Füssli, 2008

Martin Weber:
Genial einfach investieren
Mehr müssen Sie nicht wissen – das aber unbedingt!
Campus, 2007

Thomas Weber:
Das Einmaleins der Hedge Funds
Campus Verlag GmbH, 2004

Dennis Winkler:
Schnellkurs Aktien
Erfolgreich kaufen und verkaufen. Die Erfolgsgeheimnisse für Einsteiger
Walhalla und Prätoria, 2009

Walter Wittmann:
- **Finanzkrisen**
Woher sie kommen, wohin sie führen, wie sie zu vermeiden sind
Orell Füssli, 2009
- **Wie man erfolgreich investiert**
10 goldene Regeln für private Anleger
Orell Füssli, 2009

Hugo Zimmermann:
Total Börse!
Machen Sie mehr aus Ihrem Geld
Versus, 2007

Online-Tools

Unter diesen Adressen finden Sie Online-Tools zu Themen wie Anlage, Vorsorge, Steuern und Hypotheken:

www.ktipp.ch
Warnlisten
Steuerrechner
Prämienrechner
Franchisenrechner
Diverse Merkblätter

www.credit-suisse.com/ch/de
Privatkunden,
«Suchen»: Übersicht Rechner

www.kantonalbank.ch
Services und Tools →
Finanzberatungs-Tools

www.ubs.com/schweiz
Privatpersonen, Wealth Management → Vorsorge- und Finanzplanung → Finanzplanung → Finanzberatungs-Tools

www.vermoegenszentrum.ch
Privatkunden → Vergleiche & Rechner

www.zkb.ch
Service-Center für Privatkunden, → Rechner & Checklisten

Spezielle Rechner
www.rente-oder-kapital.ch
Rente oder Kapital → Zeitrenten-Rechner

www.homegate.ch
Kaufen → Hypotheken → Vergleichen

www.estv.admin.ch
Dienstleistungen → Steuerrechner

Infos

Börsenlexika
www.boerse-frankfurt.de
Wissen → Börsenlexikon
Von der Deutschen Börse und der Bank Goldman Sachs betreut

http://boersenlexikon.faz.net

www.change.ch/bibliothek

www.nzz.ch/finanzen
→ Services → Börsenlexikon

Wirtschaftsdaten
www.bfs.admin.ch
Bundesamt für Statistik

www.kof.ethz.ch
Konjunkturforschungsstelle der ETH Zürich

www.markt-daten.de
www.ubs.com/Schweiz
Konjunkturindikatoren

http://zkb.is-teledata.ch
ZKB Daily Market Opinion

www.valueinvesting.de
Tipps des erfolgreichsten amerikanischen Investors Warren Buffett

Stichwortregister

A

B

N

O

P

Q

R